진가영
단기합격
영어독해

공무원 영어 독해 출제 알고리즘 완벽 분석

진가영 편저

**합격,
박문각 공무원**

동영상강의 www.pmg.co.kr
네이버 카페 cafe.naver.com/easyenglish7

| '단기합격 독해' 인강 제공 | 공무원 영어 필수 숙어 제공 | 공무원 영어 필수 생활 영어 제공 |

Reading

ℚMⓖ 박문각

이 책에
들어가기 전에

진심을 다하는 단기합격 길라잡이로서
수험생들을 위한 공무원 영어 독해 기본서를 펴내며

안녕하세요, 여러분들의 단기합격 길라잡이 진가영입니다.

여러 시행착오와 다년간에 이루어진 학생분들과 직접적인 소통을 통해 공무원 시험에서 독해 영역을 대비하기 위한 효율적인 교재가 필요하다고 느꼈고 이를 위해 끊임없이 교재의 내용을 수정하며 공무원 시험만을 위한 알찬 교재를 만들고자 노력했습니다.

왜냐하면…….

처음 노량진에 와서 시험 준비를 하시는 분들이 여러 권의 독해 교재들을 가지고 수업을 들어도 어떻게 공무원 시험에 나오는 독해 문제들을 처리해야 할지는 분명하게 알지 못하고 독해 책을 풀고 나서도 자신의 방식대로 감으로 문제 푸는 경우가 많다는 점을 느꼈기 때문입니다. 따라서 저는 어떻게 하면 공무원 시험에서 1분 안에 1지문의 문제를 감이 아닌 지문에 나온 근거와 명백한 단서에 의해서 풀 수 있을지 도대체 공무원 독해의 출제 알고리즘은 무엇이고 어떻게 대비를 해야 시험장에서 독해 10문제를 모두 맞출 수 있을지 매일 고민하고 연구했습니다.

그리고 그 결과로 나온 교재가 바로 "단기합격 독해"입니다.

이 단기합격 독해 기본서 교재의 핵심적인 장점은 다음과 같습니다.

1. 영어 독해에 대해 배울 때 독해 기본틀을 이해할 수 있는 순서로 구성되어 있습니다.
2. 공무원 영어시험을 준비하기 때문에 이 목적에 맞는 실전 기출 문제 예문을 활용하여 기출 지문에 노출을 도와 실전 문제를 푸는 데 도움이 될 수 있도록 하였습니다.
3. 선택과 집중에 기반하여 시험에 나오지 않는 불필요한 독해 관련 내용은 모두 쓰지 않고 최대한 학습자가 쉽고 빠르게 공무원 독해법을 습득할 수 있습니다.
4. 독해 출제 원리를 제시하고 대비법을 제시함으로써 책을 읽기만 해도 공무원 시험에 독해 영역에 대한 기본틀을 가질 수 있게 됩니다.
5. 출제 원리와 풀이 단계 그리고 대비법이 확실하게 구분되어 있고 출제가 어떻게 이루어졌는지 실제 지문을 통해 확인하고 실제 지문으로 풀이가 적용되는지 학습자가 스스로 확인할 수 있어서 혼자서 공부하실 때도 가독성이 좋습니다.

다시 한번 정리하자면,

이 교재는 공무원 시험을 준비하시는 분들이 방대한 영어 독해 지문들에서 벗어나 독해 지문의 구성원리와 출제 알고리즘을 이해하는 것을 통해 감으로 독해를 푸는 것이 아니라 스스로 답의 근거를 통해서 긴장되는 시험장 속에서 확신을 가지고 문제를 풀 수 있도록 정확하게 정리가 잘되며 이론에서 배운 내용이 반드시 문제에 적용이 될 수 있도록 하는 교재이므로 이 교재를 선택하는 순간 여러분들은 효율적인 공무원 독해 기본서를 선택하신 것과 같다고 보면 됩니다.

한 단계 더 나아가

학습한 내용을 토대로 단지 눈으로만 보고 넘기는 것이 아니라 배운 풀이법이 실제 독해 문제에 적용이 가능한지 확인할 수 있도록 교재에 핵심 문제와 해설을 제공해 드렸습니다. 이를 통해 자신이 배운 내용이 확실히 본인 것이 될 수 있고 자신의 부족한 부분을 보완해서 학습하실 수 있도록 도왔습니다. 단순히 독해 이론에서 그치는 것이 아니라 반드시 실전 문제를 풀 수 있는 것이 학습의 궁극적 목표임을 잊지 마시고 반드시 많은 문제들을 제대로 풀어보시면서 실전에 적응하는 훈련을 해보시면 남들보다 더 빠르게 점수가 오르실 거라 믿습니다.

이 〈단기합격 독해〉 교재를 통해 꼭 빠른 합격을 이루시길 항상 응원합니다.

2022년 8월 노량진 연구실에서

진가영

이 책의
목차

PART 2 유형별 출제 알고리즘

부록

진가영
단기합격
영어독해
Reading

PART 1

영어 독해의 기본

01 독해란 무엇인가?

글을 읽어서 뜻을 이해하는 것을 독해라고 한다. 좀 더 구체적으로 설명하자면, 독해란 쓰여진 문자를 통하여 저자가 전달하고자 하는 내용을 정확하게 해독(decoding)하는 독자의 사고과정이라 할 수 있다. 쓰여진 자료를 정확하게 독해하기 위해서는 학습자들은 다음과 같은 3가지가 필요하다.

1. 학습자들은 그들이 읽은 것을 번역할 수 있어야 한다.
2. 학습자들이 읽은 것과 그들이 이미 알고 있는 것 사이를 연결할 수 있어야 한다.
3. 학습자들이 읽은 것에 대해 깊이 생각할 수 있어야 한다.

02 어휘와 독해

이해의 큰 부분 중 하나는 충분한 어휘를 가지고 있거나 충분한 단어의 의미를 아는 것이다. 이해력이 강한 학습자들은 그들이 읽는 것에 대해 '무엇이 중요하고, 무엇이 사실이며, 무엇이 사건을 발생시켰는지' 등과 같은 결론을 내릴 수 있어야 하고 이를 위한 출발은 어휘의 뜻을 알고 있다는 전제에서 시작되므로 반드시 제대로 된 독해 학습을 위해서는 어휘 학습이 수반되어야 한다.

03 문법과 독해

어휘가 완결된 하나의 사상이나 생각을 전달하기 위해서 문법 규칙에 따라 구성되면 이를 문장이라고 부른다. 이런 문장들이 모여서 한 단락을 구성하게 되고 우리 공무원 시험에서는 단락 단위가 한 문제로 출제되고 있다. 따라서 독해를 위해서는 어휘 학습에서만 그치는 것이 아니라 이런 단어들이 특정한 의미를 전달하기 위해서 문법 규칙에 따라 배열되기 때문에 이 문법을 통한 구문 분석 또한 수반되어야 한다.

04 학습자들이 독해할 때 겪는 주된 어려움

1. 나는 지문을 읽는 데 시간이 너무 오래 걸린다.

2. 나는 지문에 나온 모든 단어를 잘 알지 못해 글의 흐름을 따라가는 것이 어렵다.

3. 나는 지문에서 가장 중요한 부분이 무엇이었는지 잘 모르겠다.

4. 나는 지문에서 무슨 일이 일어나고 있는지 머릿속에 이미지를 만들어 낼 수가 없다.

5. 나는 내 나름대로 독해를 한다고 하는데 하다가 보면 오역을 해서 의미를 잘못 파악한다.

05 학습자들의 독해 문제를 해결하기 위한 해결책

1. 단어와 구문 분석을 통해 번역을 어떻게 하는지 배운다.

2. 적극적인 독해 전략을 배운다.
   ① 예측하기(predicting), 질문하기(ask questions), 이미지 구성하기(image construction), 요약하기(summarizing)
   ② 주요 내용 및 요지 훑어 읽기(skimming), 특정 정보를 찾으며 빨리 읽기(scanning) 지문에 나온 내용을 통해 추측하기(guessing), 추론하기(inferencing)
   ③ 글의 일반적인 전개 방식과 구성 원리를 배운다.

3. 문제 유형별 출제 원리와 풀이법을 배운다. ✫

MEMO

06 실전 기출 문제를 통해서 공무원 독해 문제의 본질을 파악하기

Step 01 다음 지문에서 모르는 어휘의 뜻을 찾고 구문 분석을 통해 문장을 해석하시오.

01	The definition of 'turn' casts the digital turn as an analytical strategy which enables us to focus on the role of digitalization within social reality.
02	As an analytical perspective, the digital turn makes it possible to analyze and discuss the societal meaning of digitalization.
03	The term 'digital turn' thus signifies an analytical approach which centers on the role of digitalization within a society.
04	If the linguistic turn is defined by the epistemological assumption that reality is constructed through language, the digital turn is based on the assumption that social reality is increasingly defined by digitalization.
05	Social media symbolize the digitalization of social relations.
06	Individuals increasingly engage in identity management on social networking sites(SNS).
07	SNS are polydirectional, meaning that users can connect to each other and share information.

Step 02 다음 글의 주제로 가장 적절한 것은 무엇인지 고르시오.

✏ **다음 글의 제목으로 가장 적절한 것은?** 2021. 지방직 기출 문제

The definition of 'turn' casts the digital turn as an analytical strategy which enables us to focus on the role of digitalization within social reality. As an analytical perspective, the digital turn makes it possible to analyze and discuss the societal meaning of digitalization. The term 'digital turn' thus signifies an analytical approach which centers on the role of digitalization within a society. If the linguistic turn is defined by the epistemological assumption that reality is constructed through language, the digital turn is based on the assumption that social reality is increasingly defined by digitalization. Social media symbolize the digitalization of social relations. Individuals increasingly engage in identity management on social networking sites(SNS). SNS are polydirectional, meaning that users can connect to each other and share information.

*epistemological: 인식론의

① Remaking Identities on SNS
② Linguistic Turn Versus Digital Turn
③ How to Share Information in the Digital Age
④ Digitalization Within the Context of Social Reality

MEMO

Step 03 문제를 풀어 보면서 독해를 하기 위해서 필요한 요소가 무엇인지 각자 적어 보시오.

1) _____

2) _____

3) _____

Step 04 문제를 풀 때 이 지문이 완벽하게 이해되었는지 생각해 보시오.

Step 05 문제를 풀 때 이 지문의 모든 단어의 해석이 꼭 필요한지 생각해 보시오.

Step 06 앞으로 공무원 시험에 나오는 문제를 풀 때 모든 지문의 단어와 해석이 완벽할 수 있을지 생각해 보시오.

Step 07 공무원 영어 독해를 준비할 때 무엇이 필요할지 적어 보시오.

1) _____

2) _____

3) _____

07 실전 기출 문제를 통해서 공무원 독해 문제의 본질을 파악하기 해설

Step 01 다음 지문에서 모르는 어휘의 뜻을 찾고 구문 분석을 통해 문장을 해석하시오.

01 The definition of 'turn' '전환'의 정의는 casts 제시한다(묘사한다) the digital turn 디지털 전환을 as an analytical strategy 분석 전략으로서 which enables us to focus on 우리가 집중할 수 있도록 하는 the role of digitalization 디지털화의 역할에 within social reality 사회적 현실 내에서

> **해석** '전환'은 디지털 전환을 우리가 사회적 현실 내에서 디지털화의 역할에 집중할 수 있도록 하는 분석 전략으로서 제시한다.

02 As an analytical perspective 분석적 관점으로서, the digital turn 디지털 전환은 makes it possible 가능하도록 한다 to analyze and discuss 분석하고 논의하는 것을 the societal meaning of digitalization 디지털화의 사회적 의미를

> **해석** 분석적 관점으로서, 디지털 전환은 디지털화의 사회적 의미를 분석하고 논의하는 것을 가능하도록 한다.

03 The term 'digital turn' '디지털 전환'이라는 용어는 thus 그러므로 signifies 의미한다 an analytical approach 분석적 접근을 which centers on 초점을 맞춘 the role of digitalization 디지털화의 역할에 within a society 한 사회 내에서

> **해석** 그러므로 '디지털 전환'이라는 용어는 한 사회 내에서 디지털화의 역할에 초점을 맞춘 분석적 접근을 의미한다.

04 If 만약 the linguistic turn 언어적 전환이 is defined 정의된다면 by the epistemological assumption 인식론적 가정으로 that reality 현실이 is constructed 구성된다는 through language 언어를 통해, the digital turn 디지털 전환은 is based on 기초로 한다 the assumption 가정을 that social reality 사회적 현실이 is increasingly 점점 defined 정의된다는 by digitalization 디지털화에 의해

> **해석** 만약 언어적 전환이 언어를 통해 현실이 구성된다는 인식론적 가정으로 정의된다면, 디지털 전환은 사회적 현실이 점점 디지털화에 의해 정의된다는 가정을 기초로 한다.

05 Social media 소셜 미디어는 symbolize 상징한다 the digitalization of social relations 사회적 관계의 디지털화를

<small>해석</small> 소셜 미디어는 사회적 관계의 디지털화를 상징한다.

06 Individuals 개인들은 increasingly 점점 더 engage 참여한다 in identity management 신원 관리에 on social networking sites(SNS) 소셜 네트워킹 사이트에서

<small>해석</small> 개인들은 소셜 네트워킹 사이트(SNS)에서 신원 관리에 점점 더 참여한다.

07 SNS SNS는 are polydirectional 다방향적인데, meaning 의미한다 that users 사용자가 can connect 연결되어 to each other 서로에게 and share 공유할 수 있는 것을 information 정보를

<small>해석</small> SNS는 다방향적인데, 그것은 사용자가 서로 연결되어 정보를 공유할 수 있는 것을 의미한다.

┌Step 02┐ 다음 글의 주제로 가장 적절한 것은 무엇인지 고르시오.

✎ **다음 글의 제목으로 가장 적절한 것은?** 2021. 지방직 기출 문제

> 해석 '전환'은 **디지털 전환**을 우리가 **사회적 현실 내에서 디지털화의** 역할에 집중할 수 있도록 하는 분석 전략으로서 제시한다. 분석적 관점으로서, **디지털 전환은 디지털화의 사회적 의미**를 분석하고 논의하는 것을 가능하도록 한다. **그러므로 '디지털 전환**'이라는 용어는 **한 사회 내에서 디지털화의 역할에 초점을** 맞춘 분석적 접근을 의미한다. 만약 언어적 전환이 언어를 통해 현실이 구성된다는 인식론적 가정으로 정의된다면, 디지털 전환은 사회적 현실이 점점 디지털화에 의해 정의된다는 가정을 기초로 한다. 소셜 미디어는 사회적 관계의 디지털화를 상징한다. 개인들은 소셜 네트워킹 사이트(SNS)에서 신원 관리에 점점 더 참여한다. SNS는 다방향적인데, 그것은 사용자가 서로 연결되어 정보를 공유할 수 있는 것을 의미한다.

① Remaking Identities on SNS
  SNS에서 정체성 재구성
② Linguistic Turn Versus Digital Turn
  언어적 전환 VS 디지털 전환
③ How to Share Information in the Digital Age
  디지털 시대에 정보를 공유하는 방법
④ Digitalization Within the Context of Social Reality
  사회적 현실 내에서 디지털화

> 해설 글 첫 문장에 주제문이 제시되고 뒤에 자세한 설명이 이어지는 글이다. 중간에 글의 핵심 내용을 바꾸는 역접 연결사가 없으므로 글에서 반복되는 내용을 주제문으로 고르면 된다. 지문에서 digitalization과 social reality라는 단어가 반복되고 있다. 따라서 이 핵심어를 포함하고 있는 ④번이 답이 된다.

> 어휘 definition 정의 cast A as B A를 B로 제시하다, 묘사하다, 간주하다 digitalization 디지털화 perspective 관점 analyze 분석하다 societal 사회의 term 용어 signify 의미하다 role 역할 linguistic 언어적 assumption 추정, 생각 construct 구성하다 symbolize 상징하다 engage in ~에 참여하다, 종사하다 identity 정체성 polydirectional 다방향적인 context 맥락, 문맥

Step 03 문제를 풀어보면서 독해를 하기 위해서 필요한 요소가 무엇인지 각자 적어보시오.

1) _____

2) _____

3) _____

Step 04 ~ Step 06

대부분 학습자는 이 지문들에 대해서 '아니오'라는 생각이 들 것이다. 이게 바로 우리가 독해 공부할 때 어휘와 구문분석이라는 기본토대가 갖춰지고 나면 부족한 실력을 보완해 줄 수 있는 문제 풀이법을 배워 불필요한 정보를 빼고 문제 푸는 데 필요한 정보를 판단해서 문제를 시간 이내에 풀어낼 수 있도록 해야 하는 이유이다.

Step 07 공무원 영어 독해를 준비할 때 무엇이 필요할지 적어보시오.

1) _____

2) _____

3) _____

02 글의 구성원리

01 단락(paragraph)의 이해

단락이란 여러 개의 문장이 글의 구성원칙에 따라 모여 하나의 중심 생각을 나타내는 글의 부분을 이루게 되고 이를 우리는 단락 또는 문단이라고 부른다. 단락 안의 중심 생각은 뒷받침 내용에 의해서 구체화되며 이런 중심 생각과 뒷받침 내용이 합쳐져 하나의 단락이 된다. 공무원 시험에서 독해 문제 지문은 한 단락의 형식으로 나오고 있으므로 이 단락에 대한 제대로 된 이해가 필요하다.

02 단락(paragraph)의 유형

단락은 하나의 중심 생각을 나타내는 글의 부분이기 때문에 글의 핵심 내용을 담고 있는 주제 문장이 대부분 드러나게 되어있다. 따라서, 단락은 주제 문장이 놓이는 위치에 따라 네 가지 유형으로 구분할 수 있고 이 구조에 대해서 알고 있다면 글의 핵심정보를 빠르게 파악하는 데 도움이 되고 글을 예측하며 읽을 수 있어 시간이 관건인 공무원 시험에서 시험 단축에 도움이 된다. 다만, 일반적으로 단락은 주제문이 분명하게 존재하는 것이 대부분 이지만 간혹 주제문 대신에 글의 주제를 설명하는 뒷받침 문장들(중심 문장을 보조하는 문장들)만 나와 있는 때도 있으므로 참고해두자. 먼저, 다음과 같은 네 가지 단락 유형을 알아보자.

첫 번째 유형 [두괄식 구조]	주제 문장 + 뒷받침 문장들
두 번째 유형 [미괄식 구조]	뒷받침 문장들 + 주제 문장
세 번째 유형 [중괄식 구조]	뒷받침 문장들 + 주제 문장 + 뒷받침 문장들
네 번째 유형 [양괄식 구조]	주제 문장 + 뒷받침 문장들 + 주제 문장

03 단락(paragraph)의 유형과 실전 기출 지문

1. **두괄식 단락** : 첫 번째 문장에서 이 글의 주제문에 해당하는 내용이 제시되고 뒤에는 중심 내용을 보조하는 문장들이 나와서 글의 핵심 내용을 전달하고 있다.

> **<u>Throughout Earth's history, several extinction events have taken place</u>**. The largest one happened about 250 million years ago and is called the Great Dying. Scientists theorize that a single devastating event killed off most life-forms on Earth. It could have been a series of large asteroid strikes, a massive emission from the seafloor of the greenhouse gas methane, or increased volcanic activity, such as the eruptions that created the Siberian Traps that now cover some 770,000 square miles of Russia. When the mass extinction ended, 57 percent of all animal families and 83 percent of all genera had disappeared from the planet, and it took some 10 million years for life to recover.

해석 **지구 역사 동안 내내 여러 멸종 사건이 일어났다**. 가장 큰 것은 약 2억 5천만년 전에 일어났고 Great Dying(대죽음)이라고 불린다. 과학자들은 한 번의 대단히 파괴적인 사건이 지구상의 생명체를 대대적으로 죽였다고 이론화한다. 그것은 일련의 큰 소행성 충돌들, 온실 가스 메탄의 해저에서의 대규모 배출 또는 현재 약 77만 평방 마일의 러시아를 덮고 있는 Siberian Traps을 만든 폭발과 같은 화산 활동의 증가였는지도 모른다. 대량 멸종이 끝났을 때, 모든 동물과의 57%와 전체 생물속의 83%가 지구에서 사라졌고, 생명체가 회복되는 데 약 1천만년이 걸렸다.

2. **미괄식 단락** : 중심 내용을 보조하는 문장들이 초반, 중반부에 나오고 주제문에 해당하는 내용이 후반부에 언급되며 글의 핵심 내용을 전달하고 있다.

> Healing Touch was developed by Janet Mentgen, a nurse who has used energy-based care in her practice in Colorado since 1980. It incorporated techniques and concepts from ancient Asian healing traditions. The National Institutes of Health (NIH) classifies Healing Touch as a "biofield therapy" because its effects are thought to be a result of manipulation of energy fields around the body. NIH considers Healing Touch and other types of energy medicine among the most controversial of complementary and alternative medicine practices because neither the external energy fields nor their therapeutic effects have been demonstrated convincingly by any biophysical means. **Nonetheless, NIH notes on its website that energy medicine is gaining popularity in the marketplace and is now being studied at several academic medical centers. Results of those studies are still pending**.

`해석` Healing Touch는 1980년 이후 Colorado에서 그녀의 업무 중에 에너지 기반 간호를 시도했던 간호사 Janet Mentgen에 의해 개발되었다. 그것(Healing Touch)은 고대 아시아 치료 전통으로부터 나온 기술과 개념을 포함했다. National Institutes of Health(NIH)는 그것(Healing Touch)의 효과가 신체 주변의 에너지 장의 조작의 결과라고 생각하기 때문에 Healing Touch를 "바이오필드 치료법"으로 분류한다. NIH는 외부 에너지 장과 그것들의 치료 효과 모두 생물 물리학의 수단에 의해 설득력 있게 입증된 적이 없기 때문에 Healing Touch와 다른 형태의 에너지 의학을 보완적이고 대안적인 의약품 관행 중 가장 논란이 되는 것 중 하나로 여긴다. **그럼에도 불구하고 NIH는 그것의 웹사이트에 에너지 의학이 시장에서 인기를 얻고 있으며 현재 여러 학술 의학 센터들에서 연구가 되고 있다고 언급한다. 그러한 연구들의 결과는 여전히 보류 중이다.**

MEMO

3. **중괄식 단락** : 단락 중간에 but 이후에 주제문에 해당하는 내용이 제시되고 뒤에는 중심 내용을 보조하는 문장들이 나와서 글의 핵심 내용을 전달하고 있다.

> During the late twentieth century socialism was on the retreat both in the West and in large areas of the developing world. During this new phase in the evolution of market capitalism, global trading patterns became increasingly interlinked, and advances in information technology meant that deregulated financial markets could shift massive flows of capital across national boundaries within seconds. 'Globalization' boosted trade, encouraged productivity gains and lowered prices, **but critics alleged that it exploited the low-paid, was indifferent to environmental concerns and subjected the Third World to a monopolistic form of capitalism**. Many radicals within Western societies who wished to protest against this process joined voluntary bodies, charities and other non-governmental organizations, rather than the marginalized political parties of the left. The environmental movement itself grew out of the recognition that the world was interconnected, and an angry, if diffuse, international coalition of interests emerged.

`해석` 20세기 후반 동안에 사회주의는 서양과 개발도상국의 많은 지역에서 후퇴하고 있었다. 새로운 국면 동안에 시장 자본주의의 발전 안에서 세계의 무역 방식은 점점 연결되었고, 정보 기술의 진보는 규제가 철폐된 금융 시장이 몇 초 안에 국경을 초월하여 거대한 자본의 흐름을 바꿀 수 있다는 것을 의미했다. '세계화'는 무역을 촉진시켰고, 생산성 증가를 부추겼고 가격을 낮췄지만, **비평가들은 세계화가 저임금 노동자들을 착취했고 환경 문제에 무관심했고 제3세계 국가들이 자본주의의 독점적인 형태에 지배를 받게 했다고 주장했다.** 이러한 과정에 대해 항의하려고 했던 서구 사회의 많은 급진주의자들은 소외된 좌익의 정당보다 자발적인 단체, 구호 단체 그리고 다른 비정부 조직들에 가입했다. 환경 운동은 그 자체가 세계는 서로 연결되어 있다는 인식에서 성장했고, 흩어져 있지만, 성난 국제적 이해관계 연합이 나타났다.

4. **양괄식 단락** : 단락의 초반부와 후반부 양쪽에 주제문에 해당하는 내용이 제시되고 중반부에는 중심 내용을 보조하는 문장들이 나와서 글의 핵심 내용을 전달하고 있다.

> **As the digital revolution upends newsrooms across the country, here's my advice for all the reporters**. I've been a reporter for more than 25 years, so I have lived through a half dozen technological life cycles. The most dramatic transformations have come in the last half dozen years. That means I am, with increasing frequency, making stuff up as I go along. Much of the time in the news business, we have no idea what we are doing. We show up in the morning and someone says, "Can you write a story about (pick one) tax policy/immigration/climate change?" When newspapers had once-a-day deadlines, we said a reporter would learn in the morning and teach at night — write a story that could inform tomorrow's readers on a topic the reporter knew nothing about 24 hours earlier. Now it is more like learning at the top of the hour and teaching at the bottom of the same hour. I'm also running a political podcast, for example, and during the presidential conventions, we should be able to use it to do real-time interviews anywhere. **I am just increasingly working without a script**.

해석 **디지털 혁명이 전국의 편집실을 완전히 뒤집어 놓음에 따라 모든 기자에게 주는 내 조언이 여기에 있다**. 나는 25년 이상 기자였기 때문에, 여섯 번 정도의 기술적 생애 주기를 겪었다. 가장 극적인 변화는 지난 6년 동안 있었다. 그것은 내가 진행하면서 더 잦은 빈도로 내용을 만들어가고 있음을 의미한다. 뉴스에 있어 많은 시간 동안 우리가 무엇을 하고 있는지에 대해 모른다. 아침에 출근을 하면 누군가는 "세금 정책/이민/기후변화에 관해 글을 써줄 수 있나요?"라고 말한다. 기자들이 하루에 한 번씩 마감이 있었을 때, 기자들은 아침에 배우고 밤에 가르쳐야 한다고 말했다. 즉 기자는 24시간 전에는 알지 못했던 주제에 관해 내일의 독자들에게 알려주는 기사를 쓴다. 이제 이것은 마치 매 정시에 배우고 매시 30분에 이를 가르치는 것과 같다. 예를 들면 나는 또한 정치 팟캐스트를 운영 중인데 대통령 정당 회의 동안에 실시간 인터뷰를 하기 위해서 어디에서든 우리는 그것을 이용할 수 있어야만 한다. **나는 단지 점점 더 대본 없이 일하고 있다**.

04 재진술과 대립어

하나의 단락에서는 하나의 주제를 나타내기 위해서 같은 개념을 여러 가지 다양한 표현으로 바꿔서 쓰게 되는데 이를 재진술(paraphrase)이라고 한다. 또한 하나의 단락에서는 하나의 주제를 나타낼 때 대립되는 개념을 사용하기도 하는데 이를 대립어라고 한다. 다음의 실전 기출 지문을 통해 재진술과 대립어에 대해 알아보자.

1. 9급 지방직 기출 지문

Grub's birth rekindled my interest in the **nature** vs. **nurture** debate, which was at that time producing bitter arguments in scientific circles. Were we humans mainly the product of our **genetic makeup** or the product of **our environment**? In recent years, these flames of controversy have died down, and it is now accepted that in all animals with reasonably complex brains, adult behavior is acquired through a mix of **inherited traits** and **experience** gained as the individual goes through life. In other words, our behavior is neither wholly determined by our genes nor wholly free from them. The more sophisticated an animal's brain, the greater the role that **learning** is likely to play in shaping its behavior, and the more variation we shall find between one individual and another. And the information acquired and lessons learned during infancy and childhood, when behavior is at its most flexible, are likely to have particular significance.

2. 기출 지문 해석

Grub의 탄생은 **선천성**과 **후천성**의 대립에 대한 나의 관심에 다시 불을 붙였는데, 이는 그 당시에 과학계에 격렬한 논쟁을 만들어 내고 있었다. 우리 인간은 주로 우리의 **유전적 구성**의 산물이었는가, 아니면 **우리 환경**의 산물이었는가? 최근에 이런 논쟁의 불꽃이 차츰 잦아들었고, 상당히 복잡한 두뇌를 가진 모든 동물에게 있어 어른의 행동은 **선천적인 특성**과 각자가 삶을 살면서 얻은 **경험**의 혼합을 통해 획득된다. 다시 말해, 우리의 행동은 우리의 유전자에 의해 전적으로 정해지는 것도 아니고, 그것으로부터 전적으로 자유로운 것도 아니다. 동물의 두뇌가 정교하면 할수록 학습이 행동을 형성하는 데 행할 역할은 더욱더 커지고, 한 개체와 다른 개체 사이에서 우리가 발견하게 될 차이는 더욱더 많다. 그리고 행동이 가장 유연한 시기인 유아기와 아동기 동안 획득된 정보와 학습된 교훈은 특별한 중요성을 가질 가능성이 있다.

3. 기출 지문을 통한 재진술과 대립어 이해하기

글은 인간의 행동이 타고난 것인지 아니면 후천적인 영향 때문인지 어떤 영향을 더 많이 받는지에 대한 내용이다. 이 글에서 처음에 나온 **nature(선천성)**이라는 표현은 **genetic makeup(유전적 구성)과 inherited traits(선천적인 특성)**이라는 표현으로 재진술되었다. 반면에 이 **nature(선천성)과 대립**을 이루고 있는 표현은 **nurture(후천성)**이며 이 표현은 **our environment(우리의 환경)과 experience(경험)** 등으로 재진술되고 있다.

진가영
단기합격
영어독해
Reading

PART 2

유형별
출제 알고리즘

중심 내용 파악 유형

MEMO

 **중심 내용 파악 유형** **출제 빈도 분석**

출제 연도	국가직	지방직
2022	3개	1개
2021	2개	2개
2020	3개	3개
2019	3개	1개
2018	2개	2개
2017	2개	2개

중심 내용 파악 유형 **대비 전략**

01 중심 내용 파악 능력이란 대화·담화를 듣거나 글을 읽고 전체적인 내용을 이해·추론할 수 있는 능력으로서, 대화·담화 또는 글의 주제, 요지, 제목 등을 이해하고 추론할 수 있는 능력을 의미한다.

02 평소 인문, 사회, 과학, 예술 등 다양한 분야를 다룬 읽기 자료를 읽으면서 전체적인 맥락을 파악해 보는 연습이 필요하다. 즉 단어 하나하나의 뜻을 해독하여 의미를 이해하기보다는 글 전체를 훑어 읽어가며 필자가 글을 통해 전달하고자 하는 핵심적인 내용을 유추하는 방식의 학습이 효과적이다. 다양한 소재와 종류의 영어 지문을 읽으면서 글이 일반적으로 어떻게 구성되며, 논지가 어떻게 전개되는지 정리해 보는 것도 글의 요지 파악에 도움이 된다.

03 공무원 시험에서 글의 중심 내용 파악 유형은 꾸준히 평균 2문제 이상씩 출제되는 유형이다. 일반적으로 어렵지 않은 유형에 속하지만 긴장되는 시험 상황 속에서는 쉬운 문제도 어렵게 느껴진다. 따라서 반드시 출제 알고리즘을 통해 글의 핵심 내용을 파악하는 방법을 숙지하고 연습을 통해 내것으로 만들어 시험장에서도 충분히 맞출 수 있도록 해야 하며 오답 패턴을 분석하여 자신의 부족한 점을 제대로 진단해 보완하는 것이 필요하다.

중심 내용 파악 유형   주제, 제목, 주장, 요지

핵심 개념

중심 내용 파악 능력이란 대화 · 담화를 듣거나 글을 읽고 전체적인 내용을 이해 · 추론할 수 있는 능력으로서, 대화 · 담화 또는 글의 주제, 요지, 제목 등을 이해하고 추론할 수 있는 능력을 의미한다.

예시 문항

다음 글의 제목으로 가장 적절한 것은?

Racial and ethnic relations in the United States are better today than in the past, but many changes are needed before sports are a model of inclusion and fairness. The challenges today are different from the ones faced twenty years ago, and experience shows that when current challenges are met, a new social situation is created in which new challenges emerge. For example, once racial and ethnic segregation is eliminated and people come together, they must learn to live, work, and play with each other despite diverse experiences and cultural perspectives. Meeting this challenge requires a commitment to equal treatment, plus learning about the perspectives of others, understanding how they define and give meaning to the world, and then determining how to form and maintain relationships while respecting differences, making compromises, and supporting one another in the pursuit of goals that may not always be shared. None of this is easy, and challenges are never met once and for all time.

*segregation : 분리

① On-going Challenges in Sports: Racial and Ethnic Issues
② Racial and Ethnic Injustice in Sports: Cause and Effect
③ The History of Racial and Ethnic Diversity in Sports
④ All for One, One for All: The Power of Team Sport

MEMO

01 해결 전략

Step 01	선지를 통해서 무슨 내용인지 예측하고 글의 주제문에 위치를 생각하며 어디에 핵심 내용이 있는지 확인한다.
Step 02	글의 초반부, 중반부, 후반부 등에 제시되는 주제문이나 글 전체에서 반복되는 어구를 통해 주제를 추론한다.
Step 03	선지로 내려가서 선지 분석을 한다. 너무 지엽적이거나 일반적이지 않으면서 글 전체의 내용을 포괄할 수 있는 제목을 고른다.

02 해결 전략 문제에 적용하기

Step 01	선지를 통해서 무슨 내용인지 예측하고 글의 주제문에 위치를 생각하며 어디에 핵심 내용이 있는지 확인한다. ➡ 보기를 보니 sports 관한 내용이 나오고 있으므로 이 글은 sports에 관한 내용임을 예측할 수 있다. ➡ 구체적인 사례인 For example 전에 주제문이 제시되고 있다.
Step 02	글의 초반부, 중반부, 후반부 등에 제시되는 주제문이나 글 전체에서 반복되는 어구를 통해 주제를 추론한다. ➡ 글의 초반부에 나온 내용에서 challenges가 반복되고 있다.
Step 03	선지로 내려가서 선지 분석을 한다. 너무 지엽적이거나 일반적이지 않으면서 글 전체의 내용을 포괄할 수 있는 제목을 고른다. ➡ 핵심어를 잘 포함하고 있는 선지는 ①번이다.

예시 문항 해설

해석 오늘날 미국의 인종 및 민족 관계는 과거보다 더 낫지만, 스포츠가 통합과 공정성의 모델이 되기까지 여러 가지 변화들이 필요하다. 오늘날의 문제들은 20년 전에 직면했던 것들과는 다르며, 경험으로 알 수 있는 것은 현재의 문제들에 잘 대응하고 나면 새로운 문제가 등장하는 새로운 사회적 상황이 만들어진다는 것이다. 예를 들면, 일단 인종적, 민족적 차별이 제거되고 사람들이 화합하고 나면, 그들은 다양한 경험과 문화적 시각에도 불구하고 서로 함께 살고 일하고 노는 법을 배워야 한다. 이러한 문제에 잘 대응하는 것은 평등한 대우와 그에 더하여 다른 사람들의 시각에 대하여 배우고, 그들이 세상을 어떻게 규정하고 의미를 부여하는지를 이해하며, 그런 다음 차이를 존중하고, 타협하고, 항상 공유되지는 않을 수도 있는 목표를 추구하는 과정에서 서로를 지원하는 가운데, 어떻게 관계를 형성하고 유지할지를 결정하는 데 대한 헌신적인 노력을 필요로 한다. **이들 중 쉬운 것은 없으며, 문제는 결코 단번에 완전히 해결되지 않는다.**

MEMO

02

상세 해설

주어진 문항은 첫 문장에서 오늘날 미국에서 인종 및 민족 간의 관계가 과거에 비해 개선되어 왔지만 스포츠 분야에서는 여전히 많은 변화가 필요하다고 말한다. **첫 문장에서는** '오늘날의 미국의 스포츠'라는 맥락, '인종 및 민족 간의 관계'라는 논제, '변화 필요성'이라는 **중심 주제가 제시**되고 있다. 아울러 첫 번째 문장에서 제시되는 중심 주제 역시 이어지는 지문 내용에서 다양한 논거를 통해 개진된다.

두 번째 문장부터 이어지는 내용은 첫 번째 문장에서 제시된 '미국의 스포츠'라는 맥락을 전제로 하여 '인종 및 민족 간의 관계' 개선을 위해 우리가 맞이하게 되는 '변화 필요성' 혹은 '도전'의 양상을 다양한 관점에서 피력한다.

아울러 이어지는 지문 내용은 이러한 도전이 결코 일시에 완벽하고 만족스럽게 해결되는 문제가 아니라, 시대마다 다양한 목적, 이유, 환경에서 지속적으로 영구히 생성되는 힘겨운 숙제라고 **결론짓는다.**

정리하면 지문 내용은 1) (미국) 스포츠 2) 인종 및 민족 간의 관계 이슈 3) (지속적으로 발생하는) 도전 등으로 요약되는 세 가지 내용 요소로 구성되며, 이 글의 제목은 이러한 세 가지 내용 요소를 모두 아우를 수 있어야 한다.

정답 및 선지 분석

① On-going Challenges in Sports: Racial and Ethnic Issues
➡ "스포츠에서의 지속적인 도전: 인종 및 민족 이슈들"은 언급한 세 가지 내용 요소를 충실히 반영하고 있어 제목으로 가장 적절하다.

② Racial and Ethnic Injustice in Sports: Cause and Effect
➡ "스포츠에서의 인종적 및 민족적 부당함: 원인과 결과"는 스포츠, 인종 및 민족이라는 내용 요소는 갖추었지만 '부당함의 원인과 결과'는 **지문 내용과 무관한 것**이므로 오답이다.

③ The History of Racial and Ethnic Diversity in Sports
➡ "스포츠에서의 인종과 민족의 다양성의 역사"는 스포츠, 인종과 민족이라는 내용 요소는 갖추었지만 '다양성의 역사'는 **지문 내용과 무관한 것이므로 오답**이다.

④ All for One, One for All: The Power of Team Sports
➡ "하나를 위한 모두, 모두를 위한 하나: 팀스포츠의 힘"은 '팀스포츠'와 '협력' 등 지문 내용과 **무관한 내용 요소로 구성된 제목으로 오답**이다.

어휘 및 표현

ethnic 민족의   challenge 어려운 문제, 난제   inclusion 통합   meet 잘 대응하다, 처리하다
eliminate 제거하다   once and for all time 단번에 모두   compromise 타협, 양보

🔍 중심 내용 찾기 01 평가 요소

이 문항은 주어진 지문의 내용을 읽고 **전체적인 주제와 요지를 파악한 뒤 핵심 내용을 대표**할 수 있는 제목을 도출해내는 능력을 측정하는 문항이다.

🔍 중심 내용 찾기 02 문항 풀이를 위한 주요 개념 · 원리

본 문항의 정답을 찾기 위해서는 글의 핵심 내용을 제목으로 가장 잘 표현한 것을 찾을 수 있는 능력이 필요하다. **글의 핵심 내용을 그대로 제목으로 제시하는 경우도 있지만, 함축적이거나 은유적으로 또는 의문문이나 명령문 등의 다양한 형태로 제목을 제시**하는 경우도 있기 때문에 **너무 지엽적이거나 일반적이지 않으면서 글 전체의 내용을 포괄하는 선택지를 제목**으로 고를 수 있어야 한다.

🔍 중심 내용 찾기 03 학습 안내

01 글의 중심 내용을 파악하기 위해서는 **글의 첫 문장과 마지막 문장, 또는 역접의 연결사 (예: however)가 제시된 경우 그 이후 부분을 중심으로 지문에서 제시되는 반복적인 어구 또는 특정 개념과 관련된 표현을 주의 깊게 살펴보아야 한다.** 글의 흐름을 따라가며 주제에 대한 필자의 의견이나 글의 중심 내용을 파악한 뒤, 마지막으로 선택지를 분석하여 글의 전반적인 내용을 아우를 수 있는 가장 적절한 제목을 선택해야 한다.

02 다양한 주제의 글을 접해보는 것 또한 중요하다. **철학, 종교, 역사, 환경, 자원, 과학, 스포츠, 음악, 미술, 교육, 인문학, 컴퓨터, 미디어, 의학, 진로 등에 관한 다양한 주제와 소재**를 다룬 글에 관심을 가지고 읽으면서 각 중심 소재별로 **글이 어떤 방식으로 작성되는지** 살펴보아야 한다.

03 또한 선택지에서 제목이 문자 그대로 표현되기도 하지만, 함축적이거나 은유적으로 또는 의문문이나 명령문의 형태 등으로 제시되므로 **다양한 관용적 표현과 문장 형식에 따라 달라지는 어휘나 구문의 내포된 의미를 평소에 학습**해 두는 것이 필요하다.

04 마지막으로, 선택지에서 정답을 찾을 때 오답이 가진 특징을 잘 파악해야 한다. 오답의 경우 지문에서 내용이 언급되지 않았거나 지문과 일부 연관성을 가지고 제시되기도 하지만, 중심 소재나 주제를 모두 아우르기에는 지나치게 지엽적이거나 일반적이라는 점을 유념하고 정답을 선택해야 한다. 즉, **오답은 주로 지문의 일부 내용 요소를 다루지만, 지문의 내용과 무관한 것을 언급하거나 중심 소재나 내용 요소를 언급하지 않는 특징**을 가졌다는 점에 주목해야 한다.

🔍 중심 내용 찾기 04 문제 풀이 순서

보기로 가서 보기에 **공통 단어**가 있는지 확인한다. 공통 단어가 있으면 대략 **내용을 예측**하고 본문으로 간다. 만약, 공통 단어가 없으면 이 글이 무엇에 관한 글인지만 찾자는 생각으로 본문으로 간다.

문장의 **첫 문장을 읽으면서** 특정 **명사**나 특정 **용어**가 나오면 집중하면서 속으로 '아 ~ oo에 관한 내용인가?' 하면서 자신에게 읽은 **내용을 상기**시키며 집중해서 첫 문장을 읽는다.

두 번째 문장으로 가서 첫 문장의 어떤 내용이 **반복**되는지 **첫 문장의 내용과 연관**시키며 반복되는 어구를 찾는다.

이때, **주의**할 것은 반복되는 내용이 **지시대명사**(this, these, that, those)나 **인칭대명사** (it, they, them 등)이 될 수도 있고 단어가 비슷한 다른 단어로 재진술(예 : moral - decency/ gene - nature)로 나올 수 있으므로 주의해서 본다.

중간에 but, yet, however 등 **역접 연결사**가 나왔다면 역접 연결사를 포함한 문장을 읽고 **뒤에 한 문장을 추가**로 읽어주며 어떤 내용이 **반복**되고 있는지 추가로 확인해 준다. 단, 역접 연결어 뒤에 문장이 너무 구체적이고 자세하게 길게 나올 때는 굳이 내용을 확인하지 않아도 된다.

마지막 문장을 읽으면서 다시 한번 글의 첫 내용이나 역접 연결사 뒤의 내용과 **반복되는 내용**을 확인한다. 다만 마지막 문장의 시작이 지시대명사나 대명사로 시작해서 무슨 내용인지 모르겠다면 마지막 문장에서 앞에 한 문장 정도를 더 읽어서 무슨 내용을 받고 있는지 확인한다.

대충 **핵심 문장들을 확인**했으면 일단 **선택지로** 다시 돌아가서 자신이 읽은 부분에서 **보지 못한** 내용을 1차적으로 **소거**한다.

지문에서 봤던 **핵심 반복 어휘**가 있다면 일단 소거하지 말고 **남겨둔다**.

아닌 선택지 두 개를 소거하고 헷갈리는 선택지들이 있다면 **두 선택지의 차이점을 확인**하고 지문의 **핵심 문장으로 다시 가서** 어떤 내용이 나왔는지 반드시 확인한다.

만약 겹치는 내용을 찾지 못했을 경우나 반복되는 내용이 잘 확인되지 않을 때는 지문을 추가로 읽고 반복되는 내용을 찾는다.

🔍 중심 내용 찾기 05 주의 사항

01 주제문 찾을 때 보기 먼저 읽고 내용을 예측해서 확인한다.

→ 이때, **보기를 직독직해하는 것이 아니라 보기를 30초 정도 보면서 겹치는 단어가 있는지 확인한다.**

02 첫 번째, 두 번째, 역접, 마지막 문장 등을 읽을 때는 계속 이 글이 무엇에 관한 글일지 **반복되는 어구** 및 특정 개념을 생각한다.

03 첫 문장을 읽으면서 **글의 내용이 긍정인지 부정인지 확인**하면서 읽고 두 번째 문장을 읽을 때는 반드시 **반복되는 내용**이 무엇인지 **동그라미 치거나 밑줄** 그으면서 확인하며 읽는다.

04 글을 읽을 때는 반드시 **항상 주제문인지 구체적인 진술인지 생각**하면서 읽는다.

05 마지막 문장을 읽어야 하지만, 마지막 문장이 예시라면 빠르게 읽고 넘긴다.

06 **마지막 문장**이 대명사가 나와서 무슨 말인지 **이해가 잘 안 되면 바로 앞 문장을 확인**해서 반복되는 내용을 확인한다.

07 대부분 글의 첫 한 두 문장이 주제문인 두괄식이 많다.

08 다만, 첫 번째 문장이 도입 문장인 경우에는 첫 문장의 내용이 두 번째 문장에서 반복되지 않고 **두 번째 문장에 해당하는 내용이 세 번째 문장부터 반복되는 때도** 있으니 주의해야 한다.

09 중간에 역접 연결어(But, Yet, However, Nevertheless)가 들어있는 문장이 있고 그 문장이나 그 이후에 문장에 반복되는 내용이 주제이다.(→ 중괄식 구조)

10 구체적인 문장[예시, 상술, 부연설명, 나열, 수치, 고유명사, dash(-)] 뒤의 문장 앞이나 이후 일반적인 진술이 주제문이다.

🔍 중심 내용 찾기 06 주제문의 특징

01 should, must, have to, need to 등 "~해야 한다"라는 표현을 담고 있는 문장

02 important, essential, critical, key, fundamental, necessary, desirable 등 중요성을 나타내는 어휘를 담고 있는 문장

03 For example, For instance, For an illustration, To illustrate, To be specific, Let's take an example, Suppose, Imagine, Picture 등 예시를 나타내는 표현 앞에 나온 문장

04 So, Thus, Therefore과 같은 결론 문장이 특히 초반이나 후반부에 나와 있을 때

05 실험 연구 결과(Research shows that절 등)

06 명령문(동사원형, Don't 동사원형)

07 최상급, 비교급

08 I believe(think, argue 등)과 같이 필자의 견해를 나타내는 표현

09 반복은 주제를 의미

10 자세한 설명 시작 전이나 후가 주제문

연습 문항

01 **다음 글의 제목으로 가장 적절한 것은?** 2021. 국가직 9급

Warming temperatures and loss of oxygen in the sea will shrink hundreds of fish species — from tunas and groupers to salmon, thresher sharks, haddock and cod — even more than previously thought, a new study concludes. Because warmer seas speed up their metabolisms, fish, squid and other water-breathing creatures will need to draw more oxygen from the ocean. At the same time, warming seas are already reducing the availability of oxygen in many parts of the sea. A pair of University of British Columbia scientists argue that since the bodies of fish grow faster than their gills, these animals eventually will reach a point where they can't get enough oxygen to sustain normal growth. "What we found was that the body size of fish decreases by 20 to 30 percent for every 1 degree Celsius increase in water temperature," says author William Cheung.

① Fish Now Grow Faster than Ever
② Oxygen's Impact on Ocean Temperatures
③ Climate Change May Shrink the World's Fish
④ How Sea Creatures Survive with Low Metabolism

MEMO

02 다음 글의 주제로 가장 적절한 것은? 2021. 국가직 9급

During the late twentieth century socialism was on the retreat both in the West and in large areas of the developing world. During this new phase in the evolution of market capitalism, global trading patterns became increasingly interlinked, and advances in information technology meant that deregulated financial markets could shift massive flows of capital across national boundaries within seconds. 'Globalization' boosted trade, encouraged productivity gains and lowered prices, but critics alleged that it exploited the low-paid, was indifferent to environmental concerns and subjected the Third World to a monopolistic form of capitalism. Many radicals within Western societies who wished to protest against this process joined voluntary bodies, charities and other non-governmental organizations, rather than the marginalized political parties of the left. The environmental movement itself grew out of the recognition that the world was interconnected, and an angry, if diffuse, international coalition of interests emerged.

① The affirmative phenomena of globalization in the developing world in the past

② The decline of socialism and the emergence of capitalism in the twentieth century

③ The conflict between the global capital market and the political organizations of the left

④ The exploitative characteristics of global capitalism and diverse social reactions against it

03 **다음 글의 제목으로 가장 적절한 것은?** 2021. 지방직 9급

The definition of 'turn' casts the digital turn as an analytical strategy which enables us to focus on the role of digitalization within social reality. As an analytical perspective, the digital turn makes it possible to analyze and discuss the societal meaning of digitalization. The term 'digital turn' thus signifies an analytical approach which centers on the role of digitalization within a society. If the linguistic turn is defined by the epistemological assumption that reality is constructed through language, the digital turn is based on the assumption that social reality is increasingly defined by digitalization. Social media symbolize the digitalization of social relations. Individuals increasingly engage in identity management on social networking sites(SNS). SNS are polydirectional, meaning that users can connect to each other and share information.

① Remaking Identities on SNS

② Linguistic Turn Versus Digital Turn

③ How to Share Information in the Digital Age

④ Digitalization Within the Context of Social Reality

04 다음 글의 요지로 가장 적절한 것은? 2021. 지방직 9급

"In Judaism, we're largely defined by our actions," says Lisa Grushcow, the senior rabbi at Temple Emanu-El-Beth Sholom in Montreal. "You can't really be an armchair do-gooder." This concept relates to the Jewish notion of tikkun olam, which translates as "to repair the world." Our job as human beings, she says, "is to mend what's been broken. It's incumbent on us to not only take care of ourselves and each other but also to build a better world around us." This philosophy conceptualizes goodness as something based in service. Instead of asking "Am I a good person?" you may want to ask "What good do I do in the world?" Grushcow's temple puts these beliefs into action inside and outside their community. For instance, they sponsored two refugee families from Vietnam to come to Canada in the 1970s.

① We should work to heal the world.
② Community should function as a shelter.
③ We should conceptualize goodness as beliefs.
④ Temples should contribute to the community.

05　다음 글의 주제로 가장 적절한 것은?

Speech is so familiar a feature of daily life that we rarely pause to define it. It seems as natural to man as walking, and only less so than breathing. Yet it needs but a moment's reflection to convince us that this naturalness of speech is but an illusory feeling. The process of acquiring speech is, in sober fact, an utterly different sort of thing from the process of learning to walk. In the case of the latter function, culture, in other words, the traditional body of social usage, is not seriously brought into play.

① The process of acquiring speech

② The illusion of naturalness of speech

③ Speech as a familiar feature of daily life

④ The naturalness of walking and breathing

MEMO

06 다음 글의 제목으로 가장 적절한 것은?

"No matter how much you invest in creating a premium experience, at the end of the day and especially through the night, if you don't get a comfortable sleep, the perception of service comes down a notch," he said. Among the findings that surprised him was how much the seat foam affects comfort. The density, thickness and contour that make a seat comfortable will make a bed uncomfortable. Mr. Spurlock said that research showed that passengers want soft seats that are not contoured to their body from the waist up. Virgin Atlantic solved the problem of making one piece of furniture serve two purposes with the touch of a button. The passenger stands up, presses the button and the seat back electronically flips to become a flat bed. The seat side is contoured and covered in soft leather; the reverse is built of firm foam.

① The importance of the quality of seats in passenger comfort
② The role of contour and surface in the quality of beds and seats
③ The way airline companies try to improve their service with beds and seats
④ The kinds of seats airline companies design to save money

07 다음 글의 주제로 가장 적절한 것은?

First, in the colonial era, the main goal of education was to train people for religious and moral purposes, and to promote good behavior. Later on, reformists such as Horace Mann called for public education for all, and professional training for teachers. As opposed to educators of the colonial period, later educators wanted this public education to be free from religion. Later in the 19th century, John Dewey began teaching the theory of 'learning by doing.' Even more importantly, he stressed that school was not just a period preparing for life, but was a period of life itself. Lastly, in the 20th century, the shift in population from the countryside to the cities made schools more concerned with social problems.

① schools in the colonial era

② the contributions of reformists

③ changes in educational philosophy

④ the most effective strategy of education

MEMO

08 다음 글의 주제로 가장 적절한 것은?

Agriculture is responsible for providing food for a growing population and as it becomes clear that yields cannot continue to rise without limit, the sustainability of agricultural practices becomes an increasingly important question. Crop rotation is one of the most important management practices in a sustainable agriculture system, both as a means of conserving soil and of maintaining its fertility. A well-thought-out crop rotation is worth seventy-five percent of everything else that might be done, including fertilization and pest control. Crop rotation is by no means confined exclusively to organic farming, although much of what is considered in planning a rotation sequence encompasses the concerns of the organic farmer.

① crop rotation for sustainable agriculture
② challenge of organic farming
③ providing more food for more people
④ fertilization and pest control for crop rotation

09 다음 글의 제목으로 가장 적절한 것은?

If you ask people what animals they hate or fear most, chances are you will hear the following: skunks, bats, snakes and rats. But some of these animals are gaining new respect. The skunk is feared by most people because of its awful smell. But recently people have begun to rethink their ideas about skunks. "Skunks are very useful animals," says Dr. Briggs. "They catch rats, mice and beetles. They are great for pest control." Many people are also terrified of bats. Lately, however, bats have become more popular because they eat mosquitoes. "Bats are an environmentally friendly way to get rid of mosquitoes," says Prof. Austin.

① Environmentally Friendly Ways of Animal Keeping
② Inviting Animals into a New Perspective
③ Kinds of the Most Beloved Animals
④ Getting Rid of Hated Creature

10 다음 글의 제목으로 가장 적절한 것은?

Healing Touch was developed by Janet Mentgen, a nurse who has used energy-based care in her practice in Colorado since 1980. It incorporated techniques and concepts from ancient Asian healing traditions. The National Institutes of Health (NIH) classifies Healing Touch as a "biofield therapy" because its effects are thought to be a result of manipulation of energy fields around the body. NIH considers Healing Touch and other types of energy medicine among the most controversial of complementary and alternative medicine practices because neither the external energy fields nor their therapeutic effects have been demonstrated convincingly by any biophysical means. Nonetheless, NIH notes on its website that energy medicine is gaining popularity in the marketplace and is now being studied at several academic medical centers. Results of those studies are still pending.

① The Asian Roots of Healing Touch
② Energy Medicine: Popular but Unproven
③ Traditional Treatment vs. Modern Medicine
④ How to Manipulate Energy Fields over the Body

11 다음 글의 제목으로 가장 적절한 것은?

If you've been up with a crying infant all night, or can't seem to reason with your cranky toddler, we have bad news — it isn't all uphill from here. In fact, it may get a bit worse before it gets better, with the ultimate low-point being when your child enters middle school. New research from Arizona State University, published in the journal Developmental Psychology, proves what many parents have feared — and what many of us remember from our own childhoods — middle school is no fun for anyone. Researchers studied more than 2,200 educated mothers and their children — who ranged in age from infants to adults. Researchers studied the mothers' well-being, parenting, and feelings towards their children. They discovered that mothers of middle school children, between 12 and 14 years, were most stressed and depressed, while mothers of infants and adults had much better well-being.

① the rewarding experience of taking care of infants and toddlers
② the tough challenge of parenting middle schoolers
③ the participation in community work by mothers of adolescents
④ the relationship between stress levels and puberty

12 다음 글의 주제로 가장 적절한 것은?

Throughout Earth's history, several extinction events have taken place. The largest one happened about 250 million years ago and is called the Great Dying. Scientists theorize that a single devastating event killed off most life-forms on Earth. It could have been a series of large asteroid strikes, a massive emission from the seafloor of the greenhouse gas methane, or increased volcanic activity, such as the eruptions that created the Siberian Traps that now cover some 770,000 square miles of Russia. When the mass extinction ended, 57 percent of all animal families and 83 percent of all genera had disappeared from the planet, and it took some 10 million years for life to recover.

① The Earth Affected by Mass Die-offs
② The Greatest Volcanic Eruption
③ Massive Strikes of Meteors on Earth
④ The Mass Extinction of Life-forms by Volcanoes

13 다음 글의 제목으로 가장 적절한 것은?

We normally think of an archive as a collection of papers or documents. Yet a city, town, or national park area can also function as a kind of archive — a place where you will find sites of historic, political, or cultural importance. Certainly one of the best ways to learn about a public space and its archive is to take a walking tour. Cities, towns, local and national parks, botanical gardens, museums, campuses, cemeteries, and historical buildings across this country have walking tours designed to show visitors the history of the place; the best places to shop; popular restaurants, homes of poets, artists, and politicians; little-known places of historic interest; and more. These tours usually include a step-by-step guide to the places on the tour, an easy-to-follow map, and a succinct description of the importance of each stop.

① The Values of Walking Tours
② The Importance of Archive
③ The Functions of City Tours
④ Tourist Attractions and Visitors

14 다음 글의 주제로 가장 적절한 것은?

Think about how you feel if somebody cuts you off, or makes an illegal left turn in front of you. If you are like most people you get annoyed, perhaps very annoyed, and want to punish the rule breaker, even though you know you'll never see the person again. Or, think about how you feel when someone cuts in line while you wait for a movie. Most people get quite angry, even if they are near the front of the line and are sure to get a good seat. Such emotions can give rise to voluntary, informal punishment of people who break social rules. But in complex societies, it's hard to know whether such punishment plays a significant role in maintaining social norms because police and courts also act to punish rule breakers. Many simple societies lack formal legal institutions, so the only kind of punishment is informal and voluntary. In small-scale societies, considerable ethnographic evidence suggests that moral norms are enforced by punishment.

① benefits and disadvantages of formal punishment
② the relationship between punishment and the scale of society
③ moral norms and their impacts on the society
④ the effect of harsh punishment on antisocial behavior

15 다음 글의 주제로 가장 적절한 것은?

As the digital revolution upends newsrooms across the country, here's my advice for all the reporters. I've been a reporter for more than 25 years, so I have lived through a half dozen technological life cycles. The most dramatic transformations have come in the last half dozen years. That means I am, with increasing frequency, making stuff up as I go along. Much of the time in the news business, we have no idea what we are doing. We show up in the morning and someone says, "Can you write a story about (pick one) tax policy/immigration/climate change?" When newspapers had once-a-day deadlines, we said a reporter would learn in the morning and teach at night — write a story that could inform tomorrow's readers on a topic the reporter knew nothing about 24 hours earlier. Now it is more like learning at the top of the hour and teaching at the bottom of the same hour. I'm also running a political podcast, for example, and during the presidential conventions, we should be able to use it to do real-time interviews anywhere. I am just increasingly working without a script.

① a reporter as a teacher
② a reporter and improvisation
③ technology in politics
④ fields of journalism and technology

연습 문항 **해설** |||||||||||||||||||||||||||||||||||||||||||||||||||||||||||||||||||||||||||||||||

01 **다음 글의 제목으로 가장 적절한 것은?** 2021. 국가직 9급

> <u>Warming temperatures and loss of oxygen in the sea will shrink hundreds of fish species</u> ─ from tunas and groupers to salmon, thresher sharks, haddock and cod ─ even more than previously thought, <u>a new study concludes</u>. Because warmer seas speed up their metabolisms, fish, squid and other water-breathing creatures will need to draw more oxygen from the ocean. At the same time, warming seas are already reducing the availability of oxygen in many parts of the sea. A pair of University of British Columbia scientists argue that since the bodies of fish grow faster than their gills, these animals eventually will reach a point where they can't get enough oxygen to sustain normal growth. <u>"What we found was that the body size of fish decreases by 20 to 30 percent for every 1 degree Celsius increase in water temperature,"</u> says author William Cheung.

<mark>해석 및 정답의 단서</mark>

<u>따뜻해지는 기온과 바닷속 산소 감소가</u> ─ 참치와 그루퍼부터 연어, 진환도상어, 해덕 그리고 대구까지 ─ <u>수백 어종을 이전에 생각했던 것보다 훨씬 더 줄어들게 할 것이라고 새로운 연구는 결론내렸다</u>. 더 따뜻해진 바다가 그들의 신진대사를 촉진하기 때문에, 물고기, 오징어 그리고 다른 수중에서 호흡하는 생물들이 바다에서 더 많은 산소를 들이마실 것이다. 동시에, 따뜻해지고 있는 바다는 이미 바다의 많은 부분에서 산소의 이용을 줄이고 있다. British Columbia 대학교의 과학자 두 명은 물고기의 몸이 그들의 아가미보다 더 빠르게 자라고 있기 때문에, 이 동물들은 결국 정상적인 성장을 지속하는 데 충분한 산소를 얻지 못하는 지점에 이를 것이라고 주장한다. <u>"우리가 발견한 것은 물의 온도가 섭씨 1도 높아질 때 물고기의 크기가 20~30퍼센트씩 줄어든다는 것이었다."</u>라고 작가 William Cheung은 말한다.

정답 및 선지 해석 정답 ③

① Fish Now Grow Faster than Ever 물고기는 현재 그 어느 때 보다 더 빨리 성장하고 있다

② Oxygen's Impact on Ocean Temperatures 해양 온도에 미치는 산소의 영향

③ Climate Change May Shrink the World's Fish 기후 변화가 전세계 물고기를 줄어들게 할 수 있다

④ How Sea Creatures Survive with Low Metabolism 어떻게 해양 생물은 낮은 신진대사로 생존하는가

해설

글 첫 문장에 주제문이 제시되고 뒤에 자세한 설명이 이어지는 글이다. 중간에 글의 핵심 내용을 바꾸는 역접 연결사가 없으므로 글의 처음과 끝에 집중하여 답을 고르면 된다. 특히, 첫 문장에 'a new study concludes'라는 실험이나 연구 결과가 나왔으므로 주제문의 요건을 충족하는 문장이 제시되었다는 점도 잘 알아두자.

어휘

tunas 참치   groupers 그루퍼   salmon 연어   thresher sharks 진환도 상어
haddock 해덕   cod 대구   squid 오징어   sustain 지속하다   shrink 줄어들다
metabolism 신진대사

MEMO

02 다음 글의 주제로 가장 적절한 것은? 2021. 국가직 9급

During the late twentieth century socialism was on the retreat both in the West and in large areas of the developing world. During this new phase in the evolution of market capitalism, global trading patterns became increasingly interlinked, and advances in information technology meant that deregulated financial markets could shift massive flows of capital across national boundaries within seconds. 'Globalization' boosted trade, encouraged productivity gains and lowered prices, but critics alleged that it exploited the low-paid, was indifferent to environmental concerns and subjected the Third World to a monopolistic form of capitalism. Many radicals within Western societies who wished to protest against this process joined voluntary bodies, charities and other non-governmental organizations, rather than the marginalized political parties of the left. The environmental movement itself grew out of the recognition that the world was interconnected, and an angry, if diffuse, international coalition of interests emerged.

해석 및 정답의 단서

20세기 후반 동안에 사회주의는 서양과 개발도상국의 많은 지역에서 후퇴하고 있었다. 새로운 국면 동안에 시장 자본주의의 발전 안에서 세계의 무역 방식은 점점 연결되었고, 정보 기술의 진보는 규제가 철폐된 금융 시장이 몇 초 안에 국경을 초월하여 거대한 자본의 흐름을 바꿀 수 있다는 것을 의미했다. **'세계화'는 무역을 촉진시켰고, 생산성 증가를 부추겼고 가격을 낮췄지만, 비평가들은 세계화가 저임금 노동자들을 착취했고 환경 문제에 무관심했고 제3세계 국가들이 자본주의의 독점적인 형태에 지배를 받게 했다고 주장했다. 이러한 과정에 대해 항의하려고 했던 서구 사회의 많은 급진주의자들은 소외된 좌익의 정당보다 자발적인 단체, 구호 단체 그리고 다른 비정부 조직들에 가입했다. 환경 운동은 그 자체가 세계는 서로 연결되어 있다는 인식에서 성장했고, 흩어져 있지만, 성난 국제적 이해관계 연합이 나타났다.**

정답 및 선지 해석 정답 ④

① The affirmative phenomena of globalization in the developing world in the past 과거 개발 도상국에서의 세계화의 긍정적인 현상들

② The decline of socialism and the emergence of capitalism in the twentieth century 20세기에 사회주의의 쇠퇴와 자본주의의 출현

③ The conflict between the global capital market and the political organizations of the left 세계 자본 시장과 좌파의 정치 조직 간의 갈등

④ **The exploitative characteristics of global capitalism and diverse social reactions against it** 세계 자본주의의 착취적 특성과 그에 대한 다양한 사회적 반응

해설

이 글은 중간에 역접 연결사가 나와서 주제문이 제시된 글이다. but 뒤에서 자본주의의 착취적인 성격과 그에 대한 사회적인 반응에 대한 설명이 이어지고 있다.

어휘

retreat 퇴각, 후퇴 capitalism 자본주의 interlink 연결하다 deregulate 규제를 철폐하다 lower 낮추다 critic 비평가, 평론가 allege 주장하다 indifferent 무관심한 exploit 이용하다 subject 종속시키다 monopolistic 독점적인 radical 급진주의자 marginalized 소외된 the left 좌익 political parties 정당 affirmative 긍정적인, 확언적인

03 다음 글의 주제로 가장 적절한 것은? 2021. 지방직 9급

The definition of 'turn' casts the digital turn as an analytical strategy which enables us to focus on the role of digitalization within social reality. As an analytical perspective, the digital turn makes it possible to analyze and discuss the societal meaning of digitalization. The term 'digital turn' thus signifies an analytical approach which centers on the role of digitalization within a society. If the linguistic turn is defined by the epistemological assumption that reality is constructed through language, the digital turn is based on the assumption that social reality is increasingly defined by digitalization. Social media symbolize the digitalization of social relations. Individuals increasingly engage in identity management on social networking sites(SNS). SNS are polydirectional, meaning that users can connect to each other and share information.

해석 및 정답의 단서

'전환'은 디지털 전환을 우리가 사회적 현실 내에서 디지털화의 역할에 집중할 수 있도록 하는 분석 전략으로서 제시한다. 분석적 관점으로서, 디지털 전환은 디지털화의 사회적 의미를 분석하고 논의하는 것을 가능하도록 한다. 그러므로 '디지털 전환'이라는 용어는 한 사회 내에서 디지털화의 역할에 초점을 맞춘 분석적 접근을 의미한다. 만약 언어적 전환이 언어를 통해 현실이 구성된다는 인식론적 가정으로 정의된다면, 디지털 전환은 사회적 현실이 점점 디지털화에 의해 정의된다는 가정을 기초로 한다. 소셜 미디어는 사회적 관계의 디지털화를 상징한다. 개인들이 소셜 네트워킹 사이트(SNS)에서 신원 관리에 참여하는 경우가 늘고 있다. **SNS**는 다방향적인데, 그것은 사용자가 서로 연결되어 정보를 공유할 수 있는 것을 의미한다.

정답 및 선지 해석 정답 ④

① Remaking Identities on SNS SNS에서의 정체성 재구성

② Linguistic Turn Versus Digital Turn 언어적 전환 VS. 디지털 전환

③ How to Share Information in the Digital Age 디지털 시대에 정보를 공유하는 방법

④ Digitalization Within the Context of Social Reality 사회적 현실 내에서의 디지털화

해설

글 첫 문장에 주제문이 제시되고 뒤에 자세한 설명이 이어지는 글이다. 중간에 글의 핵심 내용을 바꾸는 역접 연결사가 없으므로 글에서 반복되는 내용을 주제문으로 고르면 된다. 지문에서 digitalization과 social reality라는 단어가 반복되고 있다.

어휘

definition 정의   cast A as B A를 B로 제시하다, 묘사하다, 간주하다   digitalization 디지털화   perspective 관점   analyze 분석하다   societal 사회의   term 용어 signify 의미하다   role 역할   linguistic 언어적   assumption 추정, 생각 construct 구성하다   symbolize 상징하다   engage in ~에 참여하다, 종사하다 identity 정체성   polydirectional 다방향적인   context 맥락, 문맥

MEMO

04 다음 글의 요지로 가장 적절한 것은? 2021. 지방직 9급

"In Judaism, we're largely defined by our actions," says Lisa Grushcow, the senior rabbi at Temple Emanu-El-Beth Sholom in Montreal. "You can't really be an armchair do-gooder." This concept relates to the Jewish notion of tikkun olam, which translates as "to repair the world." Our job as human beings, she says, "is to mend what's been broken. It's incumbent on us to not only take care of ourselves and each other but also to build a better world around us." This philosophy conceptualizes goodness as something based in service. Instead of asking "Am I a good person?" you may want to ask "What good do I do in the world?" Grushcow's temple puts these beliefs into action inside and outside their community. For instance, they sponsored two refugee families from Vietnam to come to Canada in the 1970s.

해석 및 정답의 단서

"유대교에서, 우리는 대개 우리의 행동에 의해 정의된다,"라고 몬트리올 Emanu-El-Beth Sholom 사원의 수석 랍비 Lisa Grushcow가 말한다. "당신은 정말 탁상공론적인 박애주의자가 될 수 없다." 이 개념은 "세상을 고치다"로 번역되는 tikkun olam이라는 유대교 개념과 관련이 있다. 그녀는 인간으로서 우리의 일은 "망가진 것을 고치는 것이다. 우리 자신과 서로를 돌보는 것뿐만 아니라 우리 주변에 더 나은 세상을 만드는 것이 우리의 의무이다."라고 말한다. 이 철학은 선을 봉사에 기반을 둔 것으로 개념화한다. "내가 좋은 사람인가?"라고 묻는 대신, 여러분은 "내가 세상에 무슨 좋은 선을 행하는가?"라고 묻고 싶을지 모른다. Grushcow의 사원은 이러한 믿음을 그들의 공동체 내부와 외부에서 행동으로 옮긴다. 예를 들어, 그들은 1970년대 캐나다로 오기 위해 베트남에서 온 두 난민 가족을 후원했다.

정답 및 선지 해석 정답 ①

① We should work to heal the world. 우리는 세상을 치유하기 위해 노력해야 한다.

② Community should function as a shelter. 공동체는 쉼터로서 기능해야 한다.

③ We should conceptualize goodness as beliefs. 우리는 선을 믿음으로 개념화해야 한다.

④ Temples should contribute to the community. 사원은 지역사회에 기여해야 한다.

해설

중간에 글의 핵심 내용을 바꾸는 역접 연결사가 없으므로 글에서 반복되는 내용을 주제문으로 고르면 된다. 특히 예시 앞은 주제문을 제시하는 문장이므로 세상에 좋은 일을 한다는 것과 세상을 고친다라는 내용이 반복되므로 비슷한 내용의 선지를 고른다.

어휘

rabbi (유대교의 지도자·교사인) 라비, 선생님   armchair 안락의자, 탁상공론식의, 간접적으로 아는   do-gooder 공상적 박애주의자(개혁가)   translate 번역하다, 해석하다   repair 수리하다, 바로잡다   incumbent 재임 중인, 의무적인   take care of ~ 을 돌보다   conceptualize 개념화하다, 개념적으로 설명하다   goodness 선   temple 사원   belief 믿음   put A into action A를 행동으로 옮기다   sponsor 후원하다   refugee 난민   heal 치료하다   function 기능

05 다음 글의 주제로 가장 적절한 것은?

> Speech is so familiar a feature of daily life that we rarely pause to define it. It seems as natural to man as walking, and only less so than breathing. <u>Yet it needs but a moment's reflection to convince us that this naturalness of speech is but an illusory feeling</u>. The process of acquiring speech is, in sober fact, an utterly different sort of thing from the process of learning to walk. In the case of the latter function, culture, in other words, the traditional body of social usage, is not seriously brought into play.

해석 및 정답의 단서

언어는 매일의 삶에 매우 친숙한 특색이기 때문에 우리는 언어를 정의함에 있어서 좀처럼 망설이지 않는다. 언어는 인간에게 걷는 것처럼 자연스러워 보이고 호흡하는 것보다는 덜 자연스러워 보인다. <u>그러나 우리에게 이런 언어의 자연스러움은 단지 환상에 불과한 느낌일 뿐이라는 것을 확신시켜 주는 잠깐의 숙고가 필요하다</u>. 사실상 냉정하게 보면, 언어를 익히는 과정은 걸음을 익히는 과정과는 완전히 다른 종류이다. 후자(walking)의 작용에 관한 경우에, 문화 즉 사회적 관습의 전통적 부분은 진지하게 이용되고 있지 않다.

정답 및 선지 해석 정답 ②

① The process of acquiring speech 언어 습득 과정
② The illusion of naturalness of speech 언어의 자연스러움에 대한 착각
③ Speech as a familiar feature of daily life 일상 생활 속 익숙한 특징으로서의 언어
④ The naturalness of walking and breathing 걷기와 숨쉬기의 자연스러움

해설

이 글은 중간에 역접 연결사가 나와서 주제문이 제시된 글이다. 역접 연결사 yet에서 주제문이 제시되었으므로 가장 비슷한 선지를 고르면 된다.

어휘

pause 잠시 멈추다, 잠시 생각하다 define 정의를 내리다 reflection 반성, 숙고, 재고 illusory 착각의, 환상에 불과한 sober 술에 취하지 않은, 진지한 utterly 전적으로 social usage 사회적 관습 bring into play 도입하다, 이용하다

06 다음 글의 주제로 가장 적절한 것은?

"No matter how much you invest in creating a premium experience, at the end of the day and especially through the night, if you don't get a comfortable sleep, the perception of service comes down a notch," he said. <u>Among the findings that surprised him was how much the seat foam affects comfort</u>. The density, thickness and contour that make a seat comfortable will make a bed uncomfortable. <u>Mr. Spurlock said that research showed that passengers want soft seats that are not contoured to their body from the waist up</u>. Virgin Atlantic solved the problem of making one piece of furniture serve two purposes with the touch of a button. The passenger stands up, presses the button and the seat back electronically flips to become a flat bed. <u>The seat side is contoured and covered in soft leather; the reverse is built of firm foam</u>.

해석 및 정답의 단서

"우수한 경험을 만드는 것에 당신이 아무리 투자를 많이 한다 해도 그날의 마지막과 특히 밤에 편안한 잠을 자지 않으면 서비스에 대한 인식은 한 단계 하락하게 된다"라고 그가 말했다. <u>그를 놀라게 한 연구 결과 가운데에는 좌석 발포 고무가 편안함에 얼마나 많은 영향을 끼치는가 하는 것이었다</u>. 좌석을 편안하게 해주는 밀도, 두께 및 외형은 침대를 불편하게 만들 것이다. <u>Spurlock씨는 승객들이 상반신에 맞게 만들어져 있지 않은 폭신한 좌석을 원한다는 점을 연구결과가 보여준다고 말했다</u>. Virgin Atlantic사는 버튼 하나를 누르는 것으로 두 가지 목적을 할 수 있는 한 점의 가구를 만들어 문제를 해결했다. 승객이 곧게 서서 버튼을 누르면 좌석이 전자적으로 휙 젖혀져서 평평한 침대가 된다. <u>좌석의 측면은 부드러운 가죽으로 윤곽이 져서 덮여 있고 그 뒷면은 견고한 발포 고무로 만들어져 있다</u>.

MEMO

정답 및 선지 해석 정답 ①

① The importance of the quality of seats in passenger comfort
승객의 편안함에 있어 좌석 품질의 중요성

② The role of contour and surface in the quality of beds and seats
침대와 좌석의 품질에 대한 외형과 표면의 역할

③ The way airline companies try to improve their service with beds and seats
항공사들이 침대와 좌석으로 서비스를 개선하기 위해 노력하는 방식

④ The kinds of seats airline companies design to save money
항공사들이 돈을 절약하기 위해 고안하는 좌석의 종류들

해설

글의 중간에 역접 연결사가 없기 때문에 글의 처음과 끝에 집중하며 글에서 반복되는 내용을 확인하면 주제문을 찾을 수 있다. 특히 이 글에서는 실험 연구 결과를 나타내는 findings라는 단어가 나온 문장이 결정적으로 주제문을 제시하고 있으므로 비슷한 내용으로 선지를 골라준다.

어휘

premium 특히, 우수한, 고급의   come down 떨어지다, 하락하다   notch 새김 눈, 단계, 등급   findings 연구 결과   contour 윤곽, 외형   body from the waist up 상체   serve the purposes 목적에 맞다   electronically 전자적으로   filp 홱 뒤집 (히)다, 휙 젖히다, 젖혀지다   reverse 반대

07 다음 글의 주제로 가장 적절한 것은?

First, in the colonial era, the main goal of education was to train people for religious and moral purposes, and to promote good behavior. Later on, reformists such as Horace Mann called for public education for all, and professional training for teachers. As opposed to educators of the colonial period, later, educators wanted this public education to be free from religion. Later in the 19th century, John Dewey began teaching the theory of 'learning by doing.' Even more importantly, he stressed that school was not just a period preparing for life, but was a period of life itself. Lastly, in the 20th century, the shift in population from the countryside to the cities made schools more concerned with social problems.

해석 및 정답의 단서

첫째로, 식민지 시대에 교육의 주된 목표는 종교적이고 도덕적 목적을 위해 사람들을 훈련시키고자 한 것과 선행을 장려하는 것이었다. **후에는,** Horace Mann과 같은 개혁 가들은 모든 사람들을 위한 공교육과 교사를 위한 전문적 훈련을 요구했다. 식민지 시대의 교육자들과는 반대로, **후기 교육가들은** 이러한 공교육이 종교로부터 자유롭기를 원했다. **19세기 후반,** John Dewey는 '실천에 의한 학습' 이론을 가르치기 시작했다. 더욱 중요하게는, 그는 학교란 삶을 준비하는 기간일 뿐만 아니라 삶 그 자체의 기간이 기도 하다는 것을 강조했다. **마지막으로, 20세기에** 시골로부터 도시로의 인구의 이동 은 학교들이 사회적 문제에 더욱 많은 관심을 갖도록 했다.

정답 및 선지 해석 정답 ③

① schools in the colonial era 식민지 시대의 학교들

② the contributions of reformists 개혁가들의 공헌

③ changes in educational philosophy 교육철학의 변화

④ the most effective strategy of education 교육의 가장 효율적인 전략

MEMO

해설

이 글은 주제문이 제시되지 않고 시간의 흐름에 따라 교육을 통해 가르치고자 하는 것 (교육철학)이 변화되었다는 것을 제시한 글이다. 이렇게 주제문이 제시되지 않는 글은 지문 전체를 읽어가면서 공통된 내용을 찾아 내서 주제문을 추론해 내는 능력이 필요하다.

※ 교육철학 : 이상적 교육의 형태와 원리에 관한 신념이나 주장

어휘

colonial 식민지의 moral 도덕적인 reformist 개혁론자, 개혁주의자 call for 요구하다 professional 전문적인 period 기간 stress 강조하다 shift 변화 countryside 시골 지역, 전원 지대 be concerned with ~와 관계가 있다, ~에 관심이 있다

08 다음 글의 주제로 가장 적절한 것은?

Agriculture is responsible for providing food for a growing population and as it becomes clear that yields cannot continue to rise without limit, **the sustainability of agricultural practices becomes an increasingly important question. Crop rotation is one of the most important management practices in a sustainable agriculture system**, both as a means of conserving soil and of maintaining its fertility. **A well-thought-out crop rotation** is worth seventy-five percent of everything else that might be done, including fertilization and pest control. **Crop rotation** is by no means confined exclusively to organic farming, although much of what is considered in planning a rotation sequence encompasses the concerns of the organic farmer.

해석 및 정답의 단서

농업은 늘어나는 인구를 위해 식량을 공급할 책임이 있으며 산출량이 무제한으로 계속 증가할 수 없다는 것이 분명해지게 되면서 **농업의 지속가능성은 점점 더 중요한 문제가 되고 있다. 윤작은 토양을 보존하고 비옥함을 유지하기 위한 수단으로서 지속가능한 농업 체제에서 가장 중요한 관리 관행 중 하나이다.** 면밀히 마련된 **윤작은** 비옥화와 해충의 방제를 포함하여 실행 가능할지 모를 모든 다른 것의 **75%**의 가치가 있다. **윤작은** 윤작의 연속성을 기획함에 있어 고려사항의 상당 부분이 유기농을 하는 농부의 우려들을 포함하고 있다고 할지라도 결코 유기농에만 국한되는 것은 아니다.

정답 및 선지 해석 정답 ①

① crop rotation for sustainable agriculture 지속가능한 농업을 위한 윤작

② challenge of organic farming 유기농의 도전

③ providing more food for more people 더 많은 사람들을 위한 더 많은 음식 제공

④ fertilization and pest control for crop rotation 윤작을 위한 비옥화와 해충 방제

해설

이 글은 첫 번째 문장에 'important' 중요성을 나타내는 표현과 두 번째 문장의 'the most' 최상급 표현을 통해 주제문을 제시하고 그 뒤에 구체적인 내용으로 주제문을 설명하고 있는 글의 구조이다. 따라서 글의 첫 번째 문장과 두 번째 문장에서 나온 내용으로 주제를 고르면 된다.

어휘

sustainability 지속[유지] 가능성, 환경 파괴 없이 이동될 수 있음.   fertility 비옥, 다산 well-thought-out 면밀한, 심사숙고한   crop rotation 윤작(輪作): 같은 땅에 여러 가지 농작물을 해마다 바꾸어 심는 일   fertilization 비옥화   by no means 결코 ~이 아닌   confine 한정하다, 가두다   exclusively 배타적으로; 독점적으로 sequence 연달아 일어남, 연속   encompass 둘러(에워)싸다

09 다음 글의 제목으로 가장 적절한 것은?

If you ask people what animals they hate or fear most, chances are you will hear the following: skunks, bats, snakes and rats. <u>But some of these animals are gaining new respect</u>. The skunk is feared by most people because of its awful smell. But recently people have begun to rethink their ideas about skunks. "Skunks are very useful animals," says Dr. Briggs. "They catch rats, mice and beetles. They are great for pest control." Many people are also terrified of bats. Lately, however, bats have become more popular because they eat mosquitoes. "Bats are an environmentally friendly way to get rid of mosquitoes," says Prof. Austin.

해석 및 정답의 단서

만일 당신이 사람들에게 그들은 어떤 동물을 가장 싫어하거나 두려워하느냐고 물어보면, 아마 다음과 같은 동물들이라고 듣게 될 가능성이 있다; 스컹크, 박쥐, 뱀 및 쥐. **하지만 이런 동물들 중 일부는 새로운 관점을 얻고 있다.** 스컹크는 그 지독한 냄새 때문에 대부분의 사람들이 두려워한다. 하지만 최근에 사람들은 스컹크에 대한 생각을 다시 하기 시작했다. "스컹크는 매우 유용한 동물입니다."라고 Briggs 박사는 말한다. "그들은 시궁쥐, 생쥐와 딱정벌레를 잡아줍니다. 그들은 해충의 방제로 좋습니다." 많은 사람들은 또한 박쥐도 무서워한다. 하지만 최근 박쥐는 모기를 먹기 때문에 더욱 인기를 얻게 되었다. "박쥐는 모기를 없애주는 환경 친화적인 수단 중 하나입니다."라고 Austin 교수는 말한다.

정답 및 선지 해석 정답 ②

① Environmentally Friendly Ways of Animal Keeping 동물사육의 환경 친화적인 방법

② Inviting Animals into a New Perspective 동물을 새로운 시각으로 초대하기

③ Kinds of the Most Beloved Animals 가장 사랑받는 동물의 종류들

④ Getting Rid of Hated Creature 미움받는 동물들을 제거하기

MEMO

해설

이 글은 두 번째 문장에 역접연결사 'But'을 통해 주제문이 정확하게 제시되고 있고 그 뒤로는 주제문을 자세하게 설명해주는 문장들이 나오고 있다. 'But'을 포함한 주제문장과 가장 비슷한 선지를 확인하면 주제를 정확하게 고를 수 있다. 참고로 주제문장이 제시된 이후에 나오는 역접연결사들은 사례를 제시하는 가운데 나온 역접연결사이므로 사례에서 나온 역접연결어들은 글 전체 흐름을 바꾸지 않고 주제문을 부연설명하는 문장이라는 점도 알아두자.

어휘

Chances are (that) 아마~일 것이다   respect 존경, 존중, 점(point)   awful 끔찍한, 지독한   rethink 재고하다, 고쳐 생각하다   pest control 병충해 방제(사람, 동물 또는 식물의 생활에 해를 끼치는 생물을 농약이나 천적 따위를 써서 없애는 일) terrified 무서워하는, 겁나는   environmentally friendly 환경친화적인   get rid of 제거하다, 없애다   perspective 시각, 전망, 관점   beloved 사랑받는

10 다음 글의 제목으로 가장 적절한 것은?

Healing Touch was developed by Janet Mentgen, a nurse who has used energy-based care in her practice in Colorado since 1980. It incorporated techniques and concepts from ancient Asian healing traditions. The National Institutes of Health (NIH) classifies Healing Touch as a "biofield therapy" because its effects are thought to be a result of manipulation of energy fields around the body. NIH considers Healing Touch and other types of energy medicine among the most controversial of complementary and alternative medicine practices because neither the external energy fields nor their therapeutic effects have been demonstrated convincingly by any biophysical means. **Nonetheless, NIH notes on its website that energy medicine is gaining popularity in the marketplace and is now being studied at several academic medical centers. Results of those studies are still pending.**

해석 및 정답의 단서

Healing Touch는 1980년 이후 Colorado에서 그녀의 업무 중에 에너지 기반의 간호를 이용했던 간호사 Janet Mentgen에 의해 개발되었다. 그것(Healing Touch)은 고대 아시아 치료 전통으로부터 나온 기술과 개념을 포함했다. **National Institutes of Health(NIH)**는 그것(Healing Touch)의 효과가 신체 주변의 에너지 장의 조작의 결과라고 생각되기 때문에 Healing Touch를 "바이오필드 치료법"으로 분류한다. **NIH**는 외부 에너지 장과 그것들의 치료 효과 둘다 생물 물리학의 수단에 의해 설득력 있게 입증된 적이 없기 때문에 Healing Touch와 다른 형태의 에너지 의학을 보완적이고 대안적인 의약품 관행 중 가장 논란이 되는 것 중 하나로 여긴다. <u>그럼에도 불구하고 NIH는 그것의 웹사이트에 에너지 의학이 시장에서 인기를 얻고 있으며 현재 여러 학술 의학 센터들에서 연구가 되고 있다고 언급한다. 그러한 연구들의 결과는 여전히 보류 중이다.</u>

MEMO

정답 및 선지 해석 정답 ②

① The Asian Roots of Healing Touch Healing Touch의 아시아적 기원
② Energy Medicine: Popular but Unproven 에너지 의학 : 대중적이나 증명되지 않은
③ Traditional Treatment vs. Modern Medicine 전통적인 치료 vs. 현대 의학
④ How to Manipulate Energy Fields over the Body 신체의 에너지 장을 조작하는 법

해설

이 글은 후반부에 역접연결사 'Nonetheless'를 통해 주제문이 정확하게 제시되고 있고 그 이전 문장들은 주제문을 도입하기 위한 문장들이다. 'Nonetheless'를 포함한 주제 문장과 가장 비슷한 선지를 확인하면 주제를 정확하게 고를 수 있다.

어휘

practice 실행, 실습, 연습, 업무, 사무   incorporate 통합하다, 합병하다   classify 분류하다   therapy 치료, 치료법   manipulation 조종, 조작   medicine 약, 의약, 의학   controversial 논란이 되는, 논쟁적인   complementary 상호 보완적인   alternative 대안, 양자택일   external 외부의, 표면의   therapeutic 치료의, 치료법의   demonstrate 증명하다   convincingly 설득력 있게   biophysical 생물물리학의   means 수단, 방법   note 주목하다, 써놓다   gain 얻다, 획득하다   pending 보류 중인, 미결의

11 다음 글의 주제로 가장 적절한 것은?

If you've been up with a crying infant all night, or can't seem to reason with your cranky toddler, we have bad news — it isn't all uphill from here. In fact, it may get a bit worse before it gets better, with the ultimate low-point being when your child enters middle school. New research from Arizona State University, <u>published in the journal Developmental Psychology, proves what many parents have feared</u> —and what many of us remember from our own childhoods —<u>middle school is no fun for anyone</u>. Researchers studied more than 2,200 educated mothers and their children —who ranged in age from infants to adults. Researchers studied the mothers' well-being, parenting, and feelings towards their children. <u>They discovered that mothers of middle school children</u>, <u>between 12 and 14 years</u>, <u>were most stressed and depressed</u>, while mothers of infants and adults had much better well-being.

해석 및 정답의 단서

만약 당신이 밤새 우는 아이 때문에 밤새 깨어있거나, 짜증을 내는 아기를 설득할 수 없어 보인다면, 당신은 나쁜 소식이 있다 — 여기서부터 전부 오르막은 아니다. 사실, 당신의 아이가 중학교에 들어갈 때가 궁극적 최하점인 상태로 좀 더 나아지기 전 약간 더 나빠질 수도 있다. <u>Developmental Psychology 지에 발표된 Arizona State University에서의 새로운 연구는 많은 부모들이 두려워해 온 것</u> — 그리고 우리들 중 많은 사람들이 우리의 어린 시절로부터 기억하고 있는 것 — 을 증명한다 — <u>중학교는 누구에게도 전혀 재미있지 않다</u>. 연구자들은 2,200명 넘는 교육 받은 어머니들과 그들의 자녀 — 나이가 유아에서 성인에 이르는 — 를 연구했다. 연구자들은 어머니들의 안녕, 육아, 그리고 그들의 자녀들에 대한 기분을 연구했다. <u>그들은</u> 유아와 성인의 어머니들은 훨씬 더 나은 행복을 가지고 있는 반면, <u>12세와 14세 사이의 중학생의 어머니들은 가장 많이 스트레스를 받고 우울하다는 것을 발견했다</u>.

MEMO

정답 및 선지 해석 정답 ②

① the rewarding experience of taking care of infants and toddlers
  유아와 걸음마를 배우는 아기를 돌보는 것의 보람 있는 경험

② the tough challenge of parenting middle schoolers
  중학생들을 키우는 어려운 도전과제

③ the participation in community work by mothers of adolescents
  청소년들의 어머니에 의한 지역 사회 활동 참여

④ the relationship between stress levels and puberty
  스트레스 수준과 사춘기 사이의 관계

해설

이 글은 마지막 문장에 실험연구 결과와 최상급을 통해 주제문을 제시하고 있고 글의 초반에도 실험 연구 결과를 통해 결국 중학생 부모들이 가장 힘들다라는 이야기를 전하고 있으므로 이 내용과 가장 비슷한 선지를 고른다.

어휘

cranky 기이한, 짜증을 내는, 열중하는   reason with ~을 설득하다   uphill 오르막
길   ultimate 궁극의, 최종적인   developmental psychology 발달 심리학
well-being 복지, 행복   parent 양육하다, 육아하다   depressed 침울한, 우울한,
불경기의, 궁핍한   rewarding 보람 있는   infant 유아   toddler 걸음마 시기의 아이
adolescent 청소년   puberty 사춘기

12 다음 글의 주제로 가장 적절한 것은?

MEMO

> <u>Throughout Earth's history, several extinction events have taken place</u>. The largest one happened about 250 million years ago and is called the Great Dying. Scientists theorize that a single devastating event killed off most life-forms on Earth. It could have been a series of large asteroid strikes, a massive emission from the seafloor of the greenhouse gas methane, or increased volcanic activity, such as the eruptions that created the Siberian Traps that now cover some 770,000 square miles of Russia. When the mass extinction ended, 57 percent of all animal families and 83 percent of all genera had disappeared from the planet, and it took some 10 million years for life to recover.

해석 및 정답의 단서

지구 역사 동안 내내 여러 멸종 사건이 일어났다. 가장 큰 것은 약 2억 5천만년 전에 일어났고 Great Dying(대죽음)이라고 불린다. 과학자들은 한 번의 대단히 파괴적인 사건이 지구상의 생명체를 대대적으로 죽였다고 이론화한다. 그것은 일련의 큰 소행성 충돌들, 온실 가스 메탄의 해저에서의 대규모 배출 또는 현재 약 77만 평방 마일의 러시아를 덮고 있는 Siberian Traps를 만든 폭발과 같은 화산 활동 증가일 수 있었다. 대량 멸종이 끝났을 때, 모든 동물과의 57%와 전체 생물속의 83%가 지구에서 사라졌고, 생명체가 회복되는 데 약 1천만년이 걸렸다.

정답 및 선지 해석 정답 ①

① The Earth Affected by Mass Die-offs 대죽음의 영향을 받은 지구
② The Greatest Volcanic Eruption 가장 큰 화산 폭발
③ Massive Strikes of Meteors on Earth 유성의 지구에 대규모 타격
④ The Mass Extinction of Life-forms by Volcanoes 화산에 의한 생명체의 대량 멸종

해설

이 글은 첫 문장에 주제문으로 가장 일반적이고 포괄적인 내용을 제시하고 그 뒤에 수치와 여러 가지 구체적인 것들을 나열하면서 주제를 뒷받침 설명하고 있다. 따라서 첫 번째 문장과 가장 비슷한 답을 고르면 된다.

어휘

throughout ~동안 내내, ~도처에   extinction 멸종, 소화(消火)   take place 일어나다, 열리다   be called ~ 라고 불리다   theorize 이론을 제시하다[세우다]   devastating 대단히 파괴적인, 엄청난 손상을 가하는(= disastrous)   kill off ~을 대대적으로 죽이다, ~을 제거하다   life forms 생명체   asteroid 소행성   a series of 일련의   strike (세게) 치다, 부딪치다, 파업, 공격, 공습   massive 대규모의, 부피가 큰   emission 배출   seafloor 해저(seabed)   greenhouse gas 온실 가스(특히 이산화탄소)   volcanic 화산의, 화산 작용에 의해 만들어진   eruption 폭발, 분화   genera - genus의 복수형   genus (생물 분류상의) 속(屬)   the planet 지구(earth)

13 다음 글의 제목으로 가장 적절한 것은?

We normally think of an archive as a collection of papers or documents. **Yet a city, town, or national park area can also function as a kind of archive** — a place where you will find sites of historic, political, or cultural importance. **Certainly one of the best ways to learn about a public space and its archive is to take a walking tour.** Cities, towns, local and national parks, botanical gardens, museums, campuses, cemeteries, and historical buildings across this country have walking tours designed to show visitors the history of the place; the best places to shop; popular restaurants, homes of poets, artists, and politicians; little-known places of historic interest; and more. **These tours usually include a step-by-step guide to the places on the tour, an easy-to-follow map, and a succinct description of the importance of each stop.**

해석 및 정답의 단서

기록 보관소 하면 우리는 보통 종이나 문서의 수집을 생각한다. **그러나 도시, 마을, 국립공원 등도** 역사적, 정치적, 문화적으로 중요한 유적을 발견할 수 있는 **기록 보관소 같은 역할을 할 수 있다. 확실히 공공장소와 그 기록 보관소에 대해 배울 수 있는 가장 좋은 방법 가운데 하나는 도보 여행을 하는 것이다.** 도시, 마을, 지방 및 국립공원, 식물원, 박물관, 캠퍼스, 묘지, 전국의 역사적 빌딩들은 방문객들에게 그 장소의 역사, 쇼핑하기 좋은 장소들, 유명한 식당, 시인, 예술가, 정치인의 자택, 거의 알려지지 않은 명승지 등을 보여주기 위해 설계된 도보 여행을 갖고 있다. **이 여행들은 각 장소에 대한 단계별 안내, 찾기 쉬운 지도, 각 장소의 중요성에 대한 간결한 설명 등을 보통 포함하고 있다.**

정답 및 선지 해석   정답 ①

① **The Values of Walking Tours** 도보 여행의 가치

② **The Importance of Archive** 기록 보관소의 중요성

③ **The Functions of City Tours** 도시 여행의 기능들

④ **Tourist Attractions and Visitors** 관광명소들과 방문자들

MEMO

해설

두 번째 문장에 역접 연결사 'Yet'과 세 번째 문장이 글의 주제이고, 그 이하는 도보여행의 특징과 장점을 구체적으로 설명한 것이다. 마지막 문장에도 도보여행에 대한 내용으로 마무리된다.

어휘

archive 기록보관소   collection 수집(품), 소장품, 무리, 더미   national park 국립공원   function as ~로서 역할하다   historical 역사적인   description 묘사, 설명

14 다음 글의 주제로 가장 적절한 것은?

<u>Think about</u> how you feel if somebody cuts you off, or makes an illegal left turn in front of you. If you are like most people you get annoyed, perhaps very annoyed, and want to punish the rule breaker, even though you know you'll never see the person again. <u>Or, think about</u> how you feel when someone cuts in line while you wait for a movie. Most people get quite angry, even if they are near the front of the line and are sure to get a good seat. Such emotions can give rise to voluntary, informal punishment of people who break social rules. <u>But in complex societies, it's hard to know whether such punishment plays a significant role in maintaining social norms because police and courts also act to punish rule breakers.</u> Many simple societies lack formal legal institutions, so the only kind of punishment is informal and voluntary. <u>In small-scale societies, considerable ethnographic evidence suggests that moral norms are enforced by punishment.</u>

해석 및 정답의 단서

만약 누군가가 당신의 말을 중단시키거나, 혹은 당신 앞에서 불법 좌회전을 한다면 어떻게 느껴질지 **생각해 봐라**. 만약 당신이 대부분의 사람들과 같다면, 당신은 화가 날 것이다, 아마 아주 화가 날 것이고, 비록 당신이 그 사람을 절대로 다시 볼 일이 없다는 것을 안다고 할지라도, 규칙을 어긴 자를 벌하고 싶을 것이다. 혹은, 당신이 영화 보려고 줄 서있는데 누군가가 새치기를 한다면 어떻게 느껴질지 **생각해 봐라**. 대부분의 사람들은 그들이 줄의 거의 앞쪽에 있고 좋은 자리를 잡을 것임이 분명할지라도, 꽤 화가 날 것이다. 그러한 감정은 규칙을 어긴 사람에 대한 자발적이면서 비공식적인 처벌을 일으킬 수 있다. **하지만 복잡한 사회에서, 경찰과 법원 또한 위법자들을 처벌하는 역할을 하기 때문에, 그러한 처벌(비공식적인 처벌)이 사회 규범을 유지하는 데 상당한 역할을 하는지 알기는 어렵다.** 많은 단순한 사회들은 공식적인 법적 기관들이 부재하므로 유일한 처벌의 유형이 비공식적이고 자발적이다. **작은 규모의 사회에서는, 상당한 민족 지학상의 증거가 도덕 규범이 처벌에 의해서 실행된다는 것을 나타낸다.**

MEMO

정답 및 선지 해석 정답 ②

① benefits and disadvantages of formal punishment 공식적인 처벌의 장점과 단점

② the relationship between punishment and the scale of society 처벌과 사회 규모 사이의 관계

③ moral norms and their impacts on the society 도덕 규범과 그것이 사회에 끼치는 영향

④ the effect of harsh punishment on antisocial behavior 가혹한 처벌이 반사회적 행위에 미치는 영향

해설

글의 초반에 'think about'은 사례를 제시할 때 쓰이는 표현이므로 글의 초반에는 구체적인 사례를 제시하고 글 중간에 역접을 의미하는 'But' 뒤에 주제문이 제시되고 있다. 복잡한 사회(complex societies)와 작은 규모의 사회(small-scale societies) 그리고 처벌에 관한 이야기이다.

어휘

cut off (말을) 중단시키다, (공급을) 중단하다   cut in line 새치기하다   voluntary 자발적인   antisocial 반사회적인   give rise to 일으키다   informal 비공식적인   maintain 유지하다, 지속하다   ethnography 민족지학[민족(ethnos)의 기술(記述, graphy)을 주요한 목적으로 하는 영역]

15 다음 글의 주제로 가장 적절한 것은?

As the digital revolution upends newsrooms across the country, here's my advice for all the reporters. I've been a reporter for more than 25 years, so I have lived through a half dozen technological life cycles. The most dramatic transformations have come in the last half dozen years. That means I am, with increasing frequency, making stuff up as I go along. Much of the time in the news business, we have no idea what we are doing. We show up in the morning and someone says, "Can you write a story about (pick one) tax policy/immigration/climate change?" When newspapers had once-a-day deadlines, we said a reporter would learn in the morning and teach at night — write a story that could inform tomorrow's readers on a topic the reporter knew nothing about 24 hours earlier. Now it is more like learning at the top of the hour and teaching at the bottom of the same hour. I'm also running a political podcast, for example, and during the presidential conventions, we should be able to use it to do real-time interviews anywhere. I am just increasingly working without a script.

해석 및 정답의 단서

디지털 혁명이 전국의 편집실을 완전히 뒤집어 놓음에 따라 모든 기자에게 주는 내 조언이 여기에 있다. 나는 25년 이상 기자였기 때문에, 여섯 번 정도의 기술적 생애 주기를 겪었다. 가장 극적인 변화는 지난 6년 동안 있었다. **그것은 내가 진행하면서 더 잦은 빈도로 내용을 만들어 가고 있음을 의미한다**. 뉴스에 있어 많은 시간 동안 우리는 우리가 무엇을 하고 있는지에 대해 모른다. 우리는 아침에 출근을 하면 누군가는 "세금 정책/이민/기후변화에 관해 글을 써줄 수 있나요?"라고 말한다. 기자들이 하루에 한 번씩 마감이 있었을 때, 우리는 기자들이 아침에 배우고 밤에는 가르쳐야 한다고 말했다. 즉 기자는 24시간 전에는 알지 못했던 주제에 관해 내일의 독자들에게 알려주는 기사를 쓴다. 이제 이것은 마치 정시에는 배우고 30분에는 가르치는 것과 같다. 예를 들면 나는 또한 정치 팟캐스트를 운영 중인데 대통령 정당 회의 동안에 우리는 실시간 인터뷰를 하기 위해서 어디에서든 그것을 이용할 수 있어야만 한다. **나는 단지 점점 더 대본 없이 일하고 있다**.

정답 및 선지 해석 정답 ②

① a reporter as a teacher 교사로서의 기자

② a reporter and improvisation 기자와 즉흥성

③ technology in politics 정치에서의 기술

④ fields of journalism and technology 저널리즘의 분야와 기술

해설

글의 초반에 자신이 기자로서 겪은 경험을 통해 조언을 하겠다고 제시하고 그 뒤에는 구체적인 설명을 통해 자신의 조언에 대해서 부연 설명을 하고 있으며 마지막 후반부에 다시 한번 주제문이 제시되고 있으므로 이 글의 주제는 ②번이 된다.

어휘

upend 뒤집다   make up 구성하다, 만들다   stuff 재료, 내용, 요소   once-a-day 하루에 한 번   deadline 마감 시간   podcast 팟캐스트(인터넷망을 통해 다양한 콘텐츠를 제공하는 서비스)   real-time 실시간   script 대본   improvisation field 분야

02 세부 정보 파악 유형

세부 정보 파악 유형 | 출제 빈도 분석

출제 연도	국가직	지방직
2022	1개	2개
2021	2개	1개
2020	2개	1개
2019	2개	2개
2018	3개	1개
2017	1개	2개

세부 정보 파악 유형 | 대비 전략

01 세부 내용 파악은 일상생활과 관련된 소재를 비롯하여 인문, 사회, 예술, 과학과 같은 다양한 분야의 대화·담화나 글의 내용을 구체적인 사항에 초점을 맞추어 이해하고, 직접적으로 제시된 정보를 정확하게 파악하는 연습을 필요로 한다. 즉, 추론에 의해 내용을 유추하는 것이 아니라, 글에 명시적으로 제시된 정보에 대한 사실적 이해에 근거하여 답지와의 일치 여부를 판단해야 한다는 점에 유의한다.

02 공무원 시험에서 세부 정보 파악 유형은 매년 꾸준히 대략 평균 2문제씩 출제되는 유형이다. 세부 정보 파악 유형을 시간 이내에 정확하게 풀기 위해서는 미리 어떻게 시험에서 내용 일치 또는 불일치 선지를 만드는지 함정 포인트를 잘 알고 주의해야 한다. 세부 정보 파악 유형은 다른 유형과 달리 특히 부사표현, 형용사, 특정 명사, 수치와 부정어 등 말 그대도 세부 정보를 표시하기 위해서 사용되는 표현들에 대해서 배우고 정리하는 것이 중요하다. 반드시 이런 출제 알고리즘을 체화시킨다면 분명 시험장에서도 충분히 맞출 수 있는 유형이다.

MEMO

 **세부 정보 파악 유형**

핵심 개념

세부 정보 파악 능력이란 담화나 글에 제시된 특정 정보를 사실적이고 정확하게 이해하는 능력으로서, 담화나 글의 내용 일치/불일치 등 숫자 정보나 기타 세부 내용을 파악할 수 있어야 한다.

예시 문항

Edmonia Lewis에 관한 다음 글의 내용과 일치하지 않는 것은?

Edmonia Lewis was America's first black woman artist and also the first of her race and gender to be recognized as a sculptor. Born on July 4, 1845, in Albany, New York, she was the daughter of a Chippewa woman and a free black man. From 1859 to 1863 she was educated at Oberlin College, the first American college to admit women into an integrated environment. After college, Lewis moved to Boston, where she studied with Edmund Brackett and did a bust of Colonel Robert Gould Shaw, the commander of the first black regiment organized in the state of Massachusetts during the Civil War. In 1865 she moved to Rome, where she soon became a prominent artist. Returning to the United States in 1874, she fulfilled many commissions, including a bust of Henry Wadsworth Longfellow that was executed for the Harvard College Library. Her works are fine examples of the neoclassical sculpture that was fashionable during her lifetime.

*bust 흉상 **colonel 대령 ***regiment (군대의) 연대

① 미국 최초의 흑인 여성 예술가였다.
② 뉴욕주에서 태어났고 아버지가 흑인 자유민이었다.
③ 대학을 마친 후 보스턴으로 갔다.
④ 로마로 간 후 오랜 시간 동안 무명 예술가로 지냈다.

01 해결 전략

Step 01　④번 선지부터 다른 선지에 없는 특이한 단어를 확인하고 후반부에 그 해당 단어와 비슷한 표현이 있는지 확인한 후 지문의 진위 여부를 확인한다.

Step 02　선택지 ④번 확인 이후에는 ①번 ②번 ③번도 각각 같은 방식으로 진위 여부를 제대로 확인한다.

Step 03　세부 정보 파악 유형의 출제 패턴을 분석해서 정리해서 알아두고 문제 풀 때 적용할 수 있도록 한다.

02 해결 전략 문제에 적용하기

Step 01

선택지의 ④번 선지부터 다른 선지에 없는 특이한 단어를 확인하고 후반부에 그 해당 단어와 비슷한 표현이 있는지 확인한 후 지문의 진위를 확인한다.

④ 로마로 간 후 오랜 시간 동안 무명 예술가로 지냈다.
지문: In 1865 she moved to Rome, where <u>she soon became a prominent artist</u>. "그녀는 곧 유명 예술가가 되었다." ➡ 불일치

Step 02

선택지 ④번 확인 이후에는 ①번 ②번 ③번도 각각 같은 방식으로 진위를 확인한다.

① 미국 <u>최초의</u> 흑인 여성 예술가였다.
　지문 : Edmonia Lewis was America's <u>first</u> black woman artist ~ ➡ 일치
② 뉴욕주에서 태어났고 <u>아버지가 흑인 자유민</u>이었다.
　지문 : Born on July 4, 1845, in Albany, New York, she was the <u>daughter of</u> a Chippewa woman <u>and a free black man</u>. ➡ 일치
③ <u>대학을 마친 후 보스턴</u>으로 갔다.
　지문 : <u>After college</u>, Lewis moved to **Boston**, ~ ➡ 일치

Step 03

세부 정보 파악 유형의 출제 패턴을 분석해서 정리해서 알아두고 문제 풀 때 적용할 수 있도록 한다.

① 선지에서는 무명 - 지문에서는 유명 : 불일치할 때 대립어를 사용한다.
② 중심 내용을 찾을 때는 지문에서 구체적인 내용이 중요하지 않지만 세부 정보 파악 유형의 문제는 반드시 시간 부사나 지명 등 구체적인 표현에 집중해서 지문과 선지의 1대 1 대응을 제대로 해야 한다.

예시 문항 해설 ||||||||||||||||||||||||||||||||||||||||||||||||||||||||||||||||||||||||||||||||||

Edmonia Lewis는 미국 최초의 흑인 여성 예술가이자 또한 자신의 인종과 성별에서 조각가로서 인정받은 최초의 인물이었다. 뉴욕주 Albany에서 1845년 7월 4일에 태어난 그녀는 Chippewa 여자와 흑인 자유민 남자의 딸이었다. 1859년부터 1863년까지 그녀는 인종 차별을 하지 않는 환경으로 여성 입학을 허락한 최초의 미국 대학인 Oberlin 대학에서 교육받았다. 대학을 마친 후 Lewis는 보스턴으로 갔고, 그곳에서 그녀는 Edmund Brackett과 함께 공부했으며, 미국 남북 전쟁 동안 매사추세츠주에서 조직된 최초의 흑인 연대의 지휘관인 Robert Gould Shaw 대령의 흉상을 제작했다. 1865년에 그녀는 로마로 갔고, 그곳에서 곧 저명한 예술가가 되었다. 1874년에 미국으로 돌아와, 그녀는 하버드 대학 도서관을 위해 만들어진 Henry Wadsworth Longfellow의 흉상을 비롯하여 의뢰받은 많은 작품을 완수했다. 그녀의 작품은 그녀가 살던 시기에 유행한 신고전주의 조각의 훌륭한 본보기이다.

상세 해설

Edmonia Lewis는 1865년에 로마로 갔고 그곳에서 곧 저명한 예술가가 되었다고 언급되었으므로, 글의 내용과 일치하지 않는 것은 ④이다.

어휘 및 표현

race 인종 recognize 인정하다 sculptor 조각가 Chippewa 치페와(북미 원주민 부족 중의 하나) integrated (학교 등이) 인종 차별을 하지 않는, 통합된 commander 지휘관 organize 조직하다 the Civil War 미국 남북 전쟁 prominent 저명한 fulfill 완수하다, 이행하다 commission 의뢰받은 작품[일], 의뢰 execute 만들다, 제작하다 neoclassical 신고전주의의 fashionable 유행하는

세부 정보 찾기 01   평가 요소

세부 정보 파악 능력이란 담화나 글에 제시된 특정 정보를 사실적이고 정확하게 이해하는 능력으로서, 담화나 글의 내용 일치/불일치 등 숫자 정보나 기타 세부 내용을 파악할 수 있는 능력을 의미한다.

세부 정보 찾기 02   문항 풀이를 위한 주요 개념 · 원리

본 유형의 문항을 풀기 위해서는 지문의 전반적인 내용과 흐름을 이해함과 동시에 문항에서 요구하는 특정 세부 정보를 정확하게 파악해 낼 수 있는 능력이 요구된다.

세부 정보 찾기 03   학습 안내

01   세부 정보 파악 유형에 대비하기 위해서는 '다양한 일반적 주제'에 대해 오랜 시간 꾸준히 읽고 학습하는 과정을 거쳐야 한다.

02   세부 정보 파악은 일상생활과 관련된 소재를 비롯하여 인문, 사회, 예술, 과학과 같은 다양한 분야의 내용을 구체적인 사항에 초점을 맞추어 이해하고 직접적으로 제시된 정보를 정확하게 파악하는 연습을 필요로 한다. 여기서 유의할 점은 추론에 의해 내용을 유추하는 것이 아니라 글에 명시적으로 제시된 정보에 대한 사실적 이해에 근거하여 선지와의 일치 여부를 판단해야 한다는 것이다.

03   내용 일치/불일치 유형으로 제시되는 글의 소재로는 어떤 사물이나 동 · 식물 등에 대한 설명문, 개인의 전기나 일화가 많이 제시된다. 이와 같은 소재의 글에 주목할 필요가 있다. 이런 글이 아니더라도 동 · 식물, 인물과 같은 다양한 소재에 관하여 인터넷상의 영문 백과사전을 찾아 읽어보거나 영문으로 된 관련 사이트를 찾아 읽어보는 것도 도움이 되겠다.

04   마지막으로, 일상 실용문에서 많이 사용되는 표현에 익숙하지 않으면 내용 파악을 하지 못하는 경우가 종종 있다. 실용문에 제시된 어휘와 표현을 정리해서 세부 사항을 정확하게 파악하고 표현을 익혀두는 연습이 필요하다.

MEMO

세부 정보 찾기 04　내용 일치 불일치 풀이 순서

01 ④번 선지부터 다른 선지에 없는 특이한 단어를 확인하고 후반부에 그 해당 단어와 비슷한 표현이 있는지 확인한 후 지문과 진위 여부를 확인한다.

02 선택지 ④번 확인 이후에는 ①번 ②번 ③번도 각각 같은 방식으로 진위 여부를 제대로 확인한다. 이때, 특히 단어가 비슷하게만 보인다고 해서 맞는 문장이라고 하고 넘어가면 세부 정보에서 오답이 되는 경우가 많으므로 주의한다.

03 세부 정보 파악 유형의 출제 패턴을 분석해서 정리해서 알아두고 문제 풀 때 적용할 수 있도록 한다.

세부 정보 찾기 05　주의 사항

01 이 유형은 연습하지 않으면 시간의 압박 때문에 틀리는 유형이 되므로 반드시 연습을 통해 시간 이내에 푸는 연습이 필요하다.

02 이 유형에서는 보통 지문 후반부에 답의 단서가 있으므로 선지 ④번부터 확인하면 시간을 줄이는 데 도움이 된다.

03 이 유형은 문제를 푸는 스킬 난이도는 낮지만 지문의 난이도가 높은 경우도 있으므로 생소한 지문이나 표현에 익숙해지도록 연습이 필요하다.

세부 정보 찾기 05　출제 패턴

01 지문이나 선지에 부정어가 들어있으면 반드시 확인해야 한다.

02 지문이나 선지에 시간 부사나 단정적인 의미의 부사가 있으면 지문에 가서 반드시 확인해야 한다.

03 지문이나 선지에 비교급이나 최상급 표현이 있으면 지문에 가서 반드시 확인해야 한다.

04 지문이나 선지에 대상이 2개 이상이 나온다면 정보를 섞어서 오답을 만드는 경우가 있으므로 반드시 제대로 확인해야 한다.

05 지문이나 선지에 대조의 의미를 가질 수 있는 개념의 단어가 나온다면 반드시 확인해야 한다.

연습 문항

01 다음 글의 내용과 일치하는 것은? 2021. 국가직 9급

> The most notorious case of imported labor is of course the Atlantic slave trade, which brought as many as ten million enslaved Africans to the New World to work the plantations. But although the Europeans may have practiced slavery on the largest scale, they were by no means the only people to bring slaves into their communities: earlier, the ancient Egyptians used slave labor to build their pyramids, early Arab explorers were often also slave traders, and Arabic slavery continued into the twentieth century and indeed still continues in a few places. In the Americas some native tribes enslaved members of other tribes, and slavery was also an institution in many African nations, especially before the colonial period.

① African laborers voluntarily moved to the New World.
② Europeans were the first people to use slave labor.
③ Arabic slavery no longer exists in any form.
④ Slavery existed even in African countries.

02 **다음 글의 내용과 일치하지 않는 것은?** 2021. 국가직 9급

Deserts cover more than one-fifth of the Earth's land area, and they are found on every continent. A place that receives less than 25 centimeters (10 inches) of rain per year is considered a desert. Deserts are part of a wider class of regions called drylands. These areas exist under a "moisture deficit," which means they can frequently lose more moisture through evaporation than they receive from annual precipitation. Despite the common conceptions of deserts as hot, there are cold deserts as well. The largest hot desert in the world, northern Africa's Sahara, reaches temperatures of up to 50 degrees Celsius (122 degrees Fahrenheit) during the day. But some deserts are always cold, like the Gobi Desert in Asia and the polar deserts of the Antarctic and Arctic, which are the world's largest. Others are mountainous. Only about 20 percent of deserts are covered by sand. The driest deserts, such as Chile's Atacama Desert, have parts that receive less than two millimeters (0.08 inches) of precipitation a year. Such environments are so harsh and otherworldly that scientists have even studied them for clues about life on Mars. On the other hand, every few years, an unusually rainy period can produce "super blooms," where even the Atacama becomes blanketed in wildflowers.

① There is at least one desert on each continent.

② The Sahara is the world's largest hot desert.

③ The Gobi Desert is categorized as a cold desert.

④ The Atacama Desert is one of the rainiest deserts.

03 다음 글의 내용과 일치하지 않는 것은?

Women are experts at gossiping, and they always talk about trivial things, or at least that's what men have always thought. However, some new research suggests that when women talk to women, their conversations are far from frivolous, and cover many more topics (up to 40 subjects) than when men talk to other men. Women's conversations range from health to their houses, from politics to fashion, from movies to family, from education to relationship problems, but sports are notably absent. Men tend to have a more limited range of subjects, the most popular being work, sports, jokes, cars, and women. According to Professor Petra Boynton, a psychologist who interviewed over 1,000 women, women also tend to move quickly from one subject to another in conversation, while men usually stick to one subject for longer periods of time. At work, this difference can be an advantage for men, as they can put other matters aside and concentrate fully on the topic being discussed. On the other hand, it also means that they sometimes find it hard to concentrate when several things have to be discussed at the same time in a meeting.

① 남성들은 여성들의 대화 주제가 항상 사소한 것들이라고 생각해 왔다.
② 여성들의 대화 주제는 건강에서 스포츠에 이르기까지 매우 다양하다.
③ 여성들은 대화하는 중에 주제의 변환을 빨리 한다.
④ 남성들은 회의 중 여러 주제가 논의될 때 집중하기 어렵다.

04 **다음 글의 내용과 일치하지 않는 것은?**

Despite the increasing popularity of consuming raw foods, you can still gain nutrients from cooked vegetables. For example, our body can absorb lycopene more effectively when tomatoes are cooked. (Keep in mind, however, that raw tomatoes are still a good source of lycopene.) Cooked tomatoes, however, have lower levels of vitamin C than raw tomatoes, so if you're looking to increase your levels, you might be better off sticking with the raw. Whether you decide to eat them cooked or raw, it's important not to dilute the health benefits of tomatoes. If you're buying tomato sauce or paste, choose a variety with no salt or sugar added — or better yet, cook your own sauce at home. And if you're eating your tomatoes raw, salt them sparingly and choose salad dressings that are low in calories and saturated fat.

*dilute 희석하다, 묽게 하다

① 토마토를 요리하여 먹었을 때, 우리의 몸은 리코펜을 더 효과적으로 흡수할 수 있다.

② 더 많은 비타민 C를 섭취하고 싶다면 생토마토보다 조리된 토마토를 섭취하는 것이 낫다.

③ 토마토 소스를 구입하고자 한다면, 소금이나 설탕이 첨가되지 않은 것으로 골라야 한다.

④ 생토마토를 섭취 시, 소금을 적게 넣거나, 칼로리가 적은 드레싱을 선택하도록 한다.

05 다음 글의 내용과 일치하는 것은?

In 1925, after many unsuccessful attempts, Scottish inventor John Baird gave the world's first public demonstration of moving television images. Not everyone welcomed this new form of entertainment. Some people criticized the invention, saying it was evil and should be banned. Nevertheless, the first regular television service went "on the air" in London in 1936. Because TV sets were extremely expensive for many years, it wasn't until the 1950's that they became more widespread. Later, black and white televisions were replaced with color sets, and soon almost everyone in the world was "watching the tube." Thus, it now serves as the cornerstone of home entertainment.

① Everyone embraced the invention of TV with open arms.

② The first regular television service was aired in Scotland.

③ Baird gave the first public demonstration of the color TV in 1925.

④ Television spread more widely in the second half of the twentieth century.

06 다음 글의 내용과 일치하는 것은?

The Rust Belt is notorious for its poor air quality. For decades, coal plants, steel production, and auto emissions have pumped *particulates like *sulfate into the atmosphere over the eastern U.S. Especially before air quality laws began appearing in the 1970s, particulate pollution was behind acid rain, respiratory disease, and ozone depletion. But a new study from Harvard University suggests that the Rust Belt's thick particulate fog may have helped slow down the effects of climate change, particularly when it was thickest. Throughout the 20th century, global temperatures have gone up by just under one degree Celsius. But in the U.S., eastern and central states haven't seen the same rise. In fact, temperatures there actually decreased over the same period. The reason seems to be particulate pollution. Instead of trapping warm air in the atmosphere like carbon dioxide, fine particles like sulfate reflect the sun's light and heat. They may even group with watery cloud droplets, which do the same thing. The effect is a net cooling across entire regions.

*particulates : 분진, *sulfate : 황산염

① Rust Belt의 석탄 공장, 철강 생산으로 인한 황산염 분진들은 미국의 서부권으로 배출되었다.
② 오존 증가, 호흡기 질환, 산성비의 원인은 분진으로 된 오염 물질이다.
③ 새로운 연구는 Rust Belt의 두터운 분진 안개가 기후 변화의 영향을 늦추었을 가능성이 있다고 주장한다.
④ 황산염 같은 미세한 입자들은 태양빛을 흡수하여, 전 지역에 냉각효과를 가져온다.

07 다음 글의 내용과 일치하는 것은?

Sleeping is such a natural thing to do. We spend perhaps a third of our lives doing it. Why, then, do people have trouble sleeping? Often we can't sleep because something exciting is about to happen — a special party or a championship game, for example. Other times we can't sleep because we are nervous or upset. What can we do if we have trouble sleeping? One suggestion is to set up a sleep schedule. Whenever possible, try to get to bed about the same time each night. Also, try to get the right number of hours of sleep for you. Some people may need only six or seven hours of sleep a night. Others may need nine or ten. Seven or eight hours a night is the average.

① One third of people take naps during the day.

② Too much sleep can cause excitement or nervousness.

③ The amount of sleep needed varies with each person.

④ Those going to bed before midnight have a relaxing sleep.

08 다음 글의 내용과 일치하지 않는 것은?

The dictionary emphasizes the trivial matters of language. The precise spelling of a word is relatively trivial because, however the word is spelled, it nevertheless remains only an approximation of the spoken word. "A machine chose the chords" is a correctly spelled English sentence, but what is written as "ch" is spoken with the three different sounds. In addition, all dictionaries give a distorted view of a language because of their alphabetical organization. This organization emphasizes the prefixes, which come at the beginning of words, rather than the suffixes, which come at the end. Yet, in English and in many other languages, suffixes have more effect on words than do prefixes. Finally, an adequate dictionary usually takes at least a decade to prepare, and by the time it has been completed it is the dictionary of a changed language, simply because the meanings of words do not stay the same from year to year.

① An adequate dictionary normally takes at least ten years to prepare.
② Prefixes have more influence on words than do suffixes in English and in other languages.
③ Every dictionary gives a warped view of a language due to their alphabetical organization.
④ The prefixes come at the beginning of words and suffixes come at the end.

09 다음 글의 내용과 일치하지 않는 것은?

Sandstone caves are found in the sedimentary rocks composed of aggregates of sand grains. The sandstone was originally deposited as sandy sediments in rivers, beaches or shallow marine environments. Continued deposition of sediments caused the sediments to be buried deeply and transformed into sandstones. Quartzites are sandstones metamorphosed by heat or pressure and with stronger cements. A cave may form after the sandstone or quartzite is uplifted and exposed at the surface. Sandstone caves may be formed by rain or wind erosion, but more commonly when a stream is able to pass through joints or bedding planes in the rock. The weaker silica cement is slowly dissolved and the stream washes the loosened sand grains away. The finest examples are found in quartzite, especially in South America.

① Sandstone caves are scarcely formed in the case that water can go through flat surface of rocks.

② Sandstones can be transformed into quartzites by exterior conditions.

③ Sandstones caves can be created where sandy sediments are accumulated to be sandstones.

④ When cement becomes disintegrated, it gets swept away by the stream.

10 다음 글의 내용과 일치하는 것은?

When Bobby Fischer was battling Boris Spassky for the world title in 1972, I was a 9-year-old club player in my native town in the Soviet Union. I followed the games avidly. As I improved during the 1970s, my coach made charts to track my progress and to set goals for me. A rating above 2,500 was grand master; 2,600 meant membership in the Top 10; 2,700 was world-champion territory. And even above that was Bobby Fischer, at the very top with 2,785. I became world champion in 1985 but it took me four full years to surpass Fischer's rating record. It was Fischer's attitude on and off the board that infused his play with unrivaled power. Before Fischer, no one was ready to fight to the death in every game. No one was willing to work around the clock to push chess to a new level. But Fischer was, and he became the detonator of an avalanche of new chess ideas, a revolutionary whose revolution is still in progress. At Fischer's peak, even his adversaries had to admire his game.

① The author was Spassky's rival in 1972.
② The author broke Fischer's rating record in 1985.
③ Fischer was ready to fight to the death in every chess game.
④ Fischer's adversaries did not admire his game until he died.

연습 문항 해설 ||||||||||||||||||||||||||||||||||||||||||||||||||||||||||||||

01 다음 글의 내용과 일치하지 않는 것은?

> The most notorious case of imported labor is of course **the Atlantic slave trade, which brought as many as ten million enslaved Africans** to the New World to work the plantations. But although the Europeans may have practiced slavery on the largest scale, they were by no means the only people to bring slaves into their communities: **earlier, the ancient Egyptians used slave labor** to build their pyramids, early Arab explorers were often also slave traders, and Arabic slavery continued into the twentieth century and indeed **still continues in a few places**. In the Americas some native tribes enslaved members of other tribes, and **slavery was also an institution in many African nations, especially before the colonial period**.

해석 및 정답의 단서

수입된 노동의 가장 악명높은 사례는 물론 **대서양 노예무역이고 이는 농장을 경작하기 위해서 천만 명에 이르는 아프리카 노예들을 신대륙으로 데려왔다**. 그러나 유럽인들은 노예제도를 가장 큰 규모로 시행했을지라도, 그들은 결코 노예를 그들의 지역사회로 데려온 유일한 사람들이 아니었다: **더 일찍 고대 이집트인들은** 그들의 피라미드를 건설하기 위해 **노예 노동을 이용했고**, 초기 아랍 탐험가들은 종종 노예 거래자였으며, 아랍 노예제도는 20세기까지 계속되었고 실제로 **일부 지역에서는 여전히 지속한다**. 아메리카 대륙에서 일부 토착 부족들은 다른 부족의 구성원을 노예로 삼았고, 또한 **노예제도는 특히 식민지 시대 이전에 많은 아프리카 국가들의 제도였다**.

MEMO

정답 ④

① African laborers voluntarily moved to the New World. 아프리카 노동자들은 자발적으로 신세계로 이주했다.

　　→ 주어진 글 첫 문장에서 '농장을 경작하기 위해서 천만 명에 이르는 아프리카 노예들을 신대륙으로 데려왔다'라는 내용으로 미뤄보아 내용이 지문과 일치하지 않는다.

② Europeans were the first people to use slave labor.
유럽인들은 노예 노동을 사용한 최초의 사람들이었다.

　　→ 주어진 글 두 번째 문장에서 '더 일찍 고대 이집트인들은 그들의 피라미드를 건설하기 위해 노예 노동을 이용했다'라는 내용으로 미뤄보아 지문과 일치하지 않는다.

③ Arabic slavery no longer exists in any form.
아랍 노예제도는 더 이상 어떤 형태로도 존재하지 않는다.

　　→ 주어진 글 두 번째 문장에서 '아랍 노예제도는 20세기까지 계속되었고 실제로 일부 지역에서는 여전히 지속한다' 라고 나와 있으므로 지문과 일치하지 않는다.

④ Slavery existed even in African countries. 노예제도는 아프리카 국가에서도 존재했다.

　　→ 마지막 문장에 '또한 노예제도는 특히 식민지 시대 이전에 많은 아프리카 국가들의 제도였다'라는 내용으로 미뤄보아 지문과 일치한다.

출제 포인트

① voluntarily ② first ③ no longer → 각각 부사가 선지에 들어있었고 이 부사를 잘 확인하는 게 오답을 확실하게 확인할 수 있는 단서다. 이렇게 내용 일치 불일치 유형은 세부 정보를 전달하는 데 필요한 부사를 정확하게 확인하면 도움이 된다.

어휘

notorious 악명 높은　import 수입하다　enslave 노예로 만들다　plantation 농장　explorer 탐험가　slavery 노예제　by no means 결코 ~이 아닌　tribe 부족　institution 관습, 제도　colonial 식민지의　voluntarily 자발적으로

02 다음 글의 내용과 일치하지 않는 것은?

Deserts cover more than one-fifth of the Earth's land area, and **they are found on every continent**. A place that receives less than 25 centimeters (10 inches) of rain per year is considered a desert. Deserts are part of a wider class of regions called drylands. These areas exist under a "moisture deficit," which means they can frequently lose more moisture through evaporation than they receive from annual precipitation. Despite the common conceptions of deserts as hot, there are cold deserts as well. **The largest hot desert in the world, northern Africa's Sahara**, reaches temperatures of up to 50 degrees Celsius (122 degrees Fahrenheit) during the day. But **some deserts are always cold, like the Gobi Desert** in Asia and the polar deserts of the Antarctic and Arctic, which are the world's largest. Others are mountainous. Only about 20 percent of deserts are covered by sand. The driest deserts, such as Chile's Atacama Desert, have parts that receive less than two millimeters (0.08 inches) of precipitation a year. Such environments are so harsh and otherworldly that scientists have even studied them for clues about life on Mars. On the other hand, every few years, an unusually rainy period can produce "super blooms," where even the Atacama becomes blanketed in wildflowers.

해석 및 정답의 단서

사막은 지구 육지 면적의 5분의 1 이상을 덮고 있으며, 모든 대륙에서 발견된다. 매년 비가 25센티미터(10인치) 미만으로 오는 곳은 사막으로 여겨진다. 사막은 메마른 땅이라고 불리는 광범위한 지역의 일부이다. 이러한 지역은 "수분 부족" 상태에 존재하며, 이는 이 지역들이 연간 강수량으로 얻는 것보다 증발을 통해 수분을 더 많이 잃을 수 있음을 의미한다. 사막이 뜨겁다는 일반적인 개념에도 불구하고, 차가운 사막도 있다. 세계에서 가장 큰 뜨거운 사막인 아프리카 북부 사하라 사막은 낮 동안 최고 섭씨 50도(122도 화씨)의 기온에 이른다. 하지만 아시아의 고비 사막이나 세계에서 가장 큰 남극과 북극의 극지 사막처럼 몇몇 사막은 항상 춥다. 사막의 약 20%만이 모래로 덮여 있다. 칠레의 아타카마 사막과 같은 가장 건조한 사막에는 연간 2mm(0.08인치) 미만의 강수량을 받는 지역이 있다. 그러한 환경은 너무 가혹하고 완전 세상이어서 과학자들은 화성의 생명체에 대한 단서를 찾기 위해 그것들을 연구해왔다. 반면에, 몇 년에 한 번씩, 평소와는 달리 비가 많이 오는 시기는 "슈퍼 블룸(사막에 꽃이 일시적으로 많이 피는 현상)"을 만들어 낼 수 있는데, 그곳에서는 아타카마조차도 야생화로 뒤덮이게 된다.

MEMO

정답 및 선지 해석 정답 ④

① There is at least one desert on each continent.

각 대륙에는 적어도 하나의 사막이 있다.

→ 첫 문장에서 'they are found on every continent.(그것들은 모든 대륙에서 발견된다.)'라는 부분을 통해 내용이 일치함을 알 수 있다.

② The Sahara is the world's largest hot desert.

사하라 사막은 세계에서 가장 큰 뜨거운 사막이다.

→ 6번째 문장에서 'The largest hot desert in the world, northern Africa's Sahara(세계에서 가장 큰 뜨거운 사막인 아프리카 북부 사하라 사막)'과 일치한다.

③ The Gobi Desert is categorized as a cold desert.

고비사막은 차가운 사막으로 분류된다.

→ 7번째 문장에서 'some deserts are always cold, like the Gobi Desert ~ 고비 사막 ~ 처럼 일부 사막은 항상 춥다'를 볼 때 내용과 일치한다.

④ The Atacama Desert is one of the rainiest deserts.

→ 7번째 문장에서 'The driest deserts, such as Chile's Atacama Desert 칠레의 아타카마 사막과 같은 가장 건조한 사막'을 볼 때 내용과 일치하지 않는다.

출제 포인트

④ rainiest → 형용사도 세부적인 정보에 해당하므로 내용 일치 불일치 여부를 판단할 때 주의해서 살펴본다. 이 문제에서도 rainiest가 아닌 driest로 바꿔야 한다는 것이 출제 포인트였다.

어휘

continent 대륙, 육지   deficit 부족, 결손   evaporation 증발   annual 일년의   precipitation 강수량   conception 개념   up to ~까지   Antarctic 남극 지방   Arctic 북극 지방   mountainous 산이 많은, 산지의   otherworldly 저승의, 내세의   blanket (담요로 덮듯이) 온통 덮다   categorize A as B A를 B로 분류하다

03 다음 글의 내용과 일치하지 않는 것은?

Women are experts at gossiping, and they always talk about trivial things, or at least that's what men have always thought. However, some new research suggests that when women talk to women, their conversations are far from frivolous, and cover many more topics (up to 40 subjects) than when men talk to other men. Women's conversations range from health to their houses, from politics to fashion, from movies to family, from education to relationship problems, but sports are notably absent. Men tend to have a more limited range of subjects, the most popular being work, sports, jokes, cars, and women. According to Professor Petra Boynton, a psychologist who interviewed over 1,000 women, women also tend to move quickly from one subject to another in conversation, while men usually stick to one subject for longer periods of time. At work, this difference can be an advantage for men, as they can put other matters aside and concentrate fully on the topic being discussed. On the other hand, it also means that they sometimes find it hard to concentrate when several things have to be discussed at the same time in a meeting.

해석 및 정답의 단서

여성들은 잡담을 잘하고, 그들은 항상 사소한 것들에 관해 이야기한다, 적어도 남성들은 항상 그렇게 생각해 왔다. 하지만, 몇몇 새로운 연구는 여성들이 여성들과 대화를 할 때, 그들의 대화는 시시하지 않고, 남성들이 다른 남성들과 대화할 때보다 더 많은 주제(40개에 이르는 주제)를 다루고 있음을 시사한다. 여성들의 대화는 그 범위가 건강에서부터 그들의 집, 정치에서 패션, 영화에서 가족, 교육에서 인간관계 문제에까지 이르지만, 스포츠는 눈에 띄게 없다. 남성들은 더 많이 제한된 범위의 주제를 갖는 경향이 있는데, 가장 인기 있는 것은 일, 스포츠, 농담, 자동차 그리고 여성이다. 1,000명이 넘는 여성들을 인터뷰한 심리학자인 Petra Boynton 교수에 따르면, 여성들은 또한 대화 중 한 주제에서 다른 주제로 빠르게 이동하는 경향이 있는 반면, 남성들은 더 오랫동안 보통 한 주제를 유지한다. 직장에서, 그들은 다른 문제들을 제쳐두고 논의되는 주제에 충분히 집중할 수 있고 이러한 차이는 남성들에게 이점이 될 수 있다. 반면에, 이는 또한 그들이 가끔 회의에서 여러 가지가 동시에 논의될 때 집중하기 힘들다는 것을 의미한다.

Chapter 2 세부 정보 파악 유형 97

정답 및 선지 해석 정답 ②

① 남성들은 여성들의 대화 주제가 항상 사소한 것들이라고 생각해 왔다.
   → 첫 번째 문장에서 언급된 내용과 일치한다.

② 여성들의 대화 주제는 건강에서 스포츠에 이르기까지 매우 다양하다.
   → 세 번째 문장에서 '여성들의 대화는 그 범위가 건강에서부터 그들의 집, 정치에서 패션, 영화에서 가족, 교육에서 인간관계 문제에까지 이르지만, 스포츠는 눈에 띄게 없다.'라는 말을 하고 있으므로 선지와 일치하지 않음을 확인할 수 있다.

③ 여성들은 대화하는 중에 주제의 변환을 빨리한다.
   → 다섯 번째 문장에서 언급된 내용과 일치한다.

④ 남성들은 회의 중 여러 주제가 논의될 때 집중하기 어렵다.
   → 마지막 문장에서 언급된 내용과 일치한다.

해설

세부 정보 파악하기 유형에서는 지문이나 답에 부정어가 들어가 있는 선지는 주의해야 한다.

어휘

gossip 수다(를 떨다), 잡담(하다), 험담(하다)　trivial 사소한　at least 적어도
far from ~ 결코 ~하지 않는　frivolous 사소한, 하찮은　cover 덮다, 감추다, 다루다
up to ~ 까지　range from A to B (범위가) A에서부터 B에 이르다　notably 뚜렷이, 현저히　absent 없는, 부재의　stick to ~에 집착하다, ~을 고수하다　fully 완전히, 철저하게

04 다음 글의 내용과 일치하지 않는 것은?

Despite the increasing popularity of consuming raw foods, you can still gain nutrients from cooked vegetables. For example, our body can absorb lycopene more effectively when tomatoes are cooked. (Keep in mind, however, that raw tomatoes are still a good source of lycopene.) Cooked tomatoes, however, have lower levels of vitamin C than raw tomatoes, <u>so if you're looking to increase your levels, you might be better off sticking with the raw</u>. Whether you decide to eat them cooked or raw, it's important not to dilute the health benefits of tomatoes. <u>If you're buying tomato sauce or paste, choose a variety with no salt or sugar added — or better yet, cook your own sauce at home. And if you're eating your tomatoes raw, salt them sparingly and choose salad dressings that are low in calories and saturated fat</u>.

해석 및 정답의 단서

날것으로 먹는 것에 대한 증가하는 인기에도 불구하고, 여러분은 여전히 요리된 야채로부터 영양분을 얻을 수 있다. 예를 들어, **우리 몸은 토마토가 요리되었을 때 리코펜을 더 효과적으로 흡수할 수 있다.** (그러나 생토마토는 여전히 리코펜의 좋은 공급원이라는 것을 명심해라.) 하지만 요리한 토마토는 생토마토보다 비타민 C의 수치가 낮기 때문에, **당신이 당신의 수치[비타민 C]를 늘리고 싶다면, 생토마토를 고수하는 것이 더 나을 수도 있다.** 당신이 그것들을 요리해 먹든 날것으로 먹든, 토마토의 건강상의 이점을 약하게 하지 않는 것이 중요하다. **토마토 소스나 페이스트를 살 때는 소금이나 설탕이 첨가되지 않은 품종을 고르거나 집에서 직접 소스를 요리하는 것이 좋다. 그리고 만약 여러분이 토마토를 날것으로 먹는다면, 소금을 적게 넣고 칼로리와 포화지방이 낮은 샐러드 드레싱을 선택해라.**

정답 및 선지 해석 정답 ②

① 토마토를 요리하여 먹었을 때, 우리의 몸은 리코펜을 더 효과적으로 흡수할 수 있다.
   → 두 번째 문장에서 언급된 내용과 일치한다.

② 더 많은 비타민 C를 섭취하고 싶다면 생토마토보다 조리된 토마토를 섭취하는 것이 낫다.
   → 네 번째 문장에서 '비타민 C의 수치를 늘리고 싶다면 생토마토를 고수하는 게 더 나을 수 있다'고 했으므로 언급된 내용과 일치하지 않는다.

③ 토마토 소스를 구입하고자 한다면, 소금이나 설탕이 첨가되지 않은 것으로 골라야 한다.
   → 여섯 번째 문장에서 언급된 내용과 일치한다.

④ 생토마토를 섭취 시, 소금을 적게 넣거나, 칼로리가 적은 드레싱을 선택하도록 한다.
   → 마지막 문장과 일치한다.

출제 포인트

대상이 두 개 나오면 두 개의 대상을 제대로 구분해서 세부 정보 파악 유형의 함정을 피할 수 있다.

어휘

raw 날것의   gain 얻다   nutrient 영양, 영양소, 영양분   lycopene 리코펜(토마토 따위의 붉은 색소)   saturated 포화 상태가 된, 스며든   be better off 형편이 더 낫다   sparingly 드물게

05 다음 글의 내용과 일치하는 것은?

> In 1925, after many unsuccessful attempts, Scottish inventor John Baird gave the world's first public demonstration of moving television images. Not everyone welcomed this new form of entertainment. Some people criticized the invention, saying it was evil and should be banned. Nevertheless, the first regular television service went "on the air" in London in 1936. Because TV sets were extremely expensive for many years, it wasn't until the 1950's that they became more widespread. Later, black and white televisions were replaced with color sets, and soon almost everyone in the world was "watching the tube." Thus, it now serves as the cornerstone of home entertainment.

해석 및 정답의 단서

많은 실패적인 시도 이후 ③ 1925년에 스코틀랜드의 발명가 John Baird는 움직이는 텔레비전 영상을 세상에 처음으로 선보였다. ① 모든 사람들이 이 새로 등장한 오락을 환영한 것은 아니었다. 일부는 그것을 비난하며 악마와 다름 없으니 금지되어야 한다고 말하기도 했다. ② 그럼에도 불구하고 최초 정규 텔레비전 서비스가 1936년 런던에서 방송되었다. 한 동안 텔레비전 세트가 매우 비쌌기 때문에 ④ 1950년대 이후에야 그것들은(텔레비전 세트) 더 널리 퍼지게 되었다. 이후 흑백 텔레비전은 컬러 세트로 대체됐고 곧 세계 대부분의 사람은 텔레비전을 볼 수 있게 되었다. 그 결과 오늘날 TV는 가정 내 오락의 초석 역할을 하고 있다.

MEMO

정답 및 선지 해석 정답 ④

① Everyone embraced the invention of TV with open arms.
모든 사람이 두 팔을 활짝 벌리고 텔레비전의 발명을 받아들였다.
→ 두 번째 문장 내용 불일치

② The first regular television service was aired in Scotland.
첫 번째 정규 텔레비전 서비스가 스코틀랜드에서 방송되었다.
→ 두 번째 문장 내용 불일치

③ Baird gave the first public demonstration of the color TV in 1925.
Baird는 1925년에 컬러 텔레비전을 처음으로 선보였다.
→ 첫 번째 문장 내용 불일치

④ Television spread more widely in the second half of the twentieth century.
텔레비전은 20세기 후반에 더 널리 퍼졌다.
→ 다섯 번째 문장 내용 일치

출제 포인트

① with open arms ② in Scotland ③ color TV → 각각 세부정보를 전달하는 데 사용되는 부사나 형용사가 선지에 들어있었고 이 정보들을 잘 확인하는 게 오답을 확실하게 걸러낼 수 있는 단서다. 이렇게 내용 일치 불일치 유형은 세부 정보를 전달하는 데 필요한 포인트만 찾으면 빠르고 정확하게 풀 수 있다.

어휘

attempt 시도   Scottish 스코틀랜드의, 스코틀랜드 사람의   demonstration 증명, 시범, 실연   criticize 비난하다   evil 나쁜, 사악한   on air 방송중인   replace 대신하다, 제자리에 놓다   the second half of the twentieth century   20세기 후반

06 다음 글의 내용과 일치하는 것은?

The Rust Belt is notorious for its poor air quality. ① <u>For decades, coal plants, steel production, and auto emissions have pumped *particulates like *sulfate into the atmosphere over the eastern U.S.</u> Especially before air quality laws began appearing in the 1970s, ② <u>particulate pollution was behind acid rain, respiratory disease, and ozone depletion</u>. ③ <u>But a new study from Harvard University suggests that the Rust Belt's thick particulate fog may have helped slow down the effects of climate change, particularly when it was thickest</u>. Throughout the 20th century, global temperatures have gone up by just under one degree Celsius. But in the U.S., eastern and central states haven't seen the same rise. In fact, temperatures there actually decreased over the same period. The reason seems to be particulate pollution. ④ <u>Instead of trapping warm air in the atmosphere like carbon dioxide, fine particles like sulfate reflect the sun's light and heat</u>. They may even group with watery cloud droplets, which do the same thing. The effect is a net cooling across entire regions.

해석 및 정답의 단서

Rust Belt(북동부 5대호 주변의 쇠락한 공장지대)는 공기 질이 좋지 않기로 악명 높다. ① <u>수십 년 동안 석탄 공장, 철강 생산, 그리고 자동차 배기가스는 미국 동부권의 대기 속으로 황산염 같은 분진을 뿜어냈다</u>. 특히 공기질 법안이 1970년대에 등장하기 전 떠다니는 성질의 먼지로 된 ② <u>오염 물질은 산성비, 호흡기 질환, 오존 고갈의 뒤에 있었다</u>. 그러나 하버드 대학교의 ③ <u>새로운 연구는 Rust Belt의 특히 두꺼운 분진 안개가 가장 두터울 때 기후 변화의 영향을 늦추는 데 도움을 주었을 수 있다는 것을 시사한다</u>. 20세기 내내 지구의 온도는 단지 섭씨 1도 미만으로 상승하였다. 하지만 미국 동부와 중부의 주들은 같은 온도의 상승을 보이지 않았다. 사실 그곳의 온도는 같은 기간에 실제로 떨어졌다. 그 이유는 분진으로 된 오염 물질인 것 같다. 이산화탄소처럼 대기에 따뜻한 공기를 가두는 것 대신에 ④ <u>황산염과 같은 미세한 입자들은 태양의 빛과 열을 반사시킨다</u>. 그것들은 물기가 많은 구름의 작은 물방울과 무리를 지어 모이기도 하며, 그것은 (빛과 열을 반사시키는) 같은 역할을 한다. 전 지역에 걸쳐 냉각 효과가 나타난다.

정답 및 선지 해석 정답 ③

① Rust Belt의 석탄 공장, 철강 생산으로 인한 황산염 분진들은 미국의 서부권으로 배출되었다.

→ 두 번째 문장 내용을 보면 불일치한다.

지문에서는 '동부권', 선지에서는 '서부권'이라고 나와 있다.

② 오존 증가, 호흡기 질환, 산성비의 원인은 분진으로 된 오염 물질이다.

→ 세 번째 문장 내용을 보면 불일치한다.

지문에서는 '오존 고갈'이라고 나와 있고 선지에는 '오존 증가'라고 나와 있다.

③ 새로운 연구는 Rust Belt의 두터운 분진 안개가 기후 변화의 영향을 늦추었을 가능성이 있다고 주장한다. → 네 번째 문장의 내용과 일치한다.

④ 황산염 같은 미세한 입자들은 태양빛을 흡수하여, 전 지역에 냉각효과를 가져온다.

→ 끝에서 세 번째 문장 내용을 보면 불일치한다.

지문에서는 "태양빛을 반사시킨다", 선지에는 "태양빛을 흡수한다"라고 나와 있다.

출제 포인트

내용 일치 불일치는 대조되는 개념을 사용해서 정답과 오답을 만들어 낸다. 예를 들어 "① 서부권과 동부권, ② 고갈과 증가, ③ 반사와 흡수" 등이다. 따라서 이런 대조되는 개념의 어휘들을 주의해서 확인해야 한다.

어휘

notorious 악명 높은 emission 배기가스 respiratory 호흡의, 호흡기의 depletion 고갈, 소모 droplet 작은 물방울 atmosphere 대기 temperature 온도 carbon dioxide 이산화탄소 sulfate 황산염

07 다음 글의 내용과 일치하는 것은?

Sleeping is such a natural thing to do. ① **We spend perhaps a third of our lives doing it. Why, then, do people have trouble sleeping?** ② **Often we can't sleep because something exciting is about to happen** — a special party or a championship game, for example. Other times we can't sleep because we are nervous or upset. What can we do if we have trouble sleeping? One suggestion is to set up a sleep schedule. Whenever possible, try to get to bed about the same time each night. ③ **Also, try to get the right number of hours of sleep for you.** Some people may need only six or seven hours of sleep a night. Others may need nine or ten. Seven or eight hours a night is the average.

해석 및 정답의 단서

잠은 매우 자연스러운 일이다. ① **우리는 아마 삶의 3분의 1을 그렇게 하면서 보낼 것이다.** 그러면 왜 사람들은 잠자는 데에 어려움이 있을까? 예를 들어, 특별한 파티나 챔피언 결정전 같은 ② **신나는 일이 일어나려고 하기에 우리는 종종 잠을 잘 수 없다.** 다른 때에 우리는 초조하거나 화가 나서 잠을 자지 못한다. 무엇을 해야 할까? 한 가지 제안은 수면 스케줄을 짜는 것이다. 가능하다면 언제든지, 매일 밤 대략 같은 시간에 잠자리에 들도록 노력해라. ③ **또한, 당신에게 알맞은 시간 동안 잠을 자려고 노력해라.** 하룻밤에 **어떤 사람들은** 단지 6시간 또는 7시간의 잠만이 필요할지도 모른다. **다른 사람들은** 9시간 또는 10시간이 필요할 수도 있다. 하룻밤에 7시간 또는 8시간이 평균치이다.

정답 및 선지 해석 정답 ③

① One third of people take naps during the day.

사람들의 **3**분의 **1**은 낮잠을 잡니다.

→ 두 번째 문장을 보면 '삶의 **3**분의 **1**을 잔다'라고 나와 있고 선지에는 '낮잠을 잔다'고 나와 있으므로 지문과 선지가 일치하지 않는다.

② Too much sleep can cause excitement or nervousness.

너무 많은 수면은 흥분이나 긴장을 유발할 수 있습니다.

→ 네 번째 문장을 보면 '신나는 일 때문에 우리가 잠을 잘 수 없다'라고 나와 있으므로 선지와 일치하지 않는다.

③ The amount of sleep needed varies with each person.

필요한 수면의 양은 사람마다 다릅니다.

→ 지문 후반부에 나와 있으므로 내용이 일치한다.

④ Those going to bed before midnight have a relaxing sleep.

자정이 되기 전에 잠자리에 드는 사람들은 편안한 잠을 잡니다.

→ 지문에 언급되어 있지 않으므로 내용 일치하지 않는다.

출제 포인트

'세부 정보 파악하기' 유형에서 수치가 나오면 반드시 그 수치에 대한 정보가 정확한지 확인해야 한다. 또한 지문에 언급되지 않은 선지가 나올 수 있으니 알아두자.

어휘

have trouble ~ing ~하는데 어려움을 겪다   exciting 흥분된   upset 걱정스러운, 혼란한

08 다음 글의 내용과 일치하지 않는 것은?

The dictionary emphasizes the trivial matters of language. The precise spelling of a word is relatively trivial because, however the word is spelled, it nevertheless remains only an approximation of the spoken word. "A machine chose the chords" is a correctly spelled English sentence, but what is written as "ch" is spoken with the three different sounds. ③ In addition, all dictionaries give a distorted view of a language because of their alphabetical organization. This organization emphasizes ④ the prefixes, which come at the beginning of words, rather than the suffixes, which come at the end. Yet, ② in English and in many other languages, suffixes have more effect on words than do prefixes. Finally, ① an adequate dictionary usually takes at least a decade to prepare, and by the time it has been completed it is the dictionary of a changed language, simply because the meanings of words do not stay the same from year to year.

해석 및 정답의 단서

사전은 언어의 사소한 문제를 강조한다. 하나의 단어의 정확한 철자는 상대적으로 사소한데 아무리 단어가 철자로 쓰였다 해도, 그럼에도 불구하고 그것(철자)은 구어와 비슷한 수준에서만 남아 있기 때문이다. "A machine chose the chords(기계가 화음을 선택한다)"는 말은 정확한 철자를 쓴 영어 문장이다. 그러나, "ch"라고 쓰여진 것은 3가지 다른 소리로 발음된다.③ 게다가, 모든 사전은 알파벳 순의 구조 때문에 한 언어에 대해 왜곡된 시각을 준다. 이 구조는 ④ 단어 끝에 오는 접미사보다 단어의 처음에 오는 접두사를 강조한다. 하지만, ② 영어와 다른 언어에서, 접미사는 접두사보다 단어에 더 큰 영향을 미친다. 마지막으로, ① 적합한 사전은 대개 적어도 준비하는 데 10년이 걸린다. 그리고 완성될 때까지, 그 사전은 변화하는 언어의 사전인 것이다. 왜냐하면, 단어들의 의미들이 매년마다 똑같게 남아 있지 않기 때문이다.

정답 및 선지 해석 정답 ②

① An adequate dictionary normally takes at least ten years to prepare.

적절한 사전은 보통 준비하는 데 적어도 10년이 걸린다.

→ 마지막에서 3번째 문장과 같은 내용의 선지이므로 내용 일치한다.

② Prefixes have more influence on words than do suffixes in English and in other languages.

영어와 다른 언어에서 접두사는 접미사보다 단어에 더 많은 영향을 미친다.

→ 접미사가 마지막에서 4번째 문장에서 "접미사가 접두사보다 단어에 더 큰 영향을 미친다"라고 나와 있으므로 내용이 일치하지 않는다.

③ Every dictionary gives a warped view of a language due to their alphabetical organization.

모든 사전은 알파벳순의 구조 때문에 언어에 대한 왜곡된 시각을 준다.

→ 처음에서 4번째 문장의 내용과 일치한다.

④ The prefixes come at the beginning of words and suffixes come at the end.

접두사는 단어의 시작에 오고 접미사는 끝에 온다.

→ 마지막에서 4번째 문장의 내용과 일치한다.

출제 포인트

선지 ②번처럼 '세부 정보 파악하기' 유형에서 대상이 2개 이상 나오는 경우 이 대상 2개에 대한 정보를 바꿔 놓는 문제가 출제되고 있으므로 내용 일치와 불일치 여부를 판단할 때 대상이 2개 이상 나온다면 정확하게 파악하는 연습이 필요하다.

어휘

emphasize 강조하다   trivial 사소한   precise 정확한   spelling 철자
approximation 접근, 근사   alphabetical 알파벳 순의   prefix 접두사   suffix 접미사
adequate 적절한   complete 완성하다

09 다음 글의 내용과 일치하지 않는 것은?

③ Sandstone caves are found in the sedimentary rocks composed of aggregates of sand grains. The sandstone was originally deposited as sandy sediments in rivers, beaches or shallow marine environments. Continued deposition of sediments caused the sediments to be buried deeply and transformed into sandstones. ② Quartzites are sandstones metamorphosed by heat or pressure and with stronger cements. A cave may form after the sandstone or quartzite is uplifted and exposed at the surface. ① Sandstone caves may be formed by rain or wind erosion, but more commonly when a stream is able to pass through joints or bedding planes in the rock. ④ The weaker silica cement is slowly dissolved and the stream washes the loosened sand grains away. The finest examples are found in quartzite, especially in South America.

해석 및 정답의 단서

③ **사암 동굴은 모래알이 모여 구성된 퇴적암에서 발견된다**. 사암은 원래 강, 해변 혹은 얕은 해양 환경에서 모래 침전물로서 퇴적되었다. 지속된 침전물의 퇴적은 침전물이 깊이 묻히게 만들고 사암으로 변형되게 만들었다. ② **규암은 열 혹은 압력에 의해 변형된 사암이고**, 더 강한 교결물을 지닌 사암이다. 동굴은 사암 혹은 규암이 융기되고 표면에 노출된 이후에 형성될지 모른다. ① **사암 동굴은** 비 혹은 바람에 의한 침식 작용으로 **형성될지 모르지만 물결이 암석의 연결 부분 혹은 성층면을 흐를 수 있을 때가 더 일반적이다**. ④ **더 약한 규토 교결물이 천천히 용해되고 물결이 그 흐트러진 모래알들을 멀리 씻겨낸다**. 가장 좋은 사례들이 특히 남아메리카 규암에서 발견된다.

MEMO

정답 ①

① Sandstone caves are scarcely formed in the case that water can go through flat surface of rocks.

사암 동굴은 물이 암석의 평평한 표면을 거쳐 흐를 수 있는 경우에는 거의 형성되지 않는다.

→ 마지막에서 3번째 문장에 '사암동굴은 물결이 성층면을 흐를 수 있을 때가 더 일반적으로 형성된다"고 나와 있으므로 거의 형성되지 않는다는 ①번 선지는 내용이 일치하지 않는다.

② Sandstones can be transformed into quartzites by exterior conditions.

사암은 외부 조건에 의해 규암으로 변형될 수 있다.

→ 처음에서 4번째 문장의 내용과 일치한다.

③ Sandstones caves can be created where sandy sediments are accumulated to be sandstones.

사암 동굴은 모래 퇴적물이 모여 사암이 되는 곳에서 만들어질 수 있다.

→ 글 첫 번째 문장에 나온 내용과 일치한다.

④ When cement becomes disintegrated, it gets swept away by the stream.

교결물은 분해될 때, 물 흐름에 의해 씻겨나간다.

→ 마지막에서 2번째 문장에 나온 내용과 일치한다.

출제 포인트

'세부 정보 파악하기' 유형에서 특히 선지 ①번처럼 scarcely와 같은 부정어가 들어있으면 주의해서 확인해야 한다. 지문에서는 '형성된다'고 나와 있지만 선지에서는 부정어가 있기 때문에 '거의 형성되지 않는다'라는 내용이므로 일치하지 않는다.

어휘

sandstone 사암   sedimentary 침전물의   originally 본래   shallow 얕은 sediment 침전물   deposit 침전시키다, 퇴적시키다   quartzite 규암   metamorphosed 변형된   stream 개울, 물의 흐름   plane 평면, 면   silica 규토   cement 교결물 dissolved 용해된

10 다음 글의 내용과 일치하는 것은?

① When Bobby Fischer was battling Boris Spassky for the world title in 1972, I was a 9-year-old club player in my native town in the Soviet Union. I followed the games avidly. As I improved during the 1970s, my coach made charts to track my progress and to set goals for me. A rating above 2,500 was grand master; 2,600 meant membership in the Top 10; 2,700 was world-champion territory. And even above that was Bobby Fischer, at the very top with 2,785. ② I became world champion in 1985 but it took me four full years to surpass Fischer's rating record. It was Fischer's attitude on and off the board that infused his play with unrivaled power. ③ Before Fischer, no one was ready to fight to the death in every game. No one was willing to work around the clock to push chess to a new level. But Fischer was, and he became the detonator of an avalanche of new chess ideas, a revolutionary whose revolution is still in progress. ④ At Fischer's peak, even his adversaries had to admire his game.

해석 및 정답의 단서

① 1972년 Bobby Fischer가 Boris Spassky와 세계 타이틀전을 치렀을 때 나는 소련의 고향 마을에서 9살짜리 클럽 선수였다. 나는 열심히 게임을 따라다녔다. 1970년대에 실력이 향상하자 코치는 내 실력 향상의 흐름을 추적하는 차트를 만들어, 나의 목표를 설정해 주었다. 성적이 2,500을 넘으면 그랜드 마스터였다. 2,600을 넘으면 톱 10에 들어가는 거였다. 2,700을 넘으면 세계 챔피언급이었다. 그보다 더 높은 게 2,785점으로 최고 득점을 한 Bobby Fischer였다. ② 나는 1985년에 세계 챔피언이 되었지만 Fischer의 기록을 깨는 데 4년이 걸렸다. 경기에 그 누구도 따라올 수 없는 힘을 불어넣은 것은 보드 안팎에서의 Fischer의 태도였다. ③ Fischer 이전에는 아무도 모든 게임에서 죽을 때까지 싸울 준비가 되어 있지 않았다. 체스를 새로운 레벨로 끌어올리기 위해 밤낮으로 노력하려 한 사람은 아무도 없었다. 하지만 Fischer는 달랐고, 그리하여 그는 새로운 체스 아이디어의 빗발치는 기폭제이자 아직도 혁명을 진행하고 있는 혁명가가 되었다. ④ Fischer가 전성기였을 때, 심지어 그의 적수들도 그의 경기에 감탄해야만 했다.

MEMO

정답 및 선지 해석 정답 ③

① The author was Spassky's rival in 1972.

저자는 1972년에 Spassky의 경쟁자였다.

→ 글의 첫 번째 문장에서 'Spassky와 Fischer가 경기를 했다'는 내용으로 보아 '저자와 Spassky가 경쟁자'라는 선지 ①번 내용은 지문과 일치하지 않는다.

② The author broke Fischer's rating record in 1985.

저자는 Fischer의 승점 기록을 1985년에 깼다.

→ 글 처음에서 6번째 문장을 보면 저자가 1985년에 세계 챔피언이 되었지만 Ficher의 기록을 깨는 데 4년이 더 걸렸으므로 선지 ②번 내용은 지문과 일치하지 않는다.

③ Fischer was ready to fight to the death in every chess game.

Fischer는 모든 체스 게임에서 죽을 때까지 싸울 준비가 되어 있었다.

→ 마지막에서 4번째 문장에 나온 내용과 일치한다.

④ Fischer's adversaries did not admire his game until he died.

Fischer의 적들은 그가 죽고 난 후에야 그를 존경했다.

→ 글 마지막 문장에 보면 '죽고 난 후에'라고 되어있지 않고 '그의 전성기에'라고 나와 있으므로 선지 ④번 내용은 지문과 일치하지 않는다.

출제 포인트

②번 선지의 in 1985와 ④번 선지의 until he died처럼 선지 안에 포함된 부사를 잘 확인하는 게 오답을 확실하게 찾아낼 수 있는 단서다.

어휘

avidly 열광적으로   rating 순위   grand master 그랜드 마스터(최고 수준의 체스 선수)   territory 지역, 영토   surpass 능가하다   infuse 주입하다, 불어넣다 unrivaled 경쟁자[상대]가 없는, 무적의

빈칸 추론 유형 - 연결어 넣기 | 출제 빈도 분석

출제 연도	국가직	지방직
2022	1개	1개
2021	0개	1개
2020	1개	1개
2019	1개	1개
2018	0개	1개
2017	0개	0개

빈칸 추론 유형 - 연결어 넣기 | 대비 전략

01 글을 구성하는 **여러 요소 사이의 표면적인 연결 관계를 응집성**이라고 하고 응집성을 나타내는 명시적 표현이 바로 연결어에서 나타난다. 예를 들어, '어제 비가 왔다. 그래서 우산을 들고 외출했다.'라는 문장에서 '그래서'라는 **응집을 가능하게 하는 장치를 통해 두 문장은 원인과 결과라는 관계를** 갖게 되고, 이러한 문장과 문장 사이의 연결 관계를 제대로 파악하기 위해서는 **각각의 연결어의 기능에 대해서 학습이 필요하다**.

02 빈칸 추론 유형 중 연결사 유형은 특히 글의 자연스러운 흐름을 파악하는 능력을 측정하는 유형이고 글의 내용을 논리적으로 연결해서 글의 응집성을 높이는 글의 논리적 구성 능력과 관련된다. 따라서, **두 개의 연결사를 중심으로 한 앞뒤 문장의 관계 파악과 함께 글의 전체적인 내용 전개를 제대로 살필 수 있는 능력을 위한 학습도 필요하다**.

03 실제 공무원 시험에서는 **독해 유형 중 어려운 유형에 속하지 않으므로** 시험 전에 충분히 연결어 기능에 대해서 제대로 배우고 앞뒤 문장에 나오는 단서를 잡는 법 등을 배워 **출제 패턴을 학습하면 시험장에서 충분히 맞출 수 있다**.

빈칸 추론 유형 - 연결어 넣기

핵심 개념

빈칸 추론 능력이란 글을 읽고 빠진 정보(단어, 구, 절, 문장, 연결어)를 **글의 내용에 의거하여 추론할 수 있는 능력**을 의미한다.

예시 문항

다음 글의 빈칸 (A), (B)에 들어갈 말로 가장 적절한 것은?

Problems can be distinguished according to whether they are reasonable or unreasonable. Reasonable problems are of the kind that can be solved in a step-by-step manner. A crossword puzzle is of this nature. Given a sufficient vocabulary, the empty spaces can be filled in one by one. Unreasonable problems, ___(A)___, cannot be treated this way because the task contains some 'trick' or 'catch' that must be understood before someone can arrive at a solution. This feature frustrates any step-by-step process that proceeds without the realization that "things aren't what they seem." ___(B)___, successful problem solving in these cases requires that the person acquire an insight into the nature of the trick. Riddles provide commonplace instances of such insight problems, such as the classic riddle that the Sphinx posed to Oedipus.

	(A)	(B)
①	in contrast	Hence
②	in contrast	Nevertheless
③	for example	Hence
④	for example	Besides

예시 문항 해설

해석 **문제는 그것이 합리적인지 또는 비합리적인지에 따라 분류할 수 있다.** **합리적인 문제는** 단계적인 방식으로 해결될 수 있는 종류이다. 크로스워드 퍼즐이 이런 특성의 것이다. 충분한 어휘력이 있으면 빈칸을 하나씩 차례로 채울 수 있다. **(A) 그에 반해 (in contrast) 비합리적 문제는 누군가가 해결책에 도달할 수 있기 전에 반드시 알아야 할 어떤 '속임수'나 '함정'을 그 과업이 포함하고 있기 때문에** 이런 방식으로 처리할 수 없다. 이런 특성은 '상황이 보이는 것과는 다르다'라는 인식 없이 진행되는 그 어떤 단계적인 과정도 좌절시킨다. **(B) 그러므로(Hence) 이런 경우에 있어서의 성공적인 문제 해결은 그 사람이 속임수의 성격에 대한 통찰을 얻을 것을 요구한다.** 수수께끼는 이를테면 스핑크스가 오이디푸스에게 제기했던 전형적인 수수께끼와 같은 그러한 통찰 문제의 아주 흔한 예를 보여 준다.

상세 해설

1. 빈칸에 적절한 연결어를 넣기 위해서는 **첫 번째로 글 초반에 주제문을 확인한다.**
   ➡ Problems can be distinguished according to whether they are <u>reasonable or unreasonable</u>.
   문제는 그 해결 방법에 따라 그것이 합리적인지 또는 비합리적인 문제인지 분류할 수 있다.

2. **두 번째로 빈칸 (A)가 있는 바로 앞 문장과 빈칸 (A) 문장의 내용을 파악한다.**
   다만, 이때 바로 앞 문장과의 관계가 명확하지 않으면 한 문장 더 앞으로 가서 문장의 내용을 확인한다.

3. 빈칸 (A) 문장 앞 세 번째 문장에 **합리적인 문제(Reasonable problems)**에 관한 내용이 나와 있다.

4. 빈칸 (A) 문장에는 **비합리적인 문제(Unreasonable problems)**에 관한 내용이므로 두 다른 대상의 차이점을 나타내는 대조 연결사인 '<u>in contrast</u>'가 답이 된다.

5. 마지막으로 **빈칸 (B)가 있는 문장과 바로 앞 문장과의 관계를 파악한다. 다만, 이때 바로 앞 문장과의 관계가 명확하지 않는 경우에는 한 문장 더 앞으로 가서** 문장의 내용을 정확하게 확인해 준다.

6. 빈칸 (B) 앞 두 번째 문장에 '비합리적 문제는 누군가가 **해결책에 도달할 수 있기 전에 반드시 알아야 할 어떤 '속임수'나 '함정'을** 그 과업이 포함하고 있다'라는 내용과 빈칸 (B) 뒤의 문장에는 '이런 경우에 있어서의 성공적인 문제 해결은 **그 사람이 속임수의 성격에 대한 통찰을 얻을 것을 요구한다.**'라는 내용으로 미뤄보아 앞내용과 뒷내용 모두 해결하기 위해서는 '속임수나 함정을 알아야 한다'라는 의미를 담고 있으므로 순접 연결사인 '**Hence**'가 답이 된다.

어휘

reasonable 합리적인   step-by-step 단계적인   manner 방식, 태도   crossword puzzle 크로스워드 퍼즐(주어진 힌트를 사용하여 번호가 붙은 네모난 빈칸에 가로 또는 세로로 한 글자씩 넣어가며 단어를 만드는 퍼즐)   nature 성질   empty 비어 있는   trick 속임수   catch 함정, 숨은 문제점   feature 특징   proceed 진행되다   insight 통찰   riddle 수수께끼   commonplace 아주 흔한   pose 제기하다

💬 **어휘 보충 설명**
☐ Sphinx 스핑크스
  [그리스 신화에서 여행자에게 수수께끼를 내서 대답하지 못하면 잡아먹는 괴물로, 인간 머리를 한 사자의 몸에 날개가 달려 있는 괴물로 묘사되어 있다.]
☐ Oedipus 오이디푸스
  [그리스 신화에 나오는 테베의 왕 라이오스와 이오카스테의 아들. 부왕(父王)을 죽이고 생모(生母)와 결혼하게 되리라는 아폴론의 신탁(神託) 때문에 버려졌으나 결국 신탁대로 되자, 스스로 두 눈을 빼고 방랑하였다. 스핑크스의 수수께끼를 풀었다고 한다.]

빈칸 추론하기 01   학습 안내

01 적절하게 사용된 연결어는 글의 응집성을 높여 글의 구조를 더욱 견고하게 만들어 주고 **필자의 생각을 더욱 분명하게 전달해** 준다. 연결어는 문법적인 연결뿐만 아니라 **의미적인 연결**을 만드는 표현이다.

02 빈칸 추론 유형 중 연결어 넣기를 학습하기 위해서는 먼저 다양한 연결어들을 구분해서 학습해 두는 것이 중요하다. 영어에서 연결어 기능을 하는 것에는 **명사를 연결하는 전치사**(despite, because of 등), **주어와 동사를 연결하는 접속사**(but, because 등), 마지막으로 **문장과 문장을 연결하는 접속부사**(however, besides 등)가 있다. **시험에서는 주로 접속부사를 연결어 문제로 물어 보고 있으니** 다양한 접속부사와 그 기능에 대해서 학습할 필요가 있다.

03 본 유형의 정답을 찾기 위해서는 **글의 주제와 중심 내용을 먼저 파악한 후 빈칸의 앞뒤 내용을 보고 역접·대조·인과·첨가·요약·재진술 등 가장 적절한 연결사**를 찾아야 한다. 정답으로 선택한 말을 빈칸에 넣어 빈칸의 앞뒤 내용이 매끄럽게 연결되는지 재차 확인한다.

빈칸 추론하기 01   풀이 순서

01 **연결어를 반드시 먼저 확인(좁혀서 생각하는 데 도움됨)**하고 해당 연결어의 특징 및 **기능을 상기**시킨다.

02 글의 첫 문장을 읽고 **주제문을 확인**해 준다.

03 **연결어가 들어 있는 문장**과 **그 앞 문장의 내용 관계**를 분석해 준다. 이때, 긍정(+)과 부정(−)으로 나누어 생각하면 도움이 될 수 있다.

04 두 문장으로 관계가 나타나지 않는 경우 **반드시 한 문장 더 앞으로 가서 내용 관계**를 확인한다. 조금이라도 모호하고 내용 파악이 안 되면 반드시 **더 앞쪽 문장들**에서 무슨 말인지 확인한다.

05 앞뒤 내용 관계는 반드시 해석으로만 체크해서는 안 되고 **해석할 때 단어에 초점**을 맞춰서 보아야 한다. 의미 관계는 단어가 가지고 있으므로 **단어에 집중**한다.

06 비교할 때는 **구분 기준이 같으면** 판단하는 데 도움이 되므로 앞뒤에 **겹치는 단어를 중심**으로 잡고 그에 대한 **설명이 그대로 비슷한 의미**로 이어지는지 아니면 **다른 의미**로 이어지는지 확인해 준다.

07 A가 결정되면 B의 연결사를 확인하고 **B도 A와 같은 방식으로 진행**한다.

빈칸 추론하기 03　필수 연결어 정리

반박 논리	(1) 대조	① 두 대상의 차이점을 제시하며 서로 대비되는 말 사용 ② 대표 연결어 : On the other hand, In contrast, By contrast
	(2) 역접	① 앞의 글에서 서술한 사실과 서로 반대되는 사태이거나 그와 일치하지 아니하는 사태가 뒤의 글에서 성립함을 나타내는 일 ② 대표 연결어 : However, But, Yet, Still
	(3) 기타	① 양보 연결어(~에도 불구하고) : Nevertheless, Nonetheless ② 부정어와 호응하는 연결어 : Instead(대신에), Rather(오히려) ③ 가정의 의미가 있는 연결어 : Otherwise(그렇지 않으면)
동일 논리	(1) 예시	① 앞 내용(포괄적)에 대한 구체적 예시가 제시됨. ② 고유명사, 수치 등 구체적 진술 확인 및 뒷 내용이 앞 내용에 포함되는지 확인 ③ 대표 연결어 : For example, For instance, as an illustration
	(2) 첨가	① 앞 내용과 연결이 되는 또 다른 내용이 추가됨.(새로운 정보가 있음.) ② 대표 연결어 : in addition, besides, furthermore, moreover
	(3) 유추	① 앞 내용과 비교하여 유사한 내용이 덧붙여짐.(서로 다른 대상의 공통점) ② 대표 연결어 : similarly, likewise, in the same way
	(4) 결과	① 원인에 관한 결과 ② 대표 연결어 : therefore, as a result, consequently, thus, accordingly
	(5) 환언	① 앞의 내용이 다른 말로 재차 표현됨. ② that is (to say), in other words, namely, to put in another way
	(6) 요약	① 앞 내용에 대한 결론, 요약이 제시됨. ② 대표 연결어 : in conclusion, in short, in brief, to sum up

빈칸 추론하기 04　필수 연결어 예문

01　반박논리

⑴ 대조

Those who **support(지지하다)** the use of surveillance cameras argue that they can **serve as a deterrent(억제 역할을 한다)** to crime. **On the other hand(반면에)**, those who have **doubts(의심하다)** about their uses are worried that surveillance cameras are **not as effective(효과적이지 않다)** in preventing crime as have been believed.

해석 감시 카메라 사용을 지지하는 사람들은 그것들이 범죄를 억제하는 역할을 한다고 주장한다. 반면에, 그것들의(감시 카메라의) 사용에 의심이 있는 사람들은 감시 카메라가 범죄를 예방하는 데 있어 사람들이 믿는 만큼 효과적이지는 않다는 점을 우려했다.

(2) 역접

My research and that of many others has **strongly supported(강하게 지지해 왔다)** people's reliance on observations of others' nonverbal behaviors when assessing honesty. **However(그러나)**, social scientific research on the link between various nonverbal behaviors and the act of lying suggests that the link is typically **not very strong or consistent(강하지 않고 일관적이지 않다)**.

해석 나의 연구와 다른 사람들의 많은 연구는 정직성을 평가할 때 다른 사람들의 비언어적 행동에 대한 사람들의 의존성을 강하게 지지해 왔다. 그러나 다양한 비언어적 행동과 거짓말을 하는 행위 사이의 관련성에 관한 사회과학 연구는 그 관련성이 일반적으로 강하지 않고 일관성이 없다는 것을 시사한다.

(3) 기타

Eventually, the standard goods became money — **one common unit of trade (하나의 공통된 거래 단위)** most people accepted and used in business and for their daily lives. **Nevertheless(그럼에도 불구하고)**, some people still **use the barter system(물물교환 시스템을 사용한다)** today, especially in developing countries, where people exchange different kinds of food in order to survive.

해석 결국, 그 표준이 되는 물건들은 사람들이 일상을 위해 그리고 업무에서 인정하고 사용하는 하나의 공통된 거래 단위인 돈이 되었다. 그럼에도 불구하고, 오늘날에도 여전히 특히 개발 도상국에서 사람들은 생존하기 위해 다양한 종류의 음식을 교환하는 물물교환 제도를 사용한다.

02 동일논리

(1) 예시

As the discussion develops, the chairperson should be searching **to find the direction(방향을 찾다)** in which the weight of **members' views(구성원의 견해)** is pointing. If, **for example (예를 들어)**, there are **five members(다섯 명의 구성원들)** and the chair senses that **two(두 명은)** want to follow **course A(과정 A)** and **a third(세 번째 구성원)** follow **course B(과정 B)**, the focus should quickly be turned towards the remaining two members.

해석 논의가 진행됨에 따라 의장은 구성원들의 견해의 무게가 향하는 방향을 찾아야 한다. 예를 들어, 만일 다섯 명의 구성원들이 있고, 두 명의 구성원들은 과정 A를 따르기를 원하며, 세 번째 구성원은 과정 B를 따르기를 원한다는 것을 의장이 감지한다면, 나머지 두 명의 구성원들에게 신속히 집중해야 한다.

(2) 추가

Flowers can be contaminated(꽃이 오염될 수 있다) with insecticides that can **kill bees(벌을 죽일 수 있다)** directly or lead to chronic, debilitating effects on their health. **In addition(게다가)**, with the increase in global trade and transportation, blood-sucking parasites, **viruses and other bee pathogens(바이러스와 다른 벌의 병원균)** have been inadvertently **transmitted to bees(전달되었다)** throughout the world.

해석 꽃은 벌을 직접 죽이거나 그들의 건강에 만성적인, 쇠약하게 하는 영향으로 이어지는 살충제로 인해 오염될 수 있다. 게다가, 세계적인 교역과 운송의 증가와 함께, 흡혈 기생충들, 바이러스 그리고 다른 벌의 병원균이 의도치 않게 전 세계 곳곳에 있는 벌들에게 전달되었다.

⑶ 유추

Pearl Harbor(진주만 공격은) was **a great tactical success(엄청난 전술적인 대성공)** for Imperial Japan, but it led to **a great strategic failure(엄청난 전략적인 실패)** : Within four years of Pearl Harbor the Japanese empire lay in ruins, utterly defeated. **Similary(마찬가지로), 9/11 was a great tactical success(엄청난 전술적인 대성공)** for al Qaeda, but it also turned out to be **a great strategic failure (엄청난 전략적인 실패)** for Osama bin Laden.

해석 진주만 공격은 제국주의 일본의 전술적인 대성공이었다. 그러나 이 공격은 전략적인 실패로 이어졌다: 진주만 공격 이후 4년 만에 일본 제국은 폐허가 되었으며, 완전히 패배했다. 마찬가지로, 911공격은 알카에다의 전술적인 대성공이었다. 그러나 이 역시 오사마 빈 라덴에게는 엄청난 전략적인 실패로 판명났다.

⑷ 결과

For this reason, rather than relying heavily on spoken dialogue, **designers of online materials(온라인 자료의 디자이너들은)** often **rely much more heavily on written text(쓰여진 글에 더 많이 의존하게 된다)** to deliver instructions and information. **Thus(따라서), the ability to read(읽는 능력)** can be a stronger prerequisite for the use of online materials than for a CD-ROM.

해석 이런 이유로 언어로 된 대화에 많이 의존하기보다는 온라인 자료의 디자이너들은 지시사항과 정보를 전달하기 위해 종종 쓰여진 글에 더 많이 의존하게 된다. 따라서 CD-ROM을 위한 것보다 온라인 자료의 사용을 위해 읽기 능력이 더 강한 선행조건이 될 수 있다.

⑸ 환언

Consider office workers who happen to use wheelchairs. **Provided that there is only one level or there are ramps or elevators between levels(만일 단지 한 층만 있거나 그 층들 사이에 경사로나 엘리베이터가 있다면)**, they may **need no assistance(도움이 필요 없다)** whatsoever **in the workplace(직장에서)**. **In other words(다시 말해서)**, in **an adapted work environment(개조된 근무 환경)**, they **do not have a disability(장애를 가지지 않는다)**.

해석 어쩌다가 휠체어를 사용하게 된 직장인들을 생각해 보자. 만일 단지 한 층만 있거나 그 층들 사이에 경사로나 엘리베이터가 있다면 그들은 직장에서 어떤 도움도 필요하지 않을 것이다. 다시 말해서, 개조된 근로 환경에서 그들은 장애를 가지지 않을 것이다.

빈칸 추론하기 05　출제 알고리즘에 따른 문제 풀어 보기

예시 문항

Assertive behavior involves standing up for your rights and expressing your thoughts and feelings in a direct, appropriate way that does not violate the rights of others. It is a matter of getting the other person to understand your viewpoint. People who exhibit assertive behavior skills are able to handle conflict situations with ease and assurance while maintaining good interpersonal relations.　(A)　, aggressive behavior involves expressing your thoughts and feelings and defending your rights in a way that openly violates the rights of others. Those exhibiting aggressive behavior seem to believe that the rights of others must be subservient to theirs.　(B)　, they have a difficult time maintaining good interpersonal relations. They are likely to interrupt, talk fast, ignore others, and use sarcasm or other forms of verbal abuse to maintain contol.

	(A)	(B)
①	In contrast	Thus
②	Similarly	Moreover
③	However	On one hand
④	Accordingly	On the other hand

빈칸 추론하기 05 -1 출제 알고리즘에 따른 문제 해설

01 연결어 (A) 확인 : 역접 연결사 ① In contrast(대조 ─ 대조적으로) ③ However(그러나 ─ 역접)

순접 연결사 ② Similarly(비교 ─ 마찬가지로) ④ Accordingly(결과 ─ 그래서)

02 첫 번째 문장 확인 : **Assertive behavior(공격적인 행동)** involves standing up for your rights and expressing your thoughts and feelings in a direct, **appropriate way that does not violate the rights of others(긍정 내용)**.

03 연결어 (A) 앞 문장 확인 : People who exhibit **assertive behavior(공격적인 행동)** skills are able to handle conflict situations with ease and assurance while maintaining **good interpersonal relations(긍정 내용)**.

04 연결어 (A) 포함한 문장 확인 : ___(A)___, **aggressive behavior(공격적인 행동)** involves expressing your thoughts and feelings and defending your rights in **a way that openly violates the rights of others(부정 내용)**.

05 연결어 (A) 선택하고 (B) 연결어 확인 : 연결어 (A) 앞 문장과 연결어 (A) 포함한 문장의 관계가 내용이 전환되었으므로 답은 역접 연결사 ① In contrast ③ However로 좁혀지고 연결어 (B)에 들어갈 연결어를 확인한다.

06 연결어 (B) 앞 문장 확인 : Those exhibiting **aggressive behavior(공격적인 행동)** seem to believe that **the rights of others must be subservient to theirs(부정 내용)**.

07 연결어 (B) 포함한 문장 확인 : ___(B)___, **they(공격적인 행동을 하는 사람)** have a **difficult time maintaining good interpersonal relations(부정 내용)**.

08 연결어 선택 : 연결어 (B) 앞 문장과 연결어 (B) 포함한 문장의 관계가 내용이 전환되지 않았으므로 답은 순접 연결사 ① Thus가 오는 것이 올바르다.

연습 문항

01 (A)와 (B)에 들어갈 말로 가장 적절한 것은? 2021. 지방직 9급

Ancient philosophers and spiritual teachers understood the need to balance the positive with the negative, optimism with pessimism, a striving for success and security with an openness to failure and uncertainty. The Stoics recommended "the premeditation of evils," or deliberately visualizing the worst-case scenario. This tends to reduce anxiety about the future: when you soberly picture how badly things could go in reality, you usually conclude that you could cope. _____(A)_____, they noted, imagining that you might lose the relationships and possessions you currently enjoy increases your gratitude for having them now. Positive thinking, _____(B)_____, always leans into the future, ignoring present pleasures.

	(A)	(B)
①	Nevertheless	in addition
②	Furthermore	for example
③	Besides	by contrast
④	However	in conclusion

02 (A)와 (B)에 들어갈 말로 가장 적절한 것은? 2020. 국가직 9급

Advocates of homeschooling believe that children learn better when they are in a secure, loving environment. Many psychologists see the home as the most natural learning environment, and originally the home was the classroom, long before schools were established. Parents who homeschool argue that they can monitor their children's education and give them the attention that is lacking in a traditional school setting. Students can also pick and choose what to study and when to study, thus enabling them to learn at their own pace.   (A)   , critics of homeschooling say that children who are not in the classroom miss out on learning important social skills because they have little interaction with their peers. Several studies, though, have shown that the home-educated children appear to do just as well in terms of social and emotional development as other students, having spent more time in the comfort and security of their home, with guidance from parents who care about their welfare.   (B)   , many critics of homeschooling have raised concerns about the ability of parents to teach their kids effectively.

	(A)	(B)
①	Therefore	Nevertheless
②	In contrast	In spite of this
③	Therefore	Contrary to that
④	In contrast	Furthermore

03 (A)와 (B)에 들어갈 말로 가장 적절한 것은?

In Africa, people are sadder about the death of an old man than about that of a newborn baby. The old man represented a wealth of experience that might have benefited the tribe, whereas the newborn baby had not lived and could not even be aware of dying. ____(A)____, people in Europe are sad about the death of the newborn baby because they think he might well have done wonderful things if he had lived. They, ____(B)____, pay little attention to the death of the old man, who had already lived his life anyway.

	(A)	(B)
①	Besides	however
②	On the other hand	as a result
③	Therefore	for example
④	On the other hand	however

04 다음 빈칸에 들어갈 말로 가장 적절한 것은?

Some people give up the moment an obstacle is placed in front of them. Some people doggedly continue to pursue a goal even after years of frustration and failure. What is the difference between these two people? Those who feel they are not responsible for choosing their goals and pursing them tend to believe that results are arbitrary. To them, it does not matter how hard you try or how talented you are. Being successful is all a matter of luck. Those who persevere, _____, recognize that they are ultimately responsible not just for pursuing their goals, but for setting them. To them, what you do matters, and giving up for no reasons does not seem very attractive.

① however   ② moreover

③ likewise   ④ therefore

05 다음 빈칸에 들어갈 말로 가장 적절한 것은?

> Americans have ambivalent feelings about neighbors. This ambivalence reflects the tension we feel over our loyalties to group and to self and which of the two takes precedence. In other cultures, the group clearly takes precedence. _____, in the United States, we draw boundaries around individuals and circumscribe their "space". We conceptualize this space as privacy which protects the individual from the outside and from others. It is a concept that many foreigners find odd, even offensive. But again, it is the individual that is valued over the group, whether that group is a family, corporation, or community.

① For example ② Therefore

③ However ④ Consequently

06 다음 빈칸에 들어갈 말로 가장 적절한 것은?

> You as the parent must try to read their crying to be able to help them. This will also help you assess your children's perception of your discipline. In many cases, when a child feels that he has been punished wrongly, it is more difficult to console him. He cried pathetically. Others may receive the punishment in a defiant mood. _____, when a child feels guilty and he is not punished or assured of forgiveness, he is likely to feel insecure and timid. In such a case when punished they may cry but quickly compose themselves and seek to attract love from the parent. Children usually want the crisp and clean punishment followed by fellowship rather than living with uncertainty.

① As a result ② For example

③ In other words ④ On the other hand

07 다음 빈칸에 들어갈 말로 가장 적절한 것은? 2020. 국가직 9급

There are many instances in our society in which it is entirely appropriate for people to play a power role over others. _____, teachers, coaches, police, and parents all play this role. Any leader of a group of people has to have some kind of authority. Still, the right to wield power and the extent to which an authority should wield power must be questioned and negotiated lest the power be abusive and lead to injustice and unfairness.

① However
② Otherwise
③ For example
④ Nevertheless

08 (A)와 (B)에 들어갈 말로 가장 적절한 것은?

The chimpanzee — who puts two sticks together in order to get at a banana because no one of the two is long enough to do the job — uses intelligence. So do we all when we go about our business, "figuring out" how to do things. Intelligence, in this sense, is taking things for granted as they are, making combinations which have the purpose of facilitating their manipulation; intelligence is thought in the service of biological survival. Reason, ____(A)____, aims at understanding; it tries to find out what is beneath the surface, to recognize the kernel, the essence of the reality which surrounds us. Reason is not without a function, but its function is not to further physical as much as mental and spiritual existence. ____(B)____, often in individual and social life, reason is required in order to predict (considering that prediction often depends on recognition of forces which operate underneath the surface), and prediction sometimes is necessary even for physical survival.

	(A)	(B)
①	for example	Therefore
②	in the same way	Likewise
③	consequently	As a result
④	on the other hand	However

09 (A)와 (B)에 들어갈 말로 가장 적절한 것은?

Many people find it difficult to relate to someone who has a physical disability, often because they have not had any personal interaction with anyone with a disability. _____(A)_____, they might be unsure what to expect from a person who has a mobility impairment and uses a wheelchair because they have never spent any time with wheelchair users. This lack of understanding can create additional challenges for people with disabilities. If society responded more adequately to people who have impairments, they would not experience nearly as many challenges and limitations. Consider office workers who happen to use wheelchairs. Provided that there is only one level or there are ramps or elevators between levels, they may need no assistance whatsoever in the workplace. _____(B)_____, in an adapted work environment, they do not have a disability.

	(A)	(B)
①	However	Thus
②	In contrast	Similarly
③	Furthermore	In addition
④	For example	In other words

10 (A)와 (B)에 들어갈 말로 가장 적절한 것은?

Fifty years ago, bees lived healthy lives in our cities and rural areas because they had plenty of flowers to feed on, fewer insecticides contaminating their floral food and fewer exotic diseases and pests. Wild bees nested successfully in undisturbed soil and twigs. ___(A)___, bees have trouble finding pollen and nectar sources because of the extensive use of herbicides that kill off so many flowering plants among crops and in ditches, roadsides and lawns. Flowers can be contaminated with insecticides that can kill bees directly or lead to chronic, debilitating effects on their health. ___(B)___, with the increase in global trade and transportation, blood-sucking parasites, viruses and other bee pathogens have been inadvertently transmitted to bees throughout the world. These parasites and pathogens weaken bees' immune systems, making them even more susceptible to effects of poor nutrition from lack of flowers, particularly in countries with high agricultural intensity and pesticide use.

	(A)	(B)
①	However	As a result
②	However	In addition
③	Thus	By contrast
④	Thus	On the other hand

11 (A)와 (B)에 들어갈 말로 가장 적절한 것은?

Sea snakes are some of the most venomous creatures on Earth. Their venom is far deadlier than the venom of coral snakes, rattlesnakes, or even king cobras. Sea snakes use their venom to kill the fish they eat and to defend themselves against predators. It's not necessarily a good thing, however, for a sea snake to use its venom to defend itself. Venom can take a lot of energy to make-energy that could be used for growing or hunting. ___(A)___, the more often a sea snake or other venomous animal is attacked, the more likely it is to get hurt — even if it can defend itself. Like coral snakes, many sea snakes solve this problem by warning predators up front. ___(B)___, the yellow-bellied sea snake has bright, splashy colors that tell predators not to try anything. Over millions of years, predators have evolved to pay attention to this warning. Only a few kinds of sharks and sea eagles dare attack sea snakes. This keeps sea snakes from constantly having to defend themselves and increases their chances of survival.

	(A)	(B)
①	However	In other words
②	Also	By contrast
③	However	In addition
④	Also	For example

12 (A)와 (B)에 들어갈 말로 가장 적절한 것은?

There has been much research on nonverbal cues to deception dating back to the work of Ekman and his idea of leakage. It is well documented that people use others' nonverbal behaviors as a way to detect lies. My research and that of many others has strongly supported people's reliance on observations of others' nonverbal behaviors when assessing honesty. ____(A)____, social scientific research on the link between various nonverbal behaviors and the act of lying suggests that the link is typically not very strong or consistent. In my research, I have observed that the nonverbal signals that seem to give one liar away are different than those given by a second liar. ____(B)____, the scientific evidence linking nonverbal behaviors and deception has grown weaker over time. People infer honesty based on how others nonverbally present themselves, but that has very limited utility and validity.

	(A)	(B)
①	However	What's more
②	As a result	On the contrary
③	However	Nevertheless
④	As a result	For instance

연습 문항 **해설**

01 (A)와 (B)에 들어갈 말로 가장 적절한 것은? 2021. 지방직 9급

> Ancient philosophers and spiritual teachers understood the need to balance the positive with the negative, optimism with pessimism, a striving for success and security with an openness to failure and uncertainty. The Stoics recommended "the premeditation of evils," or deliberately visualizing the worst-case scenario. This tends to reduce anxiety about the future: when you soberly picture how badly things could go in reality, you usually conclude that you could cope. _____(A)_____, they noted, imagining that you might lose the relationships and possessions you currently enjoy increases your gratitude for having them now. Positive thinking, _____(B)_____, always leans into the future, ignoring present pleasures.

해석 및 정답의 단서

고대 철학자들과 영적 스승들은 긍정과 부정, 낙관주의와 비관주의, 성공과 안전을 위한 노력과 실패와 불확실성에 대한 개방 사이 균형을 잡을 필요성을 이해했다. 스토아 학파는 "악을 미리 생각하기" 즉 **최악의 시나리오를 일부러 시각화하는 것(부정적인 생각)**을 권했다. **이것은 (부정적인 생각) 미래에 대한 걱정을 감소시키는 경향이 있다(긍정 내용)**: 얼마나 나쁘게 상황들이 현실에서 진행될지 냉정하게 상상해 보면, 당신은 보통 대처할 수 있다고 결론짓는다. **(A) 게다가 (Besides)**, **그들은 당신이 현재 누리고 있는 관계와 재산을 잃게 될 수도 있다고 상상하는 것은 (부정적인 생각)** 지금 그것들을 가지고 있는 것에 대한 **감사함을 증가시킨다고 언급했다(긍정 내용)**. **(B) 이와는 대조적으로(by contrast)**, 긍정적 사고는 항상 **현재의 즐거움을 무시한 채(부정 내용)** 미래에 기댄다.

정답 및 선지 해석 정답 ③

① Nevertheless 그럼에도 불구하고   in addition 게다가
② Furthermore 더 나아가   for example 예를 들어
③ Besides 게다가   by contrast 대조적으로
④ However 그러나   in conclusion 결론적으로

해설

연결어 유형은 연결어 기준으로 앞 뒤 문장의 내용간의 관계를 묻는 문제이기 때문에 반드시 연결어를 넣는 빈칸 (A)와 (B) 문장을 기준으로 그 앞 문장과 연결어를 포함한 문장 간에 나오는 단어들의 관계와 의미(특히, 긍정과 부정 확인)에 초점을 맞추고 적절한 연결어를 고른다.

어휘

spiritual 영적인, 정신의   balance A with B A와 B의 균형을 맞추다   optimism 낙관주의   pessimism 비관주의   striving 노력   security 안전, 안보   openness 개방   uncertainty 불확실성   Stoics 스토아학파   premeditation 미리 생각하기   evil 악   deliberately 의도적으로   visualize 시각화하다   soberly 진지하게, 냉정하게   cope 대처하다   possession 소유물   gratitude 감사   lean 기대다

02 (A)와 (B)에 들어갈 말로 가장 적절한 것은? 2020. 국가직 9급

Advocates of homeschooling believe that children learn better when they are in a secure, loving environment. Many psychologists see the home as the most natural learning environment, and originally the home was the classroom, long before schools were established. Parents who homeschool argue that they can monitor their children's education and give them the attention that is lacking in a traditional school setting. Students can also pick and choose what to study and when to study, thus enabling them to learn at their own pace.   (A)   , critics of homeschooling say that children who are not in the classroom miss out on learning important social skills because they have little interaction with their peers. Several studies, though, have shown that the home-educated children appear to do just as well in terms of social and emotional development as other students, having spent more time in the comfort and security of their home, with guidance from parents who care about their welfare.   (B)   , many critics of homeschooling have raised concerns about the ability of parents to teach their kids effectively.

해석 및 정답의 단서

홈스쿨링 옹호자들은 아이들이 안정적이고 사랑하는 환경에 있을 때 더 잘 배운다고 믿는다. 많은 심리학자들은 집을 가장 자연스러운 학습 환경으로 여기고, 원래 집은 학교가 설립되기 훨씬 전부터 교실이었다. 홈스쿨링을 하는 부모들은 그들이 자녀의 교육을 관찰할 수 있고 전통적인 학교 환경에서는 부족한 관심을 그들에게(자녀들에게) 줄 수 있다고 주장한다. 학생들은 또한 무엇을 공부할지, 언제 공부할지를 골라 선택할 수 있고 자신만의 속도로 학습하는 것이 가능하다.(부정 내용) 대조적으로(In contrast) 홈스쿨링에 대한 비평가들은 학교에서 공부를 하지 않는 아이들은 또래와의 상호작용이 거의 없기 때문에 중요한 사회적 기술을 배우지 못한다고 말한다.(부정 내용) 하지만, 몇몇 연구들은 홈스쿨링을 하는 아이들도 그들의 복지에 신경을 쓰는 부모들의 지도와 함께 가정의 편안함과 안전 속에서 더 많은 시간을 보내면서 사회적이고 정서적인 측면에서 다른 학생들만큼 한다는 것을 보여 주었다.(긍정 내용) 이것에도 불구하고(In spite of this), 홈스쿨링에 대한 많은 비평가들이 아이들을 효과적으로 가르칠 수 있는 부모의 능력에 대한 우려를 제기해 왔다.(부정 내용)

정답 및 선지 해석 정답 ②

① Therefore 그러므로   Nevertheless 그럼에도 불구하고
② In contrast 대조적으로   In spite of this 이것에도 불구하고
③ Therefore 그러므로   Contrary to that 그것과는 대조적으로
④ In contrast 대조적으로   Furthermore 더 나아가

해설

연결어 유형은 연결어 기준으로 앞뒤 문장의 내용간의 관계를 묻는 문제이기 때문에 반드시 연결어를 넣는 빈칸 (A)와 (B) 문장을 기준으로 그 앞 문장과 연결어를 포함한 문장 간에 나오는 단어들의 관계와 의미(특히, 긍정과 부정 확인)에 초점을 맞추고 적절한 연결어를 고른다.

어휘

advocate 옹호자, 지지자   secure 안전한   psychologist 심리학자   establish 설립하다   critic 비평가   interaction 상호작용   peer 또래   in terms of ~의 관점에서   comfort 편안함   welfare 복지   concern 걱정, 관심

03 (A)와 (B)에 들어갈 말로 가장 적절한 것은?

In Africa, **people are sadder about the death of an old man** than about that of a newborn baby. The old man represented a wealth of experience that might have benefited the tribe, whereas the newborn baby had not lived and could not even be aware of dying. ___(A)___, **people in Europe are sad about the death of the newborn baby** because they think he might well have done wonderful things if he had lived. They, ___(B)___, pay little attention to the death of the old man, who had already lived his life anyway.

해석 및 정답의 단서

아프리카에서 **사람들은** 갓난아기의 죽음보다 **노인의 죽음에 더 슬퍼한다.** 신생아는 오래 산 것도 아니고 죽는다는 것을 인식하지조차 못하는 반면에 노인은 그 부족을 이롭게 했을지도 모르는 풍부한 경험을 의미했다. **(A) 반면에(on the other hand), 유럽 사람들은 갓난아기가 죽으면 슬퍼하는데** 그들은 그가(갓난아기) 만일 살았다면 멋진 일을 할 수 있었을 것이라고 생각하기 때문이다. **(B) 그러나(however)** 그들은(유럽사람들) 이미 어쨋든 인생을 살만큼 살았던 노인의 죽음에 대해서는 그다지 주의를 기울이지 않는다.

정답 및 선지 해석 정답 ④

① Besides 게다가   however 그러나
② On the other hand 반면에   as a result 결과적으로
③ Therefore 그러므로   for example 예를 들어
④ On the other hand 반면에   however 그러나

해설

연결어 유형은 연결어 기준으로 앞뒤 문장의 내용간의 관계를 묻는 문제이기 때문에 반드시 연결어를 넣는 빈칸 (A)와 (B) 문장을 기준으로 그 앞 문장과 연결어를 포함한 문장 간에 나오는 단어들의 관계와 의미(특히, 긍정과 부정 확인)에 초점을 맞추고 적절한 연결어를 고른다.

어휘

represent 나타내다, 의미하다, 대표하다   newborn 갓난   benefit ~에게 이롭다, 이익을 얻다   pay attention to ~에 주의를 기울이다   anyway 어쨌든

04 다음 글의 빈칸에 들어갈 말로 적절한 것은?

Some people give up the moment an obstacle is placed in front of them. Some people doggedly continue to pursue a goal even after years of frustration and failure. What is the difference between these two people? <u>Those who feel they are not responsible</u> for choosing their goals and pursing them tend to believe that results are arbitrary. To them, it does not matter how hard you try or how talented you are. Being successful is all a matter of luck. **Those who persevere,** _____, recognize that <u>they are ultimately responsible</u> not just for pursuing their goals, but for setting them. To them, what you do matters, and giving up for no reasons does not seem very attrative.

해석 및 정답의 단서

어떤 사람들은 장애물이 그들 앞에 놓여 있는 순간을 포기한다. 어떤 사람들은 심지어 몇 년간의 좌절과 실패가 있은 후에도 목표를 추구하는 것을 완강하게 계속한다. 이 두 사람들의 차이점은 무엇인가? 목표를 선택하고 추구하는 것에 **책임이 없다고 느끼는 사람**들은 결과가 멋대로라고 믿는 경향이 있다. 그들에게 그들이 얼마나 열심히 노력하고 또는 그들이 얼마나 재능이 있는지는 중요하지 않다. 성공하는 것은 모두 운의 문제이다. **그러나(however) 인내하는 사람들은** 목표를 선택하는 것뿐 아니라 그것을 설정하는 데에도 궁극적으로 **책임이 있음을 인지한다**. 그들에게는 당신이 무엇을 하는지가 중요하고 이유 없이 포기하는 것은 매우 매력적으로 보이지는 않는다.

정답 및 선지 해석 정답 ①

① **however** 그러나
② moreover 더욱이
③ likewise 마찬가지로
④ therefore 그러므로

해설

연결어 유형은 연결어 기준으로 앞 뒤 문장의 내용간의 관계를 묻는 문제이기 때문에 반드시 연결어를 넣는 빈칸 (A)와 (B) 문장을 기준으로 그 앞 문장과 연결어를 포함한 문장 간에 나오는 단어들의 관계와 의미(특히, 긍정과 부정 확인)에 초점을 맞추고 적절한 연결어를 고른다.

어휘

give up 포기하다   obstacle 장애   doggedly 완강하게, 끈질기게   pursue 추구하다
arbitrary 제멋대로의, 독단적인   talented 재능이 있는   matter 문제, 중요하다
persevere 인내하다   ultimately 궁극적으로, 결국   attractive 매력적인

05 다음 글의 빈칸에 들어갈 말로 가장 적절한 것은?

Americans have ambivalent feelings about neighbors. This ambivalence reflects the tension we feel over our loyalties to group and to self and which of the two takes precedence. <u>In other cultures, the group clearly takes precedence</u>. _____, <u>in the United States, we draw boundaries around individuals and circumscribe their "space"</u>. We conceptualize this space as privacy which protects the individual from the outside and from others. It is a concept that many foreigners find odd, even offensive. But again, it is the individual that is valued over the group, whether that group is a family, corporation, or community.

해석 및 정답의 단서

미국인들은 이웃에 대해 양면적인 감정을 가지고 있다. 이 양면성은 집단과 자신에 대한 우리의 충성심, 그리고 들 중 어떤 것이 우위를 차지하느냐에 관해 느끼는 긴장을 반영하고 있다. **다른 문화에서는 집단이 명백하게 우월성을 가진다. 그러나(however), 미국에서, 우리는 개개인 주변에 경계선을 그리고 그들의 "공간"의 경계를 정한다.** 우리는 이 공간을 외부와 다른 사람들로부터 개인을 보호하는 사생활이라는 것으로 개념화한다. 이것은 많은 외국인들이 이상하다고, 심지어는 불쾌한 것이라고 생각하는 개념이다. 그러나 다시, 그 집단이 가족이든 회사이든 공동체이든 간에 집단보다 가치 있게 여겨지는 것은 개인이다.

정답 및 선지 해석 정답 ③

① For example 예를 들어
② Therefore 그러므로
③ However 그러나
④ Consequently 결과적으로

해설

연결어 유형은 연결어 기준으로 앞 뒤 문장의 내용간의 관계를 묻는 문제이기 때문에 반드시 연결어를 넣는 빈칸 (A)와 (B) 문장을 기준으로 그 앞 문장과 연결어를 포함한 문장 간에 나오는 단어들의 관계와 의미(특히, 긍정과 부정 확인)에 초점을 맞추고 적절한 연결어를 고른다.

어휘

ambivalent 양면가치의, 반대 감정이 병존하는, 애증이 엇갈리는 tension 긴장, 갈등
take precedence 우위를 차지하다 circumscribe ~의 둘레에 선을 긋다, ~의 경계를 정하다 conceptualize 개념화하다 offensive 불쾌한, 싫은, 마음에 걸리는

06 다음 글의 빈칸에 들어갈 말로 가장 적절한 것은?

You as the parent must try to read their crying to be able to help them. This will also help you assess your children's perception of your discipline. In many cases, when a child feels that he has been punished wrongly, it is more difficult to console him. He cried pathetically. Others may receive the punishment in a defiant mood. _____, when a child feels guilty and he is not punished or assured of forgiveness, he is likely to feel insecure and timid. In such a case when punished they may cry but quickly compose themselves and seek to attract love from the parent. Children usually want the crisp and clean punishment followed by fellowship rather than living with uncertainty.

해석 및 정답의 단서

부모로서 당신은 그들을 도울 수 있도록 그들의 울음을 읽기 위해 노력해야 한다. 이는 또한 당신의 아이들이 당신의 규율을 인지하는지 평가하는 데도 도움을 줄 것이다. **많은 경우에 아이가 부당하게 벌을 받았다고 느낄 때** 아이를 위로하기란 더욱 어렵다. 아이는 애처롭게 울었다. **어떤 아이들은 반항적인 분위기에서 벌을 받을지도 모른다. 반면에(On the other hand), 아이는 죄책감을 느끼는데** 벌을 받지 않거나 용서를 보장받지 못할 때, 불안해하고 소심해질 것이다. 이러한 경우에 벌을 받는다면, 아이들은 울지만 재빨리 그들 스스로를 진정시키고 부모로부터 애정을 끌어내려고 할 수도 있다. 아이들은 보통 불확실한 상황에서 사는 것보다는 유대감이 뒤따르는 또렷하고 명확한 처벌을 원한다.

정답 및 선지 해석 정답 ④

① As a result 결과적으로
② For example 예를 들어
③ In other words 다시 말해서
④ On the other hand 반면에

해설

연결어 유형은 연결어 기준으로 앞뒤 문장의 내용간의 관계를 묻는 문제이기 때문에 반드시 연결어를 넣는 빈칸 (A)와 (B) 문장을 기준으로 그 앞 문장과 연결어를 포함한 문장 간에 나오는 단어들의 관계와 의미(특히, 긍정과 부정 확인)에 초점을 맞추고 적절한 연결어를 고른다.

어휘

assess 평가하다   perception 지각, 인식   discipline 규율, 훈련   console 위로하다
pathetically 애처롭게, 감상적으로   punishment 벌, 처벌   defiant 반항하는
guilty 죄책감이 드는   forgiveness 용서   insecure 불안정한   timid 소심한, 겁많은
compose 구성하다, 가라앉히다, 수습하다   crisp 바삭바삭한, 또렷한   clean 청결한, 명백한   fellowship 친구, 동료애, 유대감   uncertainty 불확정, 불확실

07 다음 글의 빈칸에 들어갈 말로 가장 적절한 것은?

> There are many instances in our society in which it is entirely appropriate for people to play a power role over others. _____ _____, teachers, coaches, police, and parents all play this role. Any leader of a group of people has to have some kind of authority. Still, the right to wield power and the extent to which an authority should wield power must be questioned and negotiated lest the power be abusive and lead to injustice and unfairness.

해석 및 정답의 단서

우리 사회에는 사람들이 다른 사람들에 대해 권력적인 역할을 행하는 것이 전적으로 적절한 많은 사례들이 있다. **예를 들어 (for example)**, 교사, 코치, 경찰 그리고 부모들이 모두 이런 역할을 하고 있다. 어떤 그룹의 리더도 어느 정도의 권위는 가진다. 그럼에도, 힘을 행사할 권리와 한 명의 권위자가 힘을 행사하는 정도는 그 힘이 남용되거나 불의나 불공평으로 이어지지 않도록 이의제기를 받고 협상되어야 한다.

정답 및 선지 해석 정답 ③

① However 그러나
② Otherwise 그렇지 않으면
③ For example 예를 들어
④ Nevertheless 그럼에도 불구하고

해설

연결어 유형은 연결어 기준으로 앞뒤 문장의 내용간의 관계를 묻는 문제이기 때문에 반드시 연결어를 넣는 빈칸 (A)와 (B) 문장을 기준으로 그 앞 문장과 연결어를 포함한 문장 간에 나오는 단어들의 관계와 의미(특히, 긍정과 부정 확인)에 초점을 맞추고 적절한 연결어를 고른다.

어휘

authority 권위, 권력   wield 휘두르다, 행사하다   extent 규모 정도   question 의심하다, 이의를 제기하다   negotiate 협상하다, 결정하다   lest ~하지 않도록 abusive 남용된   unfairness 불공평   play a role 역할을 하다

08 (A)와 (B)에 들어갈 말로 가장 적절한 것은?

> The chimpanzee – who puts two sticks together in order to get at a banana because no one of the two is long enough to do the job – uses intelligence. So do we all when we go about our business, "figuring out" how to do things. Intelligence, in this sense, is taking things for granted as they are, making combinations which have the purpose of facilitating their manipulation; <u>intelligence is thought in the service of biological survival</u>. Reason, _____(A)_____, <u>aims at understanding;</u> it tries to find out what is beneath the surface, to recognize the kernel, the essence of the reality which surrounds us. <u>Reason is not</u> without a function, <u>but its function is not to further physical as much as mental and spiritual existence</u>. _____(B)_____, often in individual and social life, reason is required in order to predict (considering that prediction often depends on recognition of forces which operate underneath the surface), and prediction sometimes is <u>necessary even for physical survival</u>.

해석 및 정답의 단서

바나나를 집어 올리기 위해서 충분히 길지 않은 두 개의 막대기를 결합시키는 침팬지는 지능을 사용한다. 우리도 마찬가지로 사업을 시작할 때 일을 처리한 방법을 이해하면서 지능을 사용한다. 이러한 의미에서 지능이란, 사물을 있는 그대로 받아들이고 자신의 목적에 맞게 결합시키는 것이다; **지능은 생물학적인 생존을 위한 것으로 생각되어진다.** (A) 반면에(on the other hand), **이성은 이해를 목적으로 한다**; 이성은 우리를 둘러싼 현실의 핵심을 파악하기 위해서 그 표면 아래에 있는 것을 파악하려 한다. **이성이 기능이 없는 것은 아니지만, 이성의 기능이 정신적인 것과 영적인 존재를 발전시키는 것만큼 육체적인 것을 발전시키는 것은 아니다.** (B) 그러나(However), 개인과 사회의 삶에서, 이성은 예측하기 위해서 필요하고 (예측이 표면 아래에서 작동되는 힘에 대한 인식에 의존하고 있다는 것을 고려하면), **예측은 육체적인 생존을 위해서 가끔씩 필요하다.**

정답 및 선지 해석 정답 ④

① for example 예를 들어 – Therefore 그러므로
② in the same way 마찬가지로 – Likewise 마찬가지로
③ consequently 결과적으로 – As a result 결과적으로
④ on the other hand 반면에 – However 그러나

해설

연결어 유형은 연결어 기준으로 앞뒤 문장의 내용간의 관계를 묻는 문제이기 때문에 반드시 연결어를 넣는 빈칸 (A)와 (B) 문장을 기준으로 그 앞 문장과 연결어를 포함한 문장 간에 나오는 단어들의 관계와 의미(특히, 긍정과 부정 확인)에 초점을 맞추고 적절한 연결어를 고른다.

어휘

go about 시작하다, 착수하다   facilitate 촉진하다, 용이하게 하다   manipulation 조작, 속임수   reason 이성   aim at 목표로 삼다   kernel 알맹이, 핵심   essence 본질   beneath 아래에   underneath 밑에, 속에   spiritual 영적인   existence 존재

MEMO

09 (A)와 (B)에 들어갈 말로 가장 적절한 것은?

> Many people find it difficult to relate to someone who has a physical disability, often because they have not had any personal interaction with anyone with a disability. __(A)__, they might be unsure what to expect from a person who has a mobility impairment and uses a wheelchair because they have never spent any time with wheelchair users. This lack of understanding can create additional challenges for people with disabilities. If society responded more adequately to people who have impairments, they would not experience nearly as many challenges and limitations. Consider office workers who happen to use wheelchairs. Provided that there is only one level or there are ramps or elevators between levels, they may need no assistance whatsoever in the workplace. __(B)__, in an adapted work environment, they do not have a disability.

해석 및 정답의 단서

많은 사람들은 **신체장애를** 가진 사람과 종종 어떤 개인적인 상호작용을 가져본 적이 없어서 그들을 **이해하는 것이 어렵다고 생각한다**. (A) 예를 들어(For example), 그들은 **휠체어 사용자들과** 시간을 보내본 적이 없으므로 **이동 장애를** 가지고 휠체어를 사용하는 사람들이 무엇을 **기대하는지 확신하지 못한다**. 이런 이해의 부족은 장애를 가진 사람들에게 추가적인 어려움을 만들 수 있다. 만일 사회가 장애를 가진 사람들에게 더 적절하게 반응한다면, 그들은 그렇게 많은 어려움과 한계를 경험하지 않을 것이다. 어쩌다가 휠체어를 사용하게 된 직장인들을 생각해 보자. **단지 한 층만 있거나 그 층들 사이에 경사로나 엘리베이터가 있다면** 그들은 직장에서 **어떤 도움도 필요하지 않을** 것이다. (B) 다시 말해서(In other words), **개조된 근로 환경**에서, 그들은 **장애가 있는 것이 아니다**.

정답 및 선지 해석

① However 그러나 − Thus 그러므로
② In contrast 대조적으로 − Similarly 마찬가지로
③ Furthermore 더욱이 − In addition 게다가
④ **For example** 예를 들어 − **In other words** 다시 말해서

해설

(A) 앞 내용은 '장애를 가진 사람'에 관한 일반적인 진술이고, (A)의 내용은 '이동성 장애를 가진 사람'에 관한 구체적인 진술이므로 동일 논리를 나타내는 연결어 중에서 예시를 나타내는 연결어인 **For example**이 올바르고 (B) 앞은 '어떤 도움도 필요하지 않다'라는 내용이고 (B)의 내용은 '장애를 가진 것이 아니다'라는 같은 논리로 전개되고 있으므로 **In other words**가 올바르다.

어휘

relate to ~을 이해하다, ~에 공감하다, ~와 관계가 있다   disability 장애   mobility impairment 이동성 장애   adequately 충분히, 적절히   provided 만약 ~라면   ramp 경사로   level 층   adapted 개조된; 적합한

10 (A)와 (B)에 들어갈 말로 가장 적절한 것은?

Fifty years ago, bees lived healthy lives in our cities and rural areas because they had plenty of flowers to feed on, fewer insecticides contaminating their floral food and fewer exotic diseases and pests. <u>Wild bees</u> nested <u>successfully</u> in undisturbed soil and twigs. ___(A)___, <u>bees have trouble finding</u> pollen and nectar sources because of the extensive use of herbicides that kill off so many flowering plants among crops and in ditches, roadsides and lawns. <u>Flowers can be contaminated with insecticides that can kill bees</u> directly or lead to chronic, debilitating effects on their health. ___(B)___, with the increase in global trade and transportation, blood-sucking parasites, <u>viruses and other bee pathogens have been inadvertently transmitted to bees</u> throughout the world. These parasites and pathogens weaken bees' immune systems, making them even more susceptible to effects of poor nutrition from lack of flowers, particularly in countries with high agricultural intensity and pesticide use.

해석 및 정답의 단서

50년 전 벌들은 그들이 먹고 살 많은 꽃들과 그들의 음식인 꽃을 오염시키는 더 적은 살충제와 더 적은 외래성 질병과 해충을 가졌기 때문에 우리 도시와 시골에서 건강하게 살았다. **야생 벌들은** 방해받지 않는 토양과 나뭇가지에 **성공적으로** 둥지를 틀었다. **(A) 그러나(However), 벌은** 작물과 배수로, 길가와 잔디에 있는 너무나 많은 꽃을 피우는 식물을 죽이는 제초제의 광범위한 사용 때문에 꽃가루와 꿀을 찾는 데 **어려움을 겪고 있다**. **꽃은 벌을 직접 죽이거나** 그들의 건강에 만성적이고 그들을 쇠약하게 만드는 영향으로 이어질 수 있는 살충제로 인해 오염될 수 있다. **(B) 게다가(In addition),** 세계적인 교역과 운송의 증가와 함께, 흡혈 기생충, **바이러스 그리고 다른 벌의 병원균이 의도치 않게 전 세계 곳곳에 있는 벌에게 전달**되었다. 이런 기생충과 병원균은 벌의 면역체계를 약화시키고 특히나 높은 농업 집약도와 살충제 사용을 가진 나라에서 꽃의 부족으로 인한 영양부족의 영향에 그들을 훨씬 더 취약하게 만들었다.

정답 및 선지 해석 정답 ②

① However 그러나 － As a result 결과적으로
② However 그러나 － In addition 게다가
③ Thus 그러므로 － By contrast 대조적으로
④ Thus 그러므로 － On the other hand 반면에

해설

(A) 앞 내용은 '성공적으로', (A)의 내용은 '어려움을 겪었다'이므로 반박 논리를 나타내는 연결어인 However가 올바르다. 또한, (B) 앞 문장은 벌이 죽는 부정적인 내용이고 (B)의 내용도 벌에게 바이러스와 다른 병원균이 전달되는 부정적인 내용의 동일논리로 전개되고 있으므로 In addtion이 올바르다.

어휘

rural area 시골 feed on ~을 먹고 살다 insecticide 살충제 contaminate 오염시키다 floral 꽃의, 식물의 exotic 외래의 pest 해충 nest 둥지를 틀다 undisturbed 방해받지 않은 soil 토양 twig 작은 가지 pollen 꽃가루 nectar source 밀원(벌이 꿀을 빨아주는 근원) extensive 광범위한 herbicide 제초제 kill off ~을 대대적으로 죽이다 ditch 배수로 chronic 만성적인 debilitating 쇠약하게 만드는 parasite 기생충 pathogen 병원균 inadvertently 우연히 transmit 전달하다 weaken 약화시키다 susceptible ~에 민감한 poor nutrition 부족한 영양

11 (A)와 (B)에 들어갈 말로 가장 적절한 것은?

Sea snakes are some of the most venomous creatures on Earth. Their venom is far deadlier than the venom of coral snakes, rattlesnakes, or even king cobras. Sea snakes use their venom to kill the fish they eat and to defend themselves against predators. It's not necessarily a good thing, however, for a sea snake to use its venom to defend itself. Venom can take a lot of energy to make-energy that could be used for growing or hunting. ___(A)___, the more often a sea snake or other venomous animal is attacked, the more likely it is to get hurt — even if it can defend itself. Like coral snakes, many sea snakes solve this problem by warning predators up front. ___(B)___, the yellow-bellied sea snake has bright, splashy colors that tell predators not to try anything. Over millions of years, predators have evolved to pay attention to this warning. Only a few kinds of sharks and sea eagles dare attack sea snakes. This keeps sea snakes from constantly having to defend themselves and increases their chances of survival.

해석 및 정답의 단서

바다뱀은 지구상에서 가장 독성이 강한 뱀의 부분이다. 그들의 독은 산호뱀, 방울뱀 그리고 심지어는 킹코브라의 독보다도 훨씬 더 치명적이다. 바다뱀은 자신이 먹는 물고기를 죽이기 위해 그리고 포식자들로부터 자신을 방어하기 위해 그들의 독을 사용한다. 하지만, **바다뱀이 그 독을 자신을 방어하기 위해 사용하는 것이 반드시 좋은 일은 아니다**. 독은 많은 에너지, 즉 성장하거나 사냥하는 데 사용될 수 있었던 에너지를 쓴다. **(A) 또한(Also)**, 바다뱀이나 다른 독을 가진 동물이 더 자주 공격을 받으면 받을수록, 비록 그것이(바다뱀이) 자신을 보호한다 해도, **그것이(바다뱀이) 다칠 가능성은 더욱 커진다**. 산호뱀과 마찬가지로, **많은 바다뱀들은 포식자에게** 앞에서 **경고**함으로써 이 문제를 해결한다. **(B) 예를 들어(For example)**, **노란 배 바다뱀은** 포식자들에게 **어떤 것도 시도하지 말라고** 경고하는 밝고, 눈에 띄는 색상을 가지고 있다. 수백만 년 동안 포식자들은 이런 경고에 주의하도록 진화했다. 이것은 바다뱀이 끊임없이 스스로를 보호해야 하는 것을 막아주며 그들의 생존 가능성을 높여준다.

정답 및 선지 해석 정답 ④

① However 그러나 — In other words 다시 말해서
② Also 또한 — By contrast 대조적으로
③ However 그러나 — In addition 게다가
④ Also 또한 — For example 예를 들어

해설

(A) 앞 내용은 '독을 사용하는 것이 좋은 것이 아니다'라는 부정적인 내용이고, **(A)**의 내용은 '다칠 가능성이 커진다'라는 내용이므로 동일 논리를 나타내는 연결어인 **Also**가 올바르고 **(B)** 앞 문장은 '바다 뱀이 포식자에게 경고한다'는 내용이고, **(B)**의 내용도 '노란 배 바다뱀이 포식자에게 경고한다'는 내용의 동일논리로 전개되고 있으므로 **For example**이 올바르다.

어휘

sea snake 바다뱀   venomous 독이 있는, 유해한   venom 독   deadly 죽음의, 치명적인   coral snake 산호뱀   rattlesnake 방울뱀   defend 막다, 방어하다 predator 포식자   splashy 눈에 확 띄는   dare 감히 ~하다   constantly 끊임없이

12 (A)와 (B)에 들어갈 말로 가장 적절한 것은?

> There has been much research on nonverbal cues to deception dating back to the work of Ekman and his idea of leakage. It is well documented that people use others' nonverbal behaviors as a way to detect lies. <u>My research and that of many others</u> has <u>strongly supported</u> people's reliance on observations of others' nonverbal behaviors when assessing honesty. ___(A)___ , <u>social scientific research</u> on the link between various nonverbal behaviors and the act of lying <u>suggests that</u> the link is typically <u>not very strong or consistent</u>. In my research, I have observed that the nonverbal signals that seem to give one liar away are different than those given by a second liar. ___(B)___ , <u>the scientific evidence</u> linking nonverbal behaviors and deception <u>has grown weaker over time</u>. People infer honesty based on how others nonverbally present themselves, but that has very limited utility and validity.

해석 및 정답의 단서

Ekman의 연구와 그 생각의 유출로 거슬러 올라가는 속임수에 대한 비언어적 단서에 관한 많은 연구가 있었다. 사람이 거짓말을 탐지하는 방법으로 타인의 비언어적 행동을 이용한다는 것은 잘 알려져 있다. **나의 연구와 다른 많은 연구들은** 사람들이 정직성을 평가할 때 다른 사람들의 비언어적 행동에 대한 관찰에 의존한다는 사실을 **강하게 지지해 왔다**. (A) 그러나 (However) 다양한 비언어적 행동과 거짓말 행위 사이의 연관성에 관한 **사회과학 연구는 그 연관성이 일반적으로 강하지 않고 일관성이 없다**는 것을 시사한다. 더욱이 내 연구에서 나는 한 명의 거짓말쟁이가 누설하는 비언어적 신호들이 두 번째 거짓말쟁이가 주는 신호들과 다르다는 것을 관찰했다. (B) 더욱이 (What's more) 비언어적 행동과 속임수를 연관 짓는 **과학적 증거는** 시간이 지나면서 **점점 약해졌다**. 사람들은 다른 사람들이 비언어적으로 자신을 표현하는 방법에 기반하여 정직함을 추론하지만, 그것은 매우 제한된 효용성과 타당성을 가지고 있다.

정답 및 지문 해석 정답 ①

① However 그러나 − What's more 더욱이
② As a result 결과적으로 − On the contrary 그 와는 반대로
③ However 그러나 − Nevertheless 그럼에도 불구하고
④ As a result 결과적으로 − For instance 예를 들어

해설

(A) 앞 내용은 '강하게 지지했다', (A)의 내용은 '강하지 않다'이므로 반박 논리를 나타내는 연결어인 However가 올바르다. 또한 (B) 앞은 '강하지 않다'라는 내용이고 (B)의 내용은 '점점 약해졌다'라는 같은 논리로 전개되고 있으므로 What's more이 올바르다.

어휘

nonverbal 비언어적인   cue 단서, 신호   leakage 누출, 누설   document 기록하다
reliance 의존   observation 관찰, 관측   assess 평가하다   deception 속임
utility 유용성   validity 타당성

04 빈칸 추론 유형 (2) − 단어, 구, 절, 문장 넣기

 **빈칸 추론 유형** 출제 빈도 분석

출제 연도	국가직	지방직
2022	1개	2개
2021	1개	2개
2020	2개	1개
2019	1개	1개
2018	1개	3개
2017	4개	3개

 **빈칸 추론 유형** 대비 전략

01 이 유형은 글의 핵심적인 내용(주제문이나 주요 세부 내용)과 글의 논리적 흐름을 고려하여 문맥상 빈칸에 들어갈 가장 적절한 표현을 추론하는 능력을 측정하는 문항이다. 공무원 시험에서 당락을 좌우하는 문제가 되는 경우가 많고 대부분의 수험생들이 가장 어려운 독해 영역이기도 하기 때문에 반드시 어떤 원리로 출제 되고 있는지를 파악하고 이에 상응하는 철저한 훈련이 필요하다.

02 빈칸 유형 지문을 빠르고 정확하게 읽으면서 지문의 중심소재 및 주제문을 찾고, 이를 바탕으로 글의 중심 내용을 파악하는 능력이 무엇보다 중요하다. 빈칸 추론 문항의 빈칸은 일반적으로 해당 지문의 중심적인 내용 혹은 그것과 밀접한 관련이 있는 세부 정보에 대해서 중점적으로 출제되고 있다.

03 빈칸 추론 문항은 해당 지문에서 정답과 밀접하게 관련된 단서 또는 근거가 되는 부분이 존재하는 것이 일반적이다. 글을 읽어 나가면서 빈칸의 단서 또는 근거가 되는 부분을 찾아 표시하고, 이를 바탕으로 빈칸에 들어갈 말을 추론해 보는 연습이 필요하다.

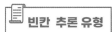

빈칸 추론 유형

핵심 개념

빈칸 추론 문항의 빈칸은 일반적으로 해당 지문의 중심적인 내용 혹은 그것과 밀접한 관련이 있는 세부 정보에 대해서 중점적으로 출제되고 있다.

예시 문항

01 밑줄 친 부분에 들어갈 말로 가장 적절한 것을 고르시오.

> The slowing of China's economy from historically high rates of growth has long been expected to _____ growth elsewhere. "The China that had been growing at 10 percent for 30 years was a powerful source of fuel for much of what drove the global economy forward", said Stephen Roach at Yale. The growth rate has slowed to an official figure of around 7 percent. "That's a concrete deceleration", Mr. Roach added.

① speed up　　　　② weigh on

③ lead to　　　　④ result in

02 밑줄 친 부분에 들어갈 말로 가장 적절한 것을 고르시오.

Excellence is the absolute prerequisite in fine dining because the prices charged are necessarily high. An operator may do everything possible to make the restaurant efficient, but the guests still expect careful, personal service: food prepared to order by highly skilled chefs and delivered by expert servers. Because this service is, quite literally, manual labor, only marginal improvements in productivity are possible. For example, a cook, server, or bartender can move only so much faster before she or he reaches the limits of human performance. Thus, only moderate savings are possible through improved efficiency, which makes an escalation of prices _____. (It is an axiom of economics that as prices rise, consumers become more discriminating.) Thus, the clientele of the fine-dining restaurant expects, demands, and is willing to pay for excellence.

① ludicrous   ② inevitable

③ preposterous   ④ inconceivable

MEMO

예시 문항 해설

01 밑줄 친 부분에 들어갈 말로 가장 적절한 것을 고르시오.

지문	머릿속 생각
1. The slowing of China's economy from historically high rates of growth has long been expected to _____ growth elsewhere. 2. "The China that had been growing at 10 percent for 30 years was a powerful source of fuel for much of what drove the global economy forward", said Stephen Roach at Yale. 3. The growth rate has slowed to an official figure of around 7 percent. "That's a concrete deceleration", Mr. Roach added. 역사적으로 높은 성장률에서 중국 경제의 둔화는 오래전부터 다른 곳에서의 성장을 **압박할(weigh on)** 것으로 예상되어 왔다. Yale대의 Stephen Roach는 "30년 동안 10%대 성장을 한 중국은 세계 경제를 견인하는 데 강력한 연료 공급원이었다"고 말했다. 성장률이 7%대의 공식적인 수치로 둔화되었다. "그것은 구체적인 **감속(deceleration)**이다." 라고 Roach가 말했다. ① speed up 　② weigh on ③ lead to 　　④ result in	1. 첫 번째 문장에 빈칸이 있는 걸 보니 ① 두 번째 문장부터 부연설명이 나오면서 답의 단서가 나오거나 아니면 ② 마지막 문장에 정리되는 부분에 나오거나 아니면 ③ 전체 내용을 읽고 파악하는 문제겠구나! 2. 빈칸 문장을 똑바로 끊어 읽고 무엇에 관한 내용인지 정확하게 확인하자. **slowing (느려짐, 둔화)** **China's economy (중국의 경제)** be expected to _____ **growth elsewhere (다른 지역의 성장을)** 3. 바로 뒷부분에는 slowing에 관련된 내용이 아님 − 빈칸 단서 아님 4. 마지막 문장에 the growth rate **has slowed deceleration** **부정적인 내용** − weigh on growth elsewhere (다른 곳에서의 성장을 압박하다)

선지 분석 이미 단서 문장들을 읽으면서 답을 어느 정도 염두해 둔 상태로 선지를 분석해서 오답을 제외하거나 글의 주제문을 생각하면서 관련 있는 내용을 생각해 본다.
① speed up − 이 글은 경기 둔화에 관한 내용이므로 ×
② weigh on − 압박하다 = 마지막 문장에 단서 정확하게 나옴
③ lead to ④ result in : 두 단어 모두 "~을 초래하다"라는 의미의 동의어이므로 둘 다 답이 될 수 없음

02 밑줄 친 부분에 들어갈 말로 가장 적절한 것을 고르시오.

지문	머릿속 생각
1. Excellence is the absolute prerequisite in fine dining because the prices charged are necessarily high. 2. An operator may do everything possible to make the restaurant efficient, but the guests still expect careful, personal service: food prepared to order by highly skilled chefs and delivered by expert servers. 3. Because this service is, quite literally, manual labor, only marginal improvements in productivity are possible. 4. For example, a cook, server, or bartender can move only so much faster before she or he reaches the limits of human performance. 5. Thus, only moderate savings are possible through improved efficiency, which makes an escalation of prices _____. 6. (It is an axiom of economics that as prices rise, consumers become more discriminating.) 7. Thus, the clientele of the fine-dining restaurant expects, demands, and is willing to pay for excellence.	1. 후반부에 빈칸이 있는 걸 보니 ① 첫 번째 문장에 주제문이 나오면서 답의 단서가 나오거나 아니면 ② 마지막 문장에 정리되는 부분에 나오거나 아니면 ③ 빈칸 앞뒤 내용에 빈칸 단서가 나오겠군! 2. 첫 문장을 똑바로 끊어 읽고 무엇에 관한 내용 주제를 파악 excellence (탁월함) the absolute prerequisite (절대적인 선행조건) fine dining (고급 식당) the **prices charged** (부과되는 가격은) **are high (높다)** 3. 빈칸을 포함한 문장 – thus (주제문) : makes an escalation of prices ( ) 가격의 상승은 ( ) 4. 빈칸 바로 뒷 문장에 prices rise (가격이 오른다) 5. 마지막 문장에 Thus (주제문) : pay for excellence (뛰어남에 지불을 한다) = 가격이 높다, 돈을 지불한다라는 내용 밖에 없음
선지 분석 이미 단서 문장들을 읽으면서 답을 어느 정도 정해 둔 상태로 선지를 분석해서 오답을 제외하거나 글의 주제문을 생각하면서 관련 있는 내용을 생각해 본다. ① ludicrous ③ preposterous 두 단어 모두 "우스꽝스러운, 터무늬 없는"이라는 의미의 유의어이므로 답이 될 수 없음 ② inevitable – 가격의 상승은 불가피하다 = 이 글의 주제와 일치 (정답) ④ inconceivable – 가격의 상승은 상상할 수 없는 = 이 글의 주제와 반대	

빈칸 추론하기 01 평가 요소

이 유형은 글의 핵심적인 내용(주제문이나 주요 세부 내용)과 글의 논리적 흐름을 고려하여 문맥상 빈칸에 들어갈 가장 적절한 표현을 추론하는 능력을 측정하는 문항이다. 빈칸은 글의 핵심 내용에 해당하는 부분이나 핵심 내용과 밀접한 관련이 있는 세부 사항 부분에 주로 제시된다. 빈칸의 대상은 글에서 핵심적인 부분에 해당되는 한 단어가 될 수도 있고, 구나 절 또는 문장 전체가 될 수도 있다.

빈칸 추론하기 02 주요 개념 · 원리

01 본 유형의 정답을 찾기 위해서는 지문을 빠르고 정확하게 읽으면서 지문의 중심 소재 및 주제문을 찾고, 이를 바탕으로 글의 중심 내용을 파악하는 능력이 무엇보다 중요하다. 빈칸 추론 문항의 빈칸은 일반적으로 해당 지문의 중심 내용 혹은 그것과 밀접한 관련이 있는 세부 정보와 관련이 있다.

02 빈칸 추론 문항은 일반적으로 학술적 지문이 주로 사용되므로 단순하고 기계적인 문제 풀이 요령만으로는 정답을 찾기 어려우며, 평상시 지문 전체의 내용을 빠르고 정확하게 읽어 나가면서 지문의 핵심 소재와 그와 관련된 주제 및 요지를 파악하는 연습을 충실히 해야만 해결할 수 있다.

03 이를 위해서는 다음과 같은 학습 전략이 필요할 것이다. 먼저 평소 다양한 소재와 주제의 학술적 지문을 읽고 이해하는 학습이 필요하다. 영어Ⅰ과 영어Ⅱ 과목의 교과서에서 제시되고 있는 여러 기초 학술적 지문을 충실히 학습한 후, 이를 바탕으로 다양한 소재와 주제의 글로 학습 범위를 확장하여 글을 읽고 이해하는 연습을 충실히 하도록 한다.

04 더불어 빈칸 추론 문항은 해당 지문에서 정답과 밀접하게 관련된 단서 또는 근거가 되는 부분이 존재하는 것이 일반적이다. 글을 읽어 나가면서 빈칸의 단서 또는 근거가 되는 부분을 찾아 표시하고, 이를 바탕으로 빈칸에 들어갈 말을 추론해 보는 연습도 효과적이다.

05 또한 깊이 있는 어휘 학습이 매우 중요하다는 점도 명심해야 한다. 빈칸에서 주로 사용되는 학술적 지문을 이해하기 위해서는 일상의 어휘뿐만 아니라 철학, 심리학, 과학, 역사, 문화, 환경, 기후, 유전, 경제 등 다양한 학술 분야에서 자주 사용되는 기초 학술 어휘들에 대한 친숙도를 높여두는 것이 매우 중요하다. 어휘 학습 시에는 영어 단어와 우리말 뜻 하나만을 연결하여 외우는 학습법을 지양하고, 사전을 통해 영어 단어의 다양한 쓰임을 확인하면서 문장과 지문 속에서 해당 어휘의 쓰임을 이해하는 학습을 하도록 해야 한다. 모르는 어휘를 접했을 때 바로 사전이나 해설서를 참고하지 말고 문맥을 통해 의미를 유추하는 연습을 하는 것도 매우 중요한 학습 방법이다.

🔍 빈칸 추론하기 03 | 문제 풀이 순서

01 글 처음으로 가서 주제문을 먼저 확인해 준다.
이때, 글이 긍정인지 부정인지 확인을 해 주고 글의 key word – 반복되는 명사나 특정 개념어 확인

02 빈칸 앞 문장, 빈칸 문장, 빈칸 뒷 문장을 제대로 읽고 빈칸에서 요구하는 정보와 관계되는 내용 및 빈칸에서 요구하는 정보 확인 – 이때, 반드시 빈칸을 포함한 문장에 나와 있는 단어들은 끊어 읽으면서 최대한 무슨 정보를 찾아야 하는지 즉, 빈칸에서 수험생에게 찾으라고 하는 정보가 무엇인지 제대로 확인해 준다.

03 빈칸에서 요구하는 내용이 **글의 초반이나 후반에 나온 주제문이나 글 앞뒤에 나온 내용 중에서 어떤 내용과 겹쳐 있는지 단서 문장을 정확하게 확인한다.**

04 이때, 빈칸에 들어갈 내용이 긍정 내용인지 부정 내용인지 확인해 준다. 또한, 지시사나 대명사, 연결사 등이 있다면 이를 활용하여 논리적인 관계를 파악하면 답을 찾는 데 도움이 된다.

05 다만 빈칸과 겹치는 단어가 여러 군데 나와 있으면 여러 문장을 다 확인해 주고 답을 어느정도 주관식으로 생각해 놓은 뒤에 선택지를 분석하며 답을 골라준다. 빈칸 단서 찾으면서 보지 못했던 단어들 위주로 소거해 준다. 이때 빈칸 내용은 주제문의 내용과 일치해야 되므로 글 전체의 흐름이 긍정이었는지 부정이었는지 생각하면서 소거를 해 줘도 도움이 된다. 3개는 비슷한데 하나만 다르다면 그게 답일 가능성도 있다!

06 다만, 빈칸의 내용을 읽었는데 무슨 말인지 전혀 감이 안 오는 난해한 지문 같은 경우는 처음 부분부터 읽으면서 주제문을 확인해 주고 주제문에 맞는 진술을 골라준다. 이때 주제문에 맞게 답을 고르려고 했는데 소거가 잘 안 되거나 감이 오질 않는다면 지문 전체를 쭉 읽으면서 지문에 언급되지 않는 내용을 소거해 주는 방식으로 답을 고른다.

연습 문항

01 밑줄 친 부분에 들어갈 말로 가장 적절한 것을 고르시오. 2017. 지방직 9급

For many big names in consumer product brands, exporting and producing overseas with local labor and for local tastes have been the right thing to do. In doing so, the companies found a way to improve their cost structure, to grow in the rapidly expanding consumer markets in emerging countries. But, Sweets Co. remains stuck in the domestic market. Even though its products are loaded with preservatives, which means they can endure long travel to distant markets, Sweets Co. _____, let alone produce overseas. The unwillingness or inability to update its business strategy and products for a changing world is clearly damaging to the company.

① is intent on importing
② does very little exporting
③ has decided to streamline operations
④ is expanding into emerging markets

02 밑줄 친 부분에 들어갈 말로 가장 적절한 것은?

If you are an observant person, you may have encountered situations like these before: in some relationships, whether personal or work-oriented, there are people who do the work, and people who benefit from it. And unfortunately, these two groups are not always the same. In organizations, you may see that there are leaders who leave all the task executions up to workers and yet earn the bulk of profits from the venture. Moreover, these leaders also take all the credit for the actions undertaken by their employees without sharing any of the honors. In personal relationships, you may see this phenomenon as well: You can see one partner working hard to build up an estate, while there is another who reaps the benefits, yet does not pull his or her share. Unfairness is still rampant everywhere around us, and the old saying, '_____,' reminds us of this phenomenon. It is an interesting way of commenting about it, and maintaining an awareness of its existence.

① Who is rowing the boat, and who is eating the cod?

② Chop your own wood; it will warm you twice.

③ Diligence is the mother of good luck.

④ The rich man thinks of next year, the poor man of the present moment.

03 밑줄 친 부분에 가장 적절한 것은?

Rigorous differentiation delivers real stars — and stars build great businesses. Some contend that differentiation is bad for morale. They say that _____. Not in my world. You build strong teams by treating individuals differently. Just look at the way baseball teams pay 20-game winning pitchers and 40-plus home run hitters. The relative contributions of those players are easy to measure — their stats jump out at you — yet they are still part of a team. Everybody's got to feel they have a stake in the game. But that doesn't mean everyone on the team has to be treated the same way. I learned that the game is all about fielding the best athletes. Whoever fielded the best team won.

① team building should be based on ability

② management must recognize the individual efforts of each individual separately

③ differential treatment erodes the idea of teamwork

④ responsibility is the logical result of the fair evaluation of one's work

MEMO

04 밑줄 친 부분에 들어갈 말로 가장 적절한 것을 고르시오.

To become an effective communicator, remember that _____ _____. I grew up on a cotton farm in the south, where we defoliated for boll weevils and other vermin regularly and where we had neighbors who bought bees for their hives and baby chicks for their hatcheries. As a preteen driving across country with my family on vacation, someone pointed out the car window to a "flea market." I glanced at the warehouse-looking structure, expecting to see a breeding lot for fleas: I had never seen a flea market, but had seen a lot of fleas. When I use the phrase "storage facilities" in our business writing workshops for a Houston client, people think about "oil tanks." In Silicon Valley, "storage facilities" conjures up either storage space on their in-house server or websites "in the cloud."

① climate determines the range of an economy

② knowledge is limited by formal education

③ language is used by people objectively

④ personal experience affects interpretation

05 밑줄 친 부분에 들어갈 말로 가장 적절한 것을 고르시오.

The belief that the arts are intellectually undemanding occupations, suitable for amusement and diversion, is deeply ingrained in the Western psyche. When asked to list the intellectual giants in Western cultural history, most people will list Einstein or Newton before Rembrandt or Picasso. The assumption that the arts are intellectually inferior as modes of knowing and understanding antedates psychology by at least 2,000 years, reaching back to Plato. In favoring the 'ideal forms' as the supreme source of true knowledge, Plato argued for _____. The archetypes that the rational mind can grasp in their cold purity, he presumed to be free of the distortions of the senses and hence superior to the knowledge given in perception. Sensory knowledge based on the actuality of nature was made up of imperfect copies or imitations of these ideals. Furthermore, the objects appearing in works of art were 'imitations of imitations,' hence doubly inferior.

① the lesser status of the arts
② the balance between the arts and the sciences
③ the inferiority of knowledge to nature
④ the importance of the arts for sensory knowledge

06 밑줄 친 부분에 들어갈 말로 가장 적절한 것을 고르시오.

In many respects, one can think of an interview as a purposeful conversation where the actual data collected are in the form of what someone says. It is up to the interviewer to guide or facilitate the conversation. This can be done in two ways. There is a structured approach (as a survey) but more commonly in interviews one follows a semi-structured approach. This is very much a 'looser' and more open technique. The interviewer will have certain topics they will wish to explore, with the emphasis being on allowing the interviewees to express and communicate what they feel or have experienced about what is being researched. So, instead of having a fixed agenda of questions the interviewer will have an outline of areas or issues to be addressed and will raise those areas or issues as and when appropriate during the interview. This can mean _____.

① not rigidly adhering to a preset order
② having the conversation without any outline
③ the interviewer focuses on the interviewee's questions
④ not being able to deviate from the fixed agenda

07 밑줄 친 부분에 들어갈 말로 가장 적절한 것을 고르시오.

Sports normally involve people trying to meet special challenges constructed by the rules. For example, soccer balls must be advanced without use of the hands. In attempting to meet the challenge, athletes can succeed or fail under immense pressure, exhibit remarkable skills, and often demonstrate virtues such as coolness under stress or vices such as selfishness for all to see. It is the attempt to meet specially constricted challenges that explains a great deal of what makes sports so special to spectators and participants alike. Playing a sport or watching others play captures, on a small and specific scale, the human drama of striving to meet challenges and test one's abilities — something that, in all sorts of contexts, we confront every day and that indeed drives human civilization. When we look at it this way, it is no wonder that people around the world who may have almost nothing else in common can _____ .

① share a love of sports

② understand each other's culture

③ cooperate with other sports teams

④ understand the rules of sports

MEMO

08 밑줄 친 부분에 들어갈 말로 가장 적절한 것은?

Humans have long associated food with community, perhaps because finding and preserving it required cooperation. Hunters of meat must have shared with gatherers of plants. No one knows how prestige may have been allocated to success in such endeavors, but we do know that most humans relied mostly on the berries, seeds, and vegetables provided by plant finders. And this practice of sharing survived the coming of agriculture as evidenced in our word "companion" — the breaking of bread together. Even in modern America, foodways are passed from generation to generation, often surviving the loss of an ancestral language (A love of pasta continued in second generation immigrants from Sicily even when knowledge of the Italian language did not.). For thousands of years, humans have communed with the dead (or gods) by eating and drinking with them. The pleasures of eating are deeply _____.

① social
② spiritual
③ short-lived
④ intermittent

09 다음 글의 빈칸에 공통으로 들어갈 가장 적절한 것은?

Social influences have long been the subject of research to explain the plight of individuals who are unable to cope with their given environment. Most notable is the issue of overcrowding and urban sprawl. Classic studies conducted on several species have shown that when their numbers exceed the territorial boundary of each animal, despite an abundance of food and water, several seemingly healthy animals die off. This need for _____ appears to be universal in the animal kingdom. This includes humans, who likewise begin to show signs of frustration in crowded urban areas, traffic jams, long lines at checkout stands, or whenever their _____ is "invaded." The origin of this particular social influence may be instinctual in nature.

① public safety

② social justice

③ personal space

④ adequate nutrition

10 밑줄 친 부분에 들어갈 말로 가장 적절한 것은?

Time flies when you're having fun. Sometimes, you may enjoy an activity or someone's company so much that you lose track of other important things to do. This, then, can cost you a lifetime of misery. Many things that taste or feel good to us may have a harmful effect on our health, well-being, or progress if we overindulge in them. It is all too easy to be overcome by the glitter and glamour of the moment, and forget our real purpose. _____, is a virtue that is sometimes learned the hard way. It is easy advice to give, of course, to keep track of the important things, aside from all the fun and joy you want in life, but it is harder to execute this advice, especially when you are still young and feel as if you can conquer the world! However, practice makes one perfect; so keep on trying.

① Loyalty   ② Wisdom
③ Simplicity   ④ Moderation

11 밑줄 친 부분에 들어갈 말로 가장 적절한 것은?

There are plenty of times in life when you face hardship: when things don't go the way you want them to, when you encounter disagreements, or when life is just difficult and you're experiencing setbacks at every turn. It always happens, because this is your life and tough times often accompany life lessons. The harder the lesson, the more difficult it may be to get through it. Even if you feel like your world is falling apart, don't give up! Look at the situation as something that you have to rise above and resolve to come out of it on a positive note. I've always heard (and often found it to be true) that if a bad situation doesn't kill you, it will make you stronger. You gain a sense of strength in your soul by _____.

① challenging yourself
② embracing adversity
③ seeking independence
④ promoting cooperation

12 밑줄 친 부분에 들어갈 말로 가장 적절한 것은?

Watching sad or traumatic movies can sometimes be just what the doctor ordered. A new study reveals that watching distressing movies may _____. Researchers at Oxford University say that movies that get your emotions going can increase the amount of endorphins released by the brain. These are our body's natural painkillers — chemicals that make us feel better after physical or psychological pain. Dr Robin Dunbar, a co-author of the study, explained that: "Maybe the emotional distress you get from tragedy triggers the endorphin system." He added: "The same areas in the brain that deal with physical pain also handle psychological pain."

① help us get used to pain
② boost our tolerance to pain
③ aggravate our mental and physical health
④ help us become more outgoing and confident

13 다음 빈칸에 들어갈 말로 가장 적절한 것을 고르시오.

> Anyone who has ever achieved any degree of success knows that _____. Success is borne on the shoulders of commitment, discipline, and persistence. Yet our popular culture conveys a very different message to children: success doesn't have to be difficult or time consuming. Popular culture is full of stories about overnight successes, pills to lose weight fast, and "breakthrough" products to look ten years younger. Children see young actors such as Hilary Duff and Haley Joel Osment and musical geniuses like the violinist Sarah Chang, but they don't see the many years of determination, practice, and sacrifice that got them to the top of their professions. Children don't realize that overnight successes are usually ten years in the making.

① one person can make a big difference
② nothing in life worth having comes easily
③ people have to accept their children as they are
④ there's always another way to get something done

14 밑줄 친 부분에 들어갈 말로 가장 적절한 것을 고르시오.

When two people are working together to raise children, there is almost always some natural disagreement. Children are the first to figure this out. They are like lawyers combing through a contract looking for a loophole or seeking out the slightest weakness in the prosecution's case. Once they find it, they leap on the opportunity. Remember, all children, but especially toddlers and preschoolers, are looking for opportunities to do more of what they like and less of what they dislike. They also have very little control over their world. They are told where to go, when to wake up, what to wear, and what to eat. If they can use their language or their behavior to create more control and make life more enjoyable for themselves, why shouldn't they? Well, there are plenty of reasons why they shouldn't. One obvious reason is that young children know what they want, but they don't know what they need. Also, children who can work one parent against the other tend to weaken parental authority. Therefore, you should _____ when managing your child's behavior.

① respect your spouse's own approach
② decide who to stand up for your child
③ get advice from more experienced parents
④ establish a more united and consistent front

15 밑줄 친 부분에 들어갈 말로 가장 적절한 것을 고르시오.

A popular perception of artists and their works in the Western world is that they are visionary, nonconformist, and often anti-establishment. Although this is often true in contemporary Western societies, much art found in other societies (and indeed in our own Western tradition in past centuries) functions to reinforce the existing sociocultural system. For example, art can help instil important cultural values in younger generations, coerce people to behave in socially appropriate ways, and buttress the inequalities of the stratification system in a society. We can say that the arts can _____.

① be damaging to society

② open us to new ideas

③ contribute to the status quo

④ change the human condition

16 밑줄 친 부분에 들어갈 말로 가장 적절한 것을 고르시오.

We have seen both witnesses and lawyers adopt an overly casual demeanor or use slang in an attempt to _____.
Many of the cases we handle are tried in the courts in downtown Los Angeles where a substantial number of jurors in any particular trial are African American. We have seen wealthy, well-educated and conservative white lawyers try to appeal to black jurors with the use of ghetto slang or repeated mentions of Martin Luther King or other African-American notables. On one occasion, a lawyer even told a jury during jury selection that Spike Lee was his favorite movie director. This was truly a misguided effort: Such obvious mimicking sounded condescending and manipulative and communicated that the lawyer had little respect for the jurors' intelligence.

① identify with the jury
② obfuscate their activities
③ improve educational standard
④ retain their unique and separate identity

17 밑줄 친 부분에 들어갈 말로 가장 적절한 것을 고르시오.

Research from psychologists at the University of Georgia and University of Kansas suggests that a slim body might get you places in the big city, but it's a lot less useful in a small town. Victoria Plaut, PhD, and colleagues polled 550 women on whether their _____ corresponded with their reported well-being and social connectedness. It did for women in urban settings, but not for those in rural ones, according to the research, which was published in Personal Relationships. The researchers suggest this might be because urban areas offer much more social choice in terms of who one spends time with, while rural areas with lower populations offer fewer social choices. "When you have more choices in friends," Plaut explains, "you need a quick sorting mechanism like appearance. But when you have fewer friends, your friends tend to be the people you are already connected to. And so quality time matters."

① personality type
② social ability
③ academic qualifications
④ physical attractiveness

18 밑줄 친 부분에 들어갈 말로 가장 적절한 것은?

A dramatic example of _____ was provided by anthropologist Clyde Kluckhohn, who spent much of his career in the American Southwest studying the Navajo culture. Kluckhohn tells of a non-Navajo woman he knew in Arizona who took a somewhat perverse pleasure in causing a cultural response to food. At luncheon parties she often served sandwiches filled with a light meat that resembled tuna or chicken but had a distinctive taste. Only after everyone had finished lunch would the hostess inform her guests that what they had just eaten was neither tuna salad nor chicken salad but rather rattlesnake salad. Invariably, someone would vomit upon learning what he or she had eaten. Here, then, is an excellent example of how the biological process of digestion was influenced by a cultural idea. That is, the culturally based idea that rattlesnake meat should not be eaten triggered a violent reversal of the normal digestive process.

① how food has brought different cultures together

② how culture can influence our biological processes

③ what can be done to avoid communication breakdown

④ what is meant by cross-cultural variations in nonverbal communications

19 다음 글의 빈칸에 들어갈 말로 가장 적절한 것은?

A legendary basketball coach, John Wooden, who led UCLA to ten NCAA championships in twelve years, knew that work done in haste would be wasted. Every young man in his team had been a star in high school. Each one felt himself capable of making any play necessary to win. "It was just not in their genes to think of slowing down; they all wanted to go faster and faster, which was why the job of slowing them down was such a priority for me. I devoted more teaching to this one point than to any other," said Wooden. He applied this principle to life outside the basketball court, adding that "Impatience will sabotage a talented group of individuals in any workplace." In a world of instant messaging and a rush-hour traffic jam, we get so caught up in getting things done that we can forget how we are doing them or the people we might be hurting in our _____.

① pursuit of speed
② devotion to quality
③ hunger for education
④ obsession with wealth

20 밑줄 친 부분에 들어갈 말로 가장 적절한 것은?

Think of your mind as an army. Armies must adapt to the complexity and chaos of modern war by becoming more fluid and maneuverable. The ultimate extension of this evolution is guerrilla warfare, which exploits chaos by making disorder and unpredictability a strategy. The guerrilla army never stops to defend a particular place or town; it wins by always moving, staying one step ahead. By following no set pattern, it gives the enemy no target. The guerrilla army never repeats the same tactic. It responds to the situation, the moment, the terrain where it happens to find itself. There is no front, no concrete line of communication or supply, no slow-moving wagon. The guerrilla army is pure mobility. That is the model for your new way of thinking. Do not let your mind _____. Attack problems from new angles, adapting to the landscape and to what you're given. By staying in constant motion you show your enemies no target to aim at. You exploit the chaos of the world instead of succumbing to it.

① dominate your actions
② settle into static positions
③ jump to a hurried conclusion
④ keep you from fighting with your enemy

21 밑줄 친 부분에 들어갈 말로 가장 적절한 것은?

The arrival of talking pictures in 1927 had a greater impact on the recording industry than just introducing new technology. It also changed the market structure of the industry. The movies produced popular music, which recording companies wanted to sell. The rights to the music now in demand by the public belonged to the movie companies, which soon recognized a good market opportunity, and instead of partnering with the record producers, they took them over. Warner Brothers purchased a recording studio in 1930, _____ the process. It now owned the music performed in its films, and it produced the recordings the film-going public grew to love. In turn, it promoted its music on its radio stations, just in case somebody had not already heard it in the movie theater. Warner Brothers grew from a nearly bankrupt $10 million company in 1927 to a $230 million corporate behemoth three short years later.

① localizing

② aggravating

③ decelerating

④ consolidating

22 밑줄 친 부분에 가장 적절한 것은?

In any event, _____ does seem fairly common among novelists pursuing vocations. Woolf says that "the novelist's task lays ... a load upon every nerve, muscle, and fibre." Tolstoy says, "One ought only to write when one leaves a piece of one's flesh in the ink-pot each time one dips one's pen." Dostoevsky, who found writing "real hard labor," became physically ill when he wrote. Dickens took "extraordinary night walks — as much as twenty-five miles at a steady four miles an hour — which could serve either to summon up fictional fantasies or put them to rest." O. Henry "had to be watched and guarded and made to write.... It was an agony for him to write at all." Yet a few novelists — Ernest Hemingway, Kurt Vonnegut and Lawrence Durrell, for example — find writing pleasurable.

① planning
② suffering
③ resistance
④ conformity

23 밑줄 친 부분에 가장 적절한 것은?

In a study students heard a story that named sixty concrete objects. Those students who were tested immediately after exposure recalled 53 percent of the objects on this initial test but only 39 percent a week later. On the other hand, a group of students who learned the same material but were not tested at all until a week later recalled 28 percent. Thus, taking a single test boosted performance by 11 percentage points after a week. But what effect would three immediate tests have relative to one? Another group of students were tested three times after initial exposure and a week later they were able to recall 53 percent of the objects — the same as on the initial test for the group receiving one test. In effect, the group that received three tests _____ compared to the one-test group, and the one-test group remembered more than those who had received no test immediately following exposure.

① was not motivated by their failure

② had been immunized against forgetting

③ had been ignored because they were mistaken

④ was unable to recall fewer of the objects learned before

24 밑줄 친 부분에 들어갈 말로 가장 적절한 것을 고르시오.

When primitive man noticed the relatively few natural coincidences in his environment, he slowly developed the raw data he observed. Out of the data science evolved. For example, when he noticed that the changes in the level of the sea had something to do with the moon, he kept monitoring and eventually found that the moon exerts a kind of force on the sea. The natural world, however, does not offer immediate evidence for many such coincidences on its surface (no calendars, maps, or even names). But in recent years we have began to live in the complicated world full of names and dates and addresses and organizations to note. The abundance of data appears to have triggered many people's inborn tendency to _____. Unconsciously, they are led to assume connections and forces where there are none, where there is only coincidence.

① connect names with identity

② acquire more knowledge using data

③ note coincidence and unusual events

④ remember things they are familiar with

25 밑줄 친 부분에 가장 적절한 것은?

Artifacts are the objects we use to adorn our territory. We display things on our desks and in our offices and homes, not just for their function but also because we find them pleasing in some way. Other people observe these artifacts to make interpretations about us. We use artifacts to achieve certain effects including signaling _____. The chairs and couch in your living room may approximate a circle that invites people to sit down and talk. Classroom seating may be arranged in theater style, which discourages conversation. A manager's office with a chair facing the manager across the desk encourages formal conversation and signals status. It says, "Let's talk business — I'm the boss and you're the employee." A manager's office with a chair placed at the side of her desk encourages more informal conversation. It says, "Don't be nervous — let's just chat."

① what kinds of hobbies we engage in

② what we are aspiring to become in life

③ what we expect to happen in the space

④ what cultural background we come from

26 밑줄 친 부분에 들어갈 말로 가장 적절한 것은?

For those who love their pets, cruelty to animals is incomprehensible. Recent research has found that animal abuse is closely linked to other forms of abuse. Thus senseless animal abuse can serve as a warning, indicating the need for therapy. James Hutton, a British social worker, examined families that had been reported for cruelty to animals to determine if they were known to other social agencies for problems like child or wife abuse. He found that most of the families that had been investigated for cruelty to animals were also known for other serious psychiatric and social problems. Thus if agencies were to share files, animal abuse could be a good early warning for _____.

① continued animal abuse
② unfair treatment in childhood
③ abusive behavior toward people
④ a timid and indecisive personality

27 밑줄 친 부분에 들어갈 말로 가장 적절한 것을 고르시오.

It is hard to know what the first social psychology experiment was, but it is generally accepted that Indiana University professor Norman Triplett conducted one of the first social psychology experiments in 1897. While examining the cycling records for the 1897 season, he noticed that bicycle riders who competed against others performed better than those who competed against the clock. Triplett proposed that when you compete with someone it releases a competitive instinct, which increases your "nervous energy" and thereby enhances your individual performance. Triplett tested his hypothesis by building a "competition machine." He had 40 children wind up a reel, alternating between working alone and working parallel to each other. The results showed that winding time was faster when children worked side by side than when they worked alone. Thus, _____ enhanced performance on this simple task.

① the high expectation of some reward
② the mere presence of another person
③ the overall improved sense of teamwork
④ the enthusiastic cheering of the audience

28 밑줄 친 부분에 가장 적절한 것은?

Current leadership training, almost anywhere you look for it, uses the word vision freely, but most often its basis is _____. Potential leaders are taught to use their minds to analyze various hypothetical scenarios. By leaving out feeling, intuition, insight, and the profound wisdom of the soul, this training falls short of its potential. No one can deny the simple truth that the greatest leaders are also great souls. Faced with apartheid in South Africa, slavery before the Civil War, or colonial domination in India, their eyes saw the same thing that everyone else saw. Their minds had the same thoughts as countless others around them. In their hearts they felt the same injustice. But Nelson Mandela, Abraham Lincoln, and Mahatma Gandhi each went deeper and asked, from the core of his being, how to elicit a new response, how to turn a new vision into reality.

① cultural
② literal
③ intellectual
④ psychological

29 밑줄 친 부분에 가장 적절한 것은?

A new study shows that men are better than women at making up after a fight. The research was conducted by a team from Harvard University in the USA. It looked at the differences between how men and women made up with each other after same-sex sporting events. Lead author of the research, professor Joyce Benenson, concluded that men spend a longer time and put more effort into making up with their male sporting foes than women did with their female opponents. The researchers analyzed recordings of tennis, table tennis, badminton and boxing involving men and women from 44 countries. They found that men spent considerably more time than women _____. Professor Benenson said she was surprised by her findings, especially at how women spent so little time making up with their rivals.

① supporting their team members

② analyzing and evaluating what they did

③ shaking hands and physically embracing their opponents

④ comparing and competing with their foes

연습 문항 **해설** |||||||||||||||||||||||||||||||||||||||||||||||||||||||||||||||||||||||||||

01 밑줄 친 부분에 들어갈 말로 가장 적절한 것을 고르시오. 2017. 지방직 9급

> For many big names in consumer product brands, exporting and producing overseas with local labor and for local tastes have been the right thing to do. In doing so, the companies found a way to improve their cost structure, to grow in the rapidly expanding consumer markets in emerging countries. But, Sweets Co. remains stuck in the domestic market. Even though its products are loaded with preservatives, which means they can endure long travel to distant markets, Sweets Co. _____, let alone produce overseas. The unwillingness or inability to update its business strategy and products for a changing world is clearly damaging to the company.

정답의 단서

많은 대기업은 수출을 하거나 현지 생산을 함 → Sweets Co.는 국내 시장에 안주함 (remains stuck in the domestic market) → 다른 기업은 다 하고 있는 해외 생산 은커녕 **수출도 하지 않고 있음 (does very little exporting ②)** → 이러한 안일함은 Sweets Co.에 큰 타격

정답 및 지문 해석 정답 ②

소비재 브랜드 중 많은 대기업에게 있어 수출을 하고 현지 노동력으로 현지 기호에 맞추어 현지에서 물건을 생산하는 것은 정석으로 여겨졌다. 그러한 과정에서 기업들은 비용 구조를 개선할 수 있는 방안과 신흥 국가에서 빠르게 확장하고 있는 소비 시장에서 성장할 수 있는 방안을 모색했다. 그러나 Sweets Co.는 국내 시장을 벗어나지 못하고 있다. Sweets Co.의 상품에는 방부제가 들어 있음에도 불구하고-이것은 상품이 멀리 떨어진 시장까지 오랜 이동 시간을 견딜 수 있다는 것을 의미한다-Sweets Co.는 해외 생산은 고사하고 **수출도 거의 하지 않는다**. 변화하는 세계에 맞춰 사업 전략과 상품을 새롭게 바꾸지 않는 안일함과 무능력은 그 회사에 분명히 타격을 주고 있다.

① 수입에 여념이 없다
③ 운영을 현대화하기로 결정했다
④ 신흥 시장으로 확장하고 있다

어휘

taste 기호 in doing so 그렇게 함으로써 be loaded with something ~이 실려 있다, ~이 들어 있다 preservative 보존제, 방부제 let alone something ~은 고사하고, ~은 말할 것도 없고 unwillingness 꺼림, 내키지 않음 be intent on (doing) something ~에 여념이 없다, ~에 열중하다 streamline (사업을 개선하기 위해) 현대화하다, 간소화하다

02 밑줄 친 부분에 들어갈 말로 가장 적절한 것은?

If you are an observant person, you may have encountered situations like these before: in some relationships, whether personal or work-oriented, there are people who do the work, and people who benefit from it. And unfortunately, these two groups are not always the same. In organizations, you may see that there are leaders who leave all the task executions up to workers and yet earn the bulk of profits from the venture. Moreover, these leaders also take all the credit for the actions undertaken by their employees without sharing any of the honors. In personal relationships, you may see this phenomenon as well: You can see one partner working hard to build up an estate, while there is another who reaps the benefits, yet does not pull his or her share. Unfairness is still rampant everywhere around us, and the old saying, '_____,' reminds us of this phenomenon. It is an interesting way of commenting about it, and maintaining an awareness of its existence.

정답의 단서

일하는 사람과 일에서 득을 보는 사람이 따로 있음 (**unfortunately, these two groups are not always the same.**) → 대인 관계도 마찬가지 → 그걸 여실히 보여주는 속담

정답 및 지문 해석 정답 ①

당신이 관찰력 있는 사람이라면, 당신은 예전에 이러한 상황들과 마주쳤을지도 모른다. 어떤 관계에서는－그 관계가 사적이든 공적이든－일하는 사람과 일에서 득을 보는 사람들이 있다. 그리고 불행히도, 이 두 그룹은 항상 똑같진 않다. 아마도 당신은 조직에서 모든 업무 수행을 직원들에게 맡기되 그러한 모험으로 이익의 대부분을 얻는 리더들이 있다는 것을 알게 될 것이다. 더욱이 이런 리더들은 직원들이 한 일에 대한 모든 공을 다 차지하고 어떠한 영광도 나누지 않는다. 대인 관계에서도 이런 현상을 볼 수 있다. 돈을 모으려고 열심히 일하는 사람이 있는 반면, 그 누군가는 그 이득을 거두어 가면서 자기 몫(역할)을 다하지 않는다. 불공평은 우리 주변의 모든 곳에 여전히 만연해 있으며, 옛말 중에 '**어지르는 사람 따로 있고 치우는 사람 따로 있다.**'는 말은 우리가 이 현상을 돌이켜 생각해 보게 한다. 이 말은 이런 현상의 존재를 표현하고 또 그런 현상이 존재하고 있음을 늘 잊지 않게 해 주는 데 있어 무척 재치 있는 방법이다.

② 자신이 쓸 땔감은 직접 패라. 두 배 더 따뜻할 것이다.
③ 근면은 행운의 어머니이다.
④ 부자는 내년을 생각하고 가난한 자는 현재를 생각한다.

어휘

observant 관찰력 있는, (법률이나 관습을) 준수하는   execution 실행, 수행   the bulk of something ~의 대부분   undertake 착수하다   reap 이익을 얻다   pull one's share 자기 몫(역할)을 다하다   rampant 만연한   maintain an awareness of something ~을 계속해서 인지하고 있다

03 밑줄 친 부분에 가장 적절한 것은?

Rigorous differentiation delivers real stars — and stars build great businesses. Some contend that differentiation is bad for morale. They say that _____. Not in my world. You build strong teams by treating individuals differently. Just look at the way baseball teams pay 20-game winning pitchers and 40-plus home run hitters. The relative contributions of those players are easy to measure — their stats jump out at you — yet they are still part of a team. Everybody's got to feel they have a stake in the game. But that doesn't mean everyone on the team has to be treated the same way. I learned that the game is all about fielding the best athletes. Whoever fielded the best team won.

정답의 단서

엄격한 차별은 강한 팀을 만든다(주장) → **차별이 사기를 꺾는다고?**(differential treatment erodes the idea of teamwork ③) → **동의할 수 없다**(Not in my world.) → 최고의 선수는 돈을 많이 받음 → 최고의 선수로 구성된 팀은 항상 승리함

MEMO

정답 및 지문 해석 정답 ③

엄격한 형태의 차별은 진정한 스타를 낳고 스타는 사업을 크게 성공시킨다. 누군가는 **차별이 사기를 꺾는다**고 주장한다. 그들은 차별 대우가 팀워크 정신을 약화시킨다고 말한다. 내게는 가당치도 않은 얘기다. 팀원을 다르게 대우해야만 강한 팀을 만든다. 야구 팀이 20승 투수와 홈런을 40개 이상 날린 타자에게 지불하는 액수만 봐도 알 수 있다. 그 선수들의 상대적 기여도는 수치만 봐도 알 수 있을 정도이지만, 그들은 여전히 팀의 일부이다. 모든 선수가 그 게임에 지분이 있다고 느껴야 한다. 그렇다고 해서 그 팀의 모든 선수가 똑같은 대접을 받아야 한다는 뜻은 아니다. 나는 최고의 선수를 출전시키는 것이 경기에서 가장 중요하다는 것을 배웠다. 어떤 팀이든 최고의 선수로 구성된 팀이 이겼으니 말이다.

① 팀 구성은 능력을 근간으로 해야 한다.
② 관리자는 각 개인의 개별적인 노력을 인지해야만 한다.
④ 책임은 공정한 업무 평가의 합당한 결과이다.

어휘

rigorous 심한, 엄격한 deliver 낳다 contend 주장하다 morale 사기, 의욕 relative contribution 상대적 기여도 A jump out at B A가 (거슬릴 정도로) B의 눈에 띄다 have a stake in something ~에 지분이 있다, ~에 이해관계가 있다 field ~을 경기에 내보내다, ~을 출전시키다 A is all about B A에 있어 중요한 것은 B이다

04 밑줄 친 부분에 들어갈 말로 가장 적절한 것을 고르시오.

> To become an effective communicator, remember that _____ _____. I grew up on a cotton farm in the south, where we defoliated for boll weevils and other vermin regularly and where we had neighbors who bought bees for their hives and baby chicks for their hatcheries. As a preteen driving across country with my family on vacation, someone pointed out the car window to a "flea market." I glanced at the warehouse-looking structure, expecting to see a breeding lot for fleas: I had never seen a flea market, but had seen a lot of fleas. When I use the phrase "storage facilities" in our business writing workshops for a Houston client, people think about "oil tanks." In Silicon Valley, "storage facilities" conjures up either storage space on their in-house server or websites "in the cloud."

정답의 단서

Remember that.. (명령문으로 주장을 드러냄) → 개인적 **경험이 해석에 미치는** 예시 열거 → 농장에서 자란 글쓴이는 벼룩시장이 벼룩 번식지라고 생각함 → 휴스턴 사람들에게 "저장 시설"은 "오일 탱크" → 실리콘 밸리에서는 서버의 저장 창고나 클라우드

02

정답 및 지문 해석 정답 ④

능숙한 커뮤니케이터가 되기 위해서는 **개인적인 경험이 해석에 영향을 미친다**는 점을 기억하자. 나는 남부의 목화 농장에서 자랐는데, 거기에서 우리는 목화바구미와 다른 해충들을 위해 정기적으로 고사(나무의 잎을 모두 따 버리는 것)를 시켰고, 이웃들은 양봉을 얻기 위해 벌을 샀으며, 부화장을 위해 갓난 병아리들을 샀다. 내가 10살쯤 되었을 때 가족과 자동차를 타고 휴가를 가는 길이었는데, 누군가가 창밖을 가리키며 "벼룩시장"이라고 소리쳤다. 나는 벼룩 번식지를 상상하며 창고처럼 보이는 구조물에 눈을 돌렸다. (난 벼룩시장을 본 적은 없지만 벼룩은 숱하게 봐 왔다.) 내가 휴스턴 고객을 위한 비즈니스 글쓰기 워크숍에서 "저장 시설"이라는 표현을 쓸 때, 사람들은 "오일 탱크"를 떠올린다. 실리콘 밸리에서는, "저장 창고"라는 말은 그들의 회사에 있는 서버의 저장 창고 또는 클라우드에 있는 웹사이트를 떠올리게 한다.

① 기후가 범위의 경제를 결정한다
② 지식은 공교육에 의해 한정된다
③ 언어는 사람에 의해 객관적으로 사용된다

어휘

defoliate (고엽제를 써서) 고사시키다, 잎을 모두 따다   preteen 9살에서 12살 사이 point out the car window to something 차창 밖으로 보이는 ~을 손으로 가리키다 a breeding lot for something ~을 키우기 위한 곳[부지]   formal education 공교육 interpretation 해석, 통역

MEMO

05 밑줄 친 부분에 들어갈 말로 가장 적절한 것을 고르시오.

The belief that the arts are intellectually undemanding occupations, suitable for amusement and diversion, is deeply ingrained in the Western psyche. When asked to list the intellectual giants in Western cultural history, most people will list Einstein or Newton before Rembrandt or Picasso. The assumption that the arts are intellectually inferior as modes of knowing and understanding antedates psychology by at least 2,000 years, reaching back to Plato. In favoring the 'ideal forms' as the supreme source of true knowledge, Plato argued for _____. The archetypes that the rational mind can grasp in their cold purity, he presumed to be free of the distortions of the senses and hence superior to the knowledge given in perception. Sensory knowledge based on the actuality of nature was made up of imperfect copies or imitations of these ideals. Furthermore, the objects appearing in works of art were 'imitations of imitations,' hence doubly inferior.

정답의 단서

The assumption that the arts are **intellectually inferior** (세 번째 문장) = the **lesser status** of the arts

정답 및 지문 해석 정답 ①

예술이 지적인 능력을 덜 요구하는 직업으로서 향락이나 기분 전환용 소일거리에나 적합하다는 믿음은 서양인의 심리에 깊이 새겨져 있다. 서구의 문화 역사상 지적 거장을 열거해 보라고 하면 사람들 대부분은 렘브란트나 피카소 이전에 아인슈타인이나 뉴턴을 언급할 것이다. 알고 이해하는 면에 있어서 예술이 지적으로 열등하다는 생각은 적어도 심리학이 태동하기 **2,000**년 전부터 있었으며, 플라톤까지 거슬러 올라간다. 진정한 지식을 얻을 수 있는 궁극의 원천으로서 '이상형'에 애착을 보였던 플라톤은 <u>예술이 낮은 지위에 있다</u>고 주장했다. 플라톤은 이성이 그 차가운 순수함으로 파악할 수 있는 원형은 감각의 왜곡에서 벗어나야 하며, 그럼으로써 (이성은) 감각적 인지를 통해 얻어진 지식보다 우위에 설 수 있다고 생각했다. 자연 현실에 기반한 감각적 지식은 이러한 이상형들의 불완전한 복사와 모방으로 이루어졌다. 더욱이 예술 작품 속의 대상들은 모방된 것을 모방한 것이니 두 배로 열등할 수밖에.

② 예술과 과학 사이의 균형
③ 자연에 대한 지식의 열등
④ 감각적 인지를 위한 예술의 중요성

어휘

undemanding 노력을 덜 요구하는   diversion 소일거리, 기분전환   psyche 심리, 정서   favor ~을 더 좋아하다   argue for something ~을 주장하다   archetype 원형, 전형   be superior to something ~보다 우위에 있다   perception 감각을 통한 인지

06 밑줄 친 부분에 들어갈 말로 가장 적절한 것을 고르시오.

In many respects, one can think of an interview as a purposeful conversation where the actual data collected are in the form of what someone says. It is up to the interviewer to guide or facilitate the conversation. This can be done in two ways. There is a structured approach (as a survey) but more commonly in interviews one follows a semi-structured approach. This is very much a 'looser' and more open technique. The interviewer will have certain topics they will wish to explore, with the emphasis being on allowing the interviewees to express and communicate what they feel or have experienced about what is being researched. So, instead of having a fixed agenda of questions the interviewer will have an outline of areas or issues to be addressed and will raise those areas or issues as and when appropriate during the interview. This can mean _____.

정답의 단서

facilitate the conversation = a semi-structured = looser = more open = instead of having a fixed agenda ↔ rigidly adhering to a preset order

정답 및 지문 해석 정답 ①

여러 면에서, 인터뷰란, 수집되는 실제적인 데이터가 누군가가 내뱉는 말의 형태로 되어 있는, 목적을 지닌 대화라고 볼 수도 있다. 그 대화를 그저 안내하느냐 혹은 더욱 활기차게 조성하느냐는 면접관에게 달려 있다. 이것은 두 가지 방법으로 이루어질 수 있다. 설문 조사와 같은 구조적 접근도 있지만, 면접에서 보통은 좀 더 반(半)구조적 접근을 따른다. 이것은 훨씬 더 느슨하고 더 열린 방식의 기법이다. 면접관은 면접자들이 질문 받는 부분에 대해 경험한 것이나 느꼈던 것에 대해 이야기하고 표현할 수 있게끔 하는 데에 역점을 두면서, 면접관 자신들이 알고 싶어 하는 특정 주제들에 대해서 질문할 것이다. 그래서 정해진 질문지를 갖기보다는, 면접관이 특정 분야나 사안에 관한 큰 틀을 가지고서 면접이 진행되는 동안 적합한 타이밍이라고 생각될 때 그 분야나 사안들을 언급할 것이다. 이것은 **미리 정해진 순서를 반드시 고집하지 않는다**는 것을 의미한다.
② 어떠한 개요 없이 대화하는 것
③ 면접자는 면접관의 질문에 집중한다는 것
④ 정해진 안건에서 벗어날 수 없다는 것

어휘

in many respects 여러 면에서   purposeful 목적의식이 있는   It is up to someone to do A or B A를 하느냐 B를 하느냐 ~에게 달려 있다   facilitate ~을 더욱 수월하게 만들다   rigidly 반드시, 엄격하게   address (어떤 문제를) 다루다, 해결하다   adhere to something ~을 고수하다   preset 이미 맞춰진, 미리 결정된

07 밑줄 친 부분에 들어갈 말로 가장 적절한 것을 고르시오.

Sports normally involve people trying to meet special challenges constructed by the rules. For example, soccer balls must be advanced without use of the hands. In attempting to meet the challenge, athletes can succeed or fail under immense pressure, exhibit remarkable skills, and often demonstrate virtues such as coolness under stress or vices such as selfishness for all to see. It is the attempt to meet specially constricted challenges that explains a great deal of what makes sports so special to spectators and participants alike. Playing a sport or watching others play captures, on a small and specific scale, the human drama of striving to meet challenges and test one's abilities — something that, in all sorts of contexts, we confront every day and that indeed drives human civilization. When we look at it this way, it is no wonder that people around the world who may have almost nothing else in common can _____.

정답의 단서

what makes sports so special to spectators and participants **alike**
→ Playing a sport or watching others play **captures the human drama** of...
→ **share a love** of sports

정답 및 지문 해석 정답 ①

스포츠는 일반적으로 규칙으로 만들어진 특별한 시련을 이겨내려 노력하는 사람들이 한 부분을 차지한다. 예를 들어, 축구공은 반드시 손을 쓰지 않고 몰고 가야 한다. 시련을 이겨내는 과정에서, 선수들은 엄청난 압박 속에서 성공하기도 하고 실패하기도 하며, 놀라운 기술을 보여 주기도 하고, 때로는 압박을 받는 상황 속에서 차분함과 같은 장점을 발휘하거나 누가 봐도 알 수 있을 정도로 이기심 같은 단점을 보여 주기도 한다. 특별히 힘든 도전을 이겨내기 위한 시도는 관중과 선수들 모두에게 스포츠가 왜 특별한지를 잘 설명한다. 스포츠를 하거나 다른 이들이 경기하는 것을 보는 것은, 좁고 구체적인 범위로 보면, 시련을 이겨내려 애쓰기도 하고 어떤 이의 능력을 시험하는 인간 드라마—온갖 상황에서 우리가 매일 직면하고 실제로 인류 문명을 견인하는 것—의 한 장면을 보는 것과 같다. 우리가 스포츠를 이런 방식으로 볼 때, 전 세계 사람들이 거의 공통점이 없어도 **스포츠에 대한 사랑을 공유할 수 있다**는 건 놀라운 일이 아니다.

② 서로의 문화를 이해하다
③ 다른 스포츠 팀과 협력하다
④ 스포츠 규칙을 이해하다

어휘

meet a challenge 시련을 이겨내다, 도전에 대응하다   **for all to see** 누가 봐도 알 수 있게   **constricted** 갑갑한, 좁은, 압박된   **spectator** 관중   **strive** 노력하다, 애쓰다   **confront** 직면하다   **drive** 이끌다

08 밑줄 친 부분에 들어갈 말로 가장 적절한 것은?

Humans have long associated food with community, perhaps because finding and preserving it required cooperation. Hunters of meat must have shared with gatherers of plants. No one knows how prestige may have been allocated to success in such endeavors, but we do know that most humans relied mostly on the berries, seeds, and vegetables provided by plant finders. And this practice of sharing survived the coming of agriculture as evidenced in our word "companion"—the breaking of bread together. Even in modern America, foodways are passed from generation to generation, often surviving the loss of an ancestral language (A love of pasta continued in second generation immigrants from Sicily even when knowledge of the Italian language did not.). For thousands of years, humans have communed with the dead (or gods) by eating and drinking with them. The pleasures of eating are deeply _____.

정답의 단서

long associated food with **community** → have **shared** with → this practice of **sharing** survived → humans have communed with the dead by eating → **social** (지속적으로 구성원들 간의 공유와 나눔을 이야기하고 있으며 결국 social로 이어짐)

정답 및 지문 해석 정답 ①

식량을 찾고 보존하는 것이 협동을 필요로 했기 때문인지 인간은 오랫동안 식량을 공동체와 연결지었다. 고기를 사냥하는 이는 식물류를 채집하던 이와 틀림없이 몫을 나누었을 것이다. (식물을 채집할 때 들인) 그 많은 노력이 성공을 거뒀을 때 (그 노력에) 과연 얼마나 많은 영예가 주어졌는지 알 길은 없지만, 사람들 대부분이 식물을 채집하는 이가 제공했던 열매, 씨앗, 채소에 주로 의존했다는 것은 알고 있다. 그리고 이러한 나눔의 관습은 빵을 함께 쪼갠다는 의미인 "companion"이라는 단어에 증거로 남아 있는 것처럼 농경사회가 도래한 후에도 살아남았다. 현대 미국에서조차 그 음식에 해당하는 옛말이 사라지는 한이 있더라도—이탈리아어의 대가 끊길 때조차도 파스타에 대한 애정만큼은 시칠리아 이민 2세대까지 이어진 것처럼—식습관은 대대로 전해졌다. 몇 천 년 간 인간은 죽은 자, 혹은 신과 먹고 마시며 그들과 교감했다. 먹는 것의 즐거움은 지극히 **사회적**인 것이다.

어휘

associate 관련시키다   prestige 위신, 명망, 체통, 영예   be allocated to something
~에 할당되다   evidence ~의 증거가 되다, ~을 입증하다   foodways 식습관
from generation to generation 대대로   survive (고난, 역경 등을) 견디다, 극복하다
commune 교감하다   spiritual 영적인, 정신적인, 종교적인   short-lived 일시적인,
단기의   intermittent 간헐적인

MEMO

09 다음 글의 빈칸에 공통으로 들어갈 가장 적절한 것은?

Social influences have long been the subject of research to explain the plight of individuals who are unable to cope with their given environment. Most notable is the issue of overcrowding and urban sprawl. Classic studies conducted on several species have shown that when their numbers exceed the territorial boundary of each animal, despite an abundance of food and water, several seemingly healthy animals die off. This need for _____ appears to be universal in the animal kingdom. This includes humans, who likewise begin to show signs of frustration in crowded urban areas, traffic jams, long lines at checkout stands, or whenever their _____ is "invaded." The origin of this particular social influence may be instinctual in nature.

정답의 단서

사회적 영향의 중요성 → 건강한 동물도 **개별 공간**(③ personal space)이 협소하면 죽음 → 개별 공간의 필요성 → 인간도 마찬가지

정답 및 지문 해석 정답 ③

오랜 시간 동안 사회적 영향은 주어진 환경을 극복할 수 없는 개인의 고난을 설명하려는 연구의 주제였다. 가장 주목할 만한 점은 인구 과밀과 도시 확산 현상에 대한 문제이다. 몇몇 종을 대상으로 진행된 고전적 연구들은 어떤 동물의 개체 수가 공간적 수용 한계를 초과하면 먹이나 물이 풍부하더라도 건강해 보였던 동물들이 죽는다는 것을 보여 주었다. 이처럼 **개별 공간**의 필요성은 동물의 왕국에서 보편적인 것으로 나타난다. 이것은 인간에게도 해당되는데, 복잡한 도시에 살거나, 교통 체증에 갇히거나, 계산대의 긴 줄에서 기다리거나, 혹은 **자신만의 영역**을 침범당할 때마다 동물과 마찬가지로 불만의 신호를 보내기 시작한다. 이 특이한 사회적 영향은 본능에 잠재되어 있는 것일 수도 있다.

① 공공의 안전
② 사회적 정의
④ 적절한 영양

어휘

plight 곤경, 고난 cope with something ~에 대처하다 urban sprawl 도시 확산 현상 abundance 풍부함 die off (무리가) 하나씩 모두 죽어버리다 instinctual 본능적인, 무의식적인

10 밑줄 친 부분에 들어갈 말로 가장 적절한 것은?

Time flies when you're having fun. Sometimes, you may enjoy an activity or someone's company so much that you lose track of other important things to do. This, then, can cost you a lifetime of misery. Many things that taste or feel good to us may have a harmful effect on our health, well-being, or progress if we overindulge in them. It is all too easy to be overcome by the glitter and glamour of the moment, and forget our real purpose. _____, is a virtue that is sometimes learned the hard way. It is easy advice to give, of course, to keep track of the important things, aside from all the fun and joy you want in life, but it is harder to execute this advice, especially when you are still young and feel as if you can conquer the world! However, practice makes one perfect; so keep on trying.

정답의 단서

즐거움에 빠지면 중요한 것도 잊음 → 지나치게 향락이나 쾌락에 빠지면 목표를 잊기 쉬움 → 그래서 **중용**(④ Moderation)이 중요함 → 중용을 지키기란 쉽지 않지만 계속 시도하고 노력하면 됨

정답 및 지문 해석 정답 ④

즐거운 시간을 보내면 시간은 쏜살같이 간다. 때때로 어떤 활동을 즐기느라, 혹은 누군가와 너무 즐겁게 시간을 보내는 통에 해야 할 다른 중요한 일을 잊는 경우도 있을 것이다. 그때 이것은 당신을 평생 비참하게 할 수 있다. 맛이 좋거나 우리를 기분 좋게 하는 것들은 지나치게 탐닉하면 우리의 건강과 안녕, 또는 발전에 좋지 않은 영향을 줄 수도 있다. 순간의 화려한 유혹에 빠지기란 너무도 쉬워서 우리의 진짜 목표를 잊기 쉽다. **중용**은 때때로 경험을 통해 배우는 미덕이다. 물론 살면서 누리고 싶은 모든 즐거움과 기쁨은 배제한 채 중요한 일을 놓치지 말라고 충고하는 것은 쉽지만, 특히 아직 어리고 마치 세상을 정복할 수 있을 것만 같이 느껴질 땐 이 조언을 실행하는 것은 더 어렵다. 하지만 연습이 완벽을 만든다. 그러니 계속 시도해라.

어휘

company (다른 사람과) 함께 있음   lose track of something ~을 잊다
overindulge 지나치게 탐닉하다   it is all too easy (for someone) to do something
(실수하거나 문제가 될 만한 일을 하는 것)은 매우 쉽다   learn (something) the hard
way 실수나 안 좋은 경험을 통해 배우거나 깨닫다   execute 실행하다   simplicity
단순, 간단

11 밑줄 친 부분에 들어갈 말로 가장 적절한 것은?

There are plenty of times in life when you face hardship: when things don't go the way you want them to, when you encounter disagreements, or when life is just difficult and you're experiencing setbacks at every turn. It always happens, because this is your life and tough times often accompany life lessons. The harder the lesson, the more difficult it may be to get through it. Even if you feel like your world is falling apart, don't give up! Look at the situation as something that you have to rise above and resolve to come out of it on a positive note. I've always heard (and often found it to be true) that if a bad situation doesn't kill you, it will make you stronger. You gain a sense of strength in your soul by _____.

정답의 단서

It (hardship) always happens → tough times often accompany life lessons → don't give up! → it will make you stronger → **역경을 받아들여라**(② embracing adversity)

정답 및 지문 해석 정답 ②

살다 보면 고난에 직면할 때가 많습니다. 원하는 대로 일이 풀리지 않거나 반대에 부딪칠 때도 있고, 삶이란 게 어려운 것이다 보니 하는 일마다 좌절을 겪을 때도 있습니다. 그게 바로 인생이기 때문에 그런 일은 항상 생기지만 힘든 순간은 종종 삶의 교훈을 동반합니다. 교훈이 어려울수록 헤쳐 나가는 게 더 어려워질 겁니다. 당신의 세상이 무너지는 것처럼 느껴지더라도 포기하지 마세요! 힘든 상황은 의연하게 대처해야 하는 것으로 여기고, 긍정적인 마음으로 그것을 극복하기 위해 굳게 마음먹으세요. 힘든 상황이 목숨만 해치지 않는다면 사람을 더 강하게 한다는 말을 항상 들었고 종종 사실로 증명되기도 했습니다. **역경을 받아들임으로써** 당신의 영혼은 강인해지는 겁니다.

① 스스로에게 도전함
③ 독립을 추구함
④ 협력을 촉진함

어휘

face 직면하다   setback 좌절   at every turn 매 순간   get through something ~을 통과하다   fall apart 무너지다   rise above something (어려운 일 등)에 굴하지 않다   come out of something (주로 힘든 상황 등)에서 벗어나다   embrace 끌어안다   adversity 역경

MEMO

12 밑줄 친 부분에 들어갈 말로 가장 적절한 것은?

Watching sad or traumatic movies can sometimes be just what the doctor ordered. A new study reveals that watching distressing movies may _____. Researchers at Oxford University say that movies that get your emotions going can increase the amount of endorphins released by the brain. These are our body's natural painkillers — chemicals that make us feel better after physical or psychological pain. Dr Robin Dunbar, a co-author of the study, explained that: "Maybe the emotional distress you get from tragedy triggers the endorphin system." He added: "The same areas in the brain that deal with physical pain also handle psychological pain."

정답의 단서

distressing movies can increase **endorphins**
→ **endorphins** make us feel better
→ the emotional distress triggers the **endorphin** system
→ also handle psychological pain

정답 및 지문 해석 정답 ②

슬프거나 충격적인 영화를 보는 것은 때때로 의사가 주문한 것일 수도 있다. 새로운 연구는 정신적 피로도가 높은 영화가 **고통을 참고 견디는 능력을 끌어올려 줄** 수도 있다는 것을 밝혀냈다. 옥스퍼드 대학교 연구자들은 감정을 일으키는 영화는 뇌에서 분비되는 엔도르핀 수치를 증가시킨다고 말한다. 엔도르핀은 우리 몸에서 나오는 천연 진통제인데, 육체적이나 정신적 고통을 겪고 나서 기분을 좋아지게 해 주는 화학 물질이다. 그 연구의 공동 저자인 Robin Dunbar 박사는 설명했다. 불행한 일에서 오는 감정적인 고통은 엔도르핀 시스템을 촉발합니다." 그는 다음과 같이 덧붙였다. "뇌의 신체적인 고통을 처리하는 영역에서 심리적인 고통도 다루거든요."

① 우리가 고통에 익숙해지도록 돕다
③ 우리의 정신적, 신체적 건강을 악화시키다
④ 우리가 더 사교적이고 자신감을 가지도록 돕다

어휘

traumatic 매우 충격적인 distressing 괴로움을 주는 distress 비참, 비탄, 육체적 고통, 곤궁, 괴롭히다 get your emotions going 여기서 go는 wake up의 의미에 가까움 trigger 유발하다, 촉발하다 deal with something ~을 처리하다, ~을 다루다 tolerance 인내 aggravate 악화시키다

MEMO

13 다음 빈칸에 들어갈 말로 가장 적절한 것을 고르시오.

Anyone who has ever achieved any degree of success knows that _____. Success is borne on the shoulders of commitment, discipline, and persistence. Yet our popular culture conveys a very different message to children: success doesn't have to be difficult or time consuming. Popular culture is full of stories about overnight successes, pills to lose weight fast, and "breakthrough" products to look ten years younger. Children see young actors such as Hilary Duff and Haley Joel Osment and musical geniuses like the violinist Sarah Chang, but they don't see the many years of determination, practice, and sacrifice that got them to the top of their professions. Children don't realize that overnight successes are usually ten years in the making.

정답의 단서

<u>nothing in life worth having comes easily</u> (소유할 가치가 있는 것은 결코 쉽게 오지 않는다)

→ **Yet** (앞문장과 상반되는 현상을 보여줌)

→ **but** (다시 주장 제시) **they don't see...** → **Children don't realize** that...

정답 및 지문 해석 정답 ②

어느 정도 성공을 거둔 적이 있는 사람이라면 누구나 **인생에서 소유 가치가 있는 것은 결코 쉽게 얻을 수** 없다는 것을 안다. 성공은 헌신과 단련, 그리고 끈기의 산물이다. 하지만 우리의 대중문화는 매우 다른 메시지를 아이들에게 전달한다. 성공은 어렵거나 시간이 오래 걸리는 일이 아니라는 것이다. 대중문화는 순식간의 성공(벼락 스타, 일확천금 등)이나 살을 금방 뺄 수 있게 해 주는 알약, 그리고 **10년** 더 젊어 보이게 만들어 주는 '획기적인' 제품들에 관한 이야기로 가득하다. 아이들은 **Hilary Duff**와 **Haley Joel Osment**와 같은 젊은 배우나 바이올리니스트 **Sarah Chang**과 같은 음악 천재는 보지만, 그들을 자기 분야의 정상에 있게 한 오랜 각고의 시간과 실천, 희생은 보지 못한다. 갑작스러운 성공(처럼 보이는 것)을 거두기까지 대개 **10년**이 걸린다는 사실을 아이들은 알지 못한다.

① 한 사람이 큰 차이를 만든다
③ 부모는 자녀를 있는 그대로 받아들여야 한다
④ 어떤 일을 하는 데는 항상 또 다른 방법이 있다

어휘

be borne 태어나다, 생겨나다   commitment 단련, 훈련   discipline 절제, 자제
persistence 끈기   overnight 하루아침에, 별안간   breakthrough 획기적인
determination (굳은) 결심, (마음이 흔들리지 않고 결심한 것을 추진하는) 의지

14 밑줄 친 부분에 들어갈 말로 가장 적절한 것을 고르시오.

When two people are working together to raise children, there is almost always some natural disagreement. Children are the first to figure this out. They are like lawyers combing through a contract looking for a loophole or seeking out the slightest weakness in the prosecution's case. Once they find it, they leap on the opportunity. Remember, all children, but especially toddlers and preschoolers, are looking for opportunities to do more of what they like and less of what they dislike. They also have very little control over their world. They are told where to go, when to wake up, what to wear, and what to eat. If they can use their language or their behavior to create more control and make life more enjoyable for themselves, why shouldn't they? Well, there are plenty of reasons why they shouldn't. One obvious reason is that young children know what they want, but they don't know what they need. Also, children who can work one parent against the other tend to weaken parental authority. Therefore, you should _____ when managing your child's behavior.

정답의 단서

아이는 부모의 의견 충돌을 해결할 인물 → 아이는 자기가 하고 싶은 것만 하려고 호시탐탐 기회를 노림 → 아이는 항상 (부모의) 통제만 받음 → 정작 자신에게 필요한 것은 무엇인지 모름 → 아이는 부모 한 쪽의 편을 들어 부모의 권위를 약화시킴 → 부모는 이를 방지하기 위해 **단합되고 일관된 모습을 보여야 함**(④ establish a more united and consistent front)

정답 및 지문 해석 정답 ④

두 사람(부모)이 아이를 함께 키우다 보면 거의 항상 어느 정도의 의견 충돌은 있게 마련이다. 아이들은 이러한 의견 충돌을 해결할 첫 번째 인물이다. 아이들은 허점이 없는지 계약서를 꼼꼼하게 살펴보거나, 검사의 고소장에서 아주 사소한 약점이라도 찾아내려고 하는 변호사와 같다. 뭐 하나라도 걸리면 그들은 그것을 절호의 기회로 삼는다. 모든 아이, 특히 이제 막 걸음마를 뗀 나이부터 취학 전까지의 아이들은 자신들이 좋아하는 것은 더 많이 하고, 싫어하는 것은 덜 할 수 있는 기회를 노린다는 것을 명심해라. 또 한편, 아이들에게는 자신의 세상을 제 맘대로 할 수 있는 통제 권한이 거의 없다. 어디로 가라, 언제 일어나라, 뭘 입어라, 그리고 뭘 먹으라는 말만 들을 뿐이다. 아이들이 (자신의 삶에) 더 많은 통제권을 발휘하고, 자신들의 삶을 더 즐겁게 하기 위해 그들의 언어 혹은 그들의 행동을 사용할 줄 안다면 왜 그러지 않겠는가? 그러지 못하는 것에 대한 이유는 많다. 한 가지 분명한 이유는 어린 아이들은 자신이 무엇을 원하는지 알지만 무엇이 필요한지는 모른다는 것이다. 또한 부모 중 어느 한 쪽 편을 드는 아이들은 부모의 권위를 약화시키는 경향이 있다. 그러므로 아이의 행동을 관리할 땐 **보다 단합되고 일관된 모습을 인식시켜야** 한다.

① 배우자 나름의 접근법을 존중하다
② 누가 아이의 편을 들 것인지 결정하다
③ 더 경험이 많은 부모에게서 조언을 얻다

어휘

comb through something ~을 철저하게 조사하다   loophole 허점, 빠져나갈 구멍 leap on something ~에 갑자기 꽂히다, ~을 매우 갈망하다   create more control 더 많은 통제 권한을 만들다[갖다], 더 제멋대로 할 수 있다   stand up for someone ~의 편을 들다

15 **밑줄 친 부분에 들어갈 말로 가장 적절한 것을 고르시오.**

A popular perception of artists and their works in the Western world is that they are visionary, nonconformist, and often anti-establishment. Although this is often true in contemporary Western societies, much art found in other societies (and indeed in our own Western tradition in past centuries) functions to reinforce the existing sociocultural system. For example, art can help instil important cultural values in younger generations, coerce people to behave in socially appropriate ways, and buttress the inequalities of the stratification system in a society. We can say that the arts can _____.

정답의 단서

Although this is often true... 다음에 반드시 주장이 드러남.
is often true 또는 **is often believed**는 항상 그와 반대되는 주장을 드러내기 위해 사용됨.
reinforce the existing sociocultural system = contribute to the status quo

정답 및 지문 해석 정답 ③

서구 세계에서 예술가와 예술 작품은 미래 지향적이고 반항적이며 종종 반체제적이라는 것이 대중의 인식이다. 현대 서구 사회에서 이것은 종종 사실이긴 하지만, 다른 사회에서 발견되는 (그리고 실제로 지난 몇 세기에 걸쳐 우리의 서구 전통에서 발견되기도 하는) 예술 작품 대부분은 기존의 사회 경제 체제를 강화하는 기능을 하기도 한다. 예를 들어, 예술로 젊은 세대에게 중요한 문화적 가치관을 주입하거나 젊은 세대가 사회적으로 용인되는 방식으로 행동하도록 강하게 유도할 수 있으며, 계층 구조의 불평등에 힘을 실어 줄 수도 있다. 예술이 현 상황에 기여할 수 있다고 말할 수 있는 것이다.

① 사회에 해를 끼치다
② 우리에게 새로운 생각을 열어 주다
④ 인간의 조건을 바꾸다

어휘

nonconformist (관행 등을) 따르지 않는   anti-establishment 반체제의   function 기능하다, 작용하다   instil 주입하다   coerce someone to do something (힘이나 위협을 가하여) ~가 ~하도록 시키다   buttress 힘을 실어 주다   stratification system 계층 구조   distraction 기분 전환, 주의 환기   status quo 현재 상황

16 밑줄 친 부분에 들어갈 말로 가장 적절한 것을 고르시오.

> We have seen both witnesses and lawyers adopt an overly casual demeanor or use slang in an attempt to _____. Many of the cases we handle are tried in the courts in downtown Los Angeles where a substantial number of jurors in any particular trial are African American. We have seen wealthy, well-educated and conservative white lawyers try to appeal to black jurors with the use of ghetto slang or repeated mentions of Martin Luther King or other African-American notables. On one occasion, a lawyer even told a jury during jury selection that Spike Lee was his favorite movie director. This was truly a misguided effort: Such obvious mimicking sounded condescending and manipulative and communicated that the lawyer had little respect for the jurors' intelligence.

정답의 단서

use slang in **an attempt to identify with the jury** = **try to appeal to black jurors** with the use of ghetto slang (세 번째 줄)

정답 및 지문 해석 정답 ①

우리는 증인과 변호사 모두가 **배심원단과 동질감을 갖기** 위해 지나치게 격식 없는 태도를 취하거나 속어를 사용하는 것을 보아 왔다. 우리가 다루는 많은 사건은 로스앤젤레스 중심가에 있는 법정에서 진행되는데, 그곳에서는 어떤 특정 재판의 배심원 상당수가 아프리카계 미국인이다. 우리는 부유하면서 교양 있고, 보수적인 백인 변호사가 흑인 배심원들에게 흑인 빈민가에서나 사용하는 속어를 쓰거나 마틴 루터 킹 혹은 다른 아프리카계 미국 유명 인사를 반복적으로 언급하면서 호소하려고 하는 것을 보아 왔다. 한 번은 어떤 변호사가 배심원 선정 과정 중에 배심원에게 자신이 가장 좋아하는 영화감독은 **Spike Lee**라고 말하기까지 했다. 이건 정말 그릇된 시도였다. 그런 뻔한 흉내는 오만하고 작위적으로 비춰져서, 그 변호사가 배심원의 지능을 얕본다는 느낌이 전해졌기 때문이다.

② 자신들의 활동을 못 알아듣게 하다

③ 교육 기준을 높이다

④ 자신들의 독특하고 분리된 정체성을 유지하다

어휘

demeanor 태도, 행실   ghetto 빈민가   notable 유명 인사   on one occasion 한번은   misguided 잘못된, 그릇된   condescending 잘난 체하는   manipulative 조작의, 조종하는   identify with someone ~와 동질감을 갖다   obfuscate (일부러) 혼란스럽게 하다, 이해하기 어렵게 하다

17 **밑줄 친 부분에 들어갈 말로 가장 적절한 것을 고르시오.**

Research from psychologists at the University of Georgia and University of Kansas suggests that a slim body might get you places in the big city, but it's a lot less useful in a small town. Victoria Plaut, PhD, and colleagues polled 550 women on whether their _____ corresponded with their reported well-being and social connectedness. It did for women in urban settings, but not for those in rural ones, according to the research, which was published in Personal Relationships. The researchers suggest this might be because urban areas offer much more social choice in terms of who one spends time with, while rural areas with lower populations offer fewer social choices. "When you have more choices in friends," Plaut explains, "you need a quick sorting mechanism like appearance. But when you have fewer friends, your friends tend to be the people you are already connected to. And so quality time matters."

정답의 단서

체형(a slim body = physical attractiveness = appearance)를 중심으로 이야기 전개
a slim body is a lot less useful in a small town
→ physical attractiveness didn't correspond with for those in rural ones.
→ need a quick sorting mechanism like appearance, but quality time matters.

02

정답 및 지문 해석 정답 ④

조지아대학교와 캔자스대학교 심리학자들이 진행한 연구는 날씬한 몸매가 대도시에서 는 잘 먹힐지 몰라도 작은 마을에서는 그다지 쓸모 있지 않다고 주장한다. Victoria Plaut 박사와 동료들은 550명의 여성을 대상으로 **신체적 매력**이 소위 행복이라고 하는 것, 그리고 사회적 유대감과 부합하는지 조사를 실시했다. Personal Relationships에 게재된 연구에 따르면 도시 지역에 사는 여성들에게서는 긍정적인 결과가 나왔지만 시 골 지역에 있는 여성들에게는 그렇지 않았다. 연구자들은 그 이유가 도시 지역은 함께 어울리게 될 사람에 관해서는 훨씬 더 많은 사회적 선택권이 주어지는 반면에, 인구가 적은 시골 지역은 사회적 선택권이 거의 없기 때문일 수도 있다고 주장한다. "친구를 사귈 때 선택지가 많으면 외모와 같은 빠른 분류 체제가 필요합니다. 하지만 (시골처럼) 친구가 많지 않다면 당신의 친구가 될 사람은 당신과 예전부터 아는 사이였을 가능성이 있습니다. 그래서 양질의 시간이 중요한 거죠."라고 Plaut는 설명한다.

① 성격 유형
② 사회적 능력
③ 학위

어휘

get someone places ~에게 좋은 기회 또는 좋은 자리[직위]를 만들어 주다 correspond with something ~와 부합하다, ~와 일치하다 reported 언급되는, 소 위 ~라고 하는 connectedness 유대감 mechanism 체제, 메커니즘 qualification 자격, 자질

18 밑줄 친 부분에 들어갈 말로 가장 적절한 것은?

A dramatic example of _____ was provided by anthropologist Clyde Kluckhohn, who spent much of his career in the American Southwest studying the Navajo culture. Kluckhohn tells of a non-Navajo woman he knew in Arizona who took a somewhat perverse pleasure in causing a cultural response to food. At luncheon parties she often served sandwiches filled with a light meat that resembled tuna or chicken but had a distinctive taste. Only after everyone had finished lunch would the hostess inform her guests that what they had just eaten was neither tuna salad nor chicken salad but rather rattlesnake salad. Invariably, someone would vomit upon learning what he or she had eaten. Here, then, is an excellent example of how the biological process of digestion was influenced by a cultural idea. That is, the culturally based idea that rattlesnake meat should not be eaten triggered a violent reversal of the normal digestive process.

정답의 단서

culture 또는 cultural이 지문 전체에 걸쳐 반복되고 있음 → 주제 암시
studying the Navajo **culture** → a **cultural** response to food
how the biological process of digestion was influenced by a **cultural** idea (주제) → That is, the **culturally** based idea that... (수제 부연)

정답 및 지문 해석 정답 ②

<u>문화가 어떻게 우리의 생물학적인 과정에 영향을 미칠 수 있는지</u>에 대한 단적인 예가 연구 활동의 대부분을 American Southwest에서 Navajo 문화 연구에 쏟은 인류학자 Clyde Kluckhohn에 의해 제시되었다. Kluckhohn은 애리조나에 사는 (Navajo족은 아니지만) 자신이 아는 한 여인—음식에 대한 문화적 반응을 유발하는 데 별난 희열을 느꼈던—에 대한 이야기를 들려준다. 오찬 파티에서 그녀는 참치나 닭고기와 비슷하게 생겼지만 독특한 맛이 나는 흰 살 고기로 채워진 샌드위치를 자주 대접했다. 모든 이가 식사를 마친 후에야 그 여주인은 비로소 손님들에게 그들이 방금 먹은 것은 참치 샐러드나 닭고기 샐러드가 아니라 방울뱀 샐러드였다고 알려 주곤 했다. 항상 누군가는 자신이 무엇을 먹었는지 알자마자 먹은 것을 토하곤 했다. 바로 이것이 소화의 생물학적 과정이 어떻게 문화적 생각에 의해 영향을 받는지에 대한 훌륭한 예시이다. 즉, 방울뱀 고기는 먹으면 안 된다는 문화적인 믿음이 정상적인 소화 과정에 심각한 문제를 유발한 것이다.

① 어떻게 음식이 서로 다른 문화를 화합시켰는지
③ 소통 단절을 피하기 위해 무엇을 할 수 있는지
④ 비언어적 의사소통에서 서로 다른 문화의 차이가 무엇을 의미하는지

어휘

tell of something ~에 대해 이야기하다   take pleasure in (doing) something (~하는 것)을 즐기다   perverse (사람들이 예상하거나 받아들이지 못할 정도로) 이상한, 별난   light meat 흰 살 고기   invariably 언제나, 변함없이   upon doing something ~을 하자마자   bring something/someone together ~이 친목을 다질 수 있게 하다   breakdown 단절

19 다음 글의 빈칸에 들어갈 말로 가장 적절한 것은?

A legendary basketball coach, John Wooden, who led UCLA to ten NCAA championships in twelve years, knew that work done in haste would be wasted. Every young man in his team had been a star in high school. Each one felt himself capable of making any play necessary to win. "It was just not in their genes to think of slowing down; they all wanted to go faster and faster, which was why the job of slowing them down was such a priority for me. I devoted more teaching to this one point than to any other," said Wooden. He applied this principle to life outside the basketball court, adding that "Impatience will sabotage a talented group of individuals in any workplace." In a world of instant messaging and a rush-hour traffic jam, we get so caught up in getting things done that we can forget how we are doing them or the people we might be hurting in our _____.

정답의 단서

속도(speed)라는 단어가 in haste, impatience, instant, rush라는 단어들로 구체화되었다.

work done **in haste** would be wasted → **impatience** will sabotage a talented group → In a world of **instant** messaging and a **rush**-hour traffic jam

정답 및 지문 해석 정답 ①

12년간 UCLA를 전미 대학 체육 협회 선수권 대회 10회 우승으로 이끌었던 전설적인 농구 코치 John Wooden은 급하게 진행되는 일은 정작 실속이 없다는 것을 알고 있었다. 그의 팀에 속한 모든 젊은 선수는 고등학교 시절 스타였다. 각 선수는 승리에 필요한 어떤 플레이도 해낼 수 있다고 느꼈다. "천천히 따위는 그들의 유전자에 없었어요. 그들은 모두 더욱 더 빨리 가기를 원했고, 이런 점 때문에 그들의 속도를 늦추는 일이 저에게는 최우선이 되었죠. 전 다른 어떤 것보다도 이 한 가지에 더 많은 시간을 투자해서 가르쳤어요."라고 Wooden이 말했다. 그는 "성급함은 어느 직장에서든 재능 있는 사람들을 무능하게 만들 겁니다."라고 덧붙이면서 이 원칙을 농구장 밖의 생활에도 적용시켰다. 인스턴트 메시지를 주고받고 허둥지둥 출퇴근 교통 정체를 겪는 세상에서, 우리는 일을 끝내는 것에만 지나치게 사로잡힌 나머지 정작 우리가 일을 어떻게 하고 있는지는 잊어버리거나, **속도를 추구하는** 과정 속에서 상처를 입게 될 사람을 간과할 수도 있다.

② 양질에 정성을 들임
③ 학문에 대한 갈망
④ 부에 집착

어휘

in haste 서둘러서, 급히, 성급하게   wasted 헛된, 쓸모없는   capable of (doing) something ~을 할 수 있는   impatience 성급함, 초조함   sabotage ~을 파괴[방해]하다   get caught up in something (특히 안 좋은 일)에 휘말리다   so ... that 주어 can ... 너무 ~한 나머지 ~하게 될 수도 있다   obsession 집착

20 밑줄 친 부분에 들어갈 말로 가장 적절한 것은?

Think of your mind as an army. Armies must adapt to the complexity and chaos of modern war by becoming more fluid and maneuverable. The ultimate extension of this evolution is guerrilla warfare, which exploits chaos by making disorder and unpredictability a strategy. The guerrilla army never stops to defend a particular place or town; it wins by always moving, staying one step ahead. By following no set pattern, it gives the enemy no target. The guerrilla army never repeats the same tactic. It responds to the situation, the moment, the terrain where it happens to find itself. There is no front, no concrete line of communication or supply, no slow-moving wagon. The guerrilla army is pure mobility. That is the model for your new way of thinking. Do not let your mind _____. Attack problems from new angles, adapting to the landscape and to what you're given. By staying in constant motion you show your enemies no target to aim at. You exploit the chaos of the world instead of succumbing to it.

정답의 단서

움직임과 유동성을 강조한 단어들이 계속해서 쓰이고 있다 → 안주하지 마라
becoming more <u>fluid</u> and <u>maneuverable</u> → <u>never stops</u> → it wins by <u>always moving</u> → pure <u>mobility</u> → staying in <u>constant motion</u>

정답 및 지문 해석 정답 ②

생각을 군대라고 상상해 보자. 군대는 더 융통성을 발휘하고 기동성을 갖춤으로써 현대 전쟁의 복잡함과 혼돈에 적응해야 한다. 이러한 진화의 최종 산물이 바로 게릴라전-불규칙성과 예측이 불가한 점을 전략으로 삼아 혼란을 십분 활용하는-이다. 게릴라 부대는 절대 특정 장소나 도시를 방어하기 위해 멈추지 않는다. 항상 한발 앞서 움직이기 때문에 전투를 승리로 이끄는 것이다. 게릴라 부대는 정해진 틀을 따르지 않기 때문에 적의 표적이 되지 않는다. 같은 전술은 절대 반복하지 않는다. 그들은 어디에 있든 (그들이 처한) 상황과 순간, 그리고 지형에 맞춰 그때그때 대처한다. 정해진 전장이 없고, 확실한 연락망이나 공급책도 없고, 기동력이 떨어지는 탱크도 없다. 게릴라 부대는 기동성 그 자체다. 이것이 바로 새로운 사고방식을 위한 모델이다. 생각이 **안주하도록 놔두지** 마라. 환경과 자신에게 주어진 것에 적응하며 새로운 시각으로 문제를 공략해라. 끊임없이 움직여서 적에게 어떠한 표적도 드러내지 마라. 혼란에 굴하지 말고 혼란스러운 정세를 한껏 이용하라.

① 행동을 지배하게 하다
③ 성급한 결론에 뛰어들게 하다
④ 적과 싸우지 못하게 하다

어휘

adapt to something ~에 적응하다 pure 완전한, 완벽한 mobility 이동성, 기동성 maneuverable 쉽게 조정될 수 있는 succumb to something ~에 굴복하다 exploit ~을 십분 활용하다 unpredictability 예측 불가능성 tactic 전술 settle into something ~에 정착하다

21 밑줄 친 부분에 들어갈 말로 가장 적절한 것은?

> The arrival of talking pictures in 1927 had a greater impact on the recording industry than just introducing new technology. It also changed the market structure of the industry. The movies produced popular music, which recording companies wanted to sell. The rights to the music now in demand by the public belonged to the movie companies, which soon recognized a good market opportunity, and instead of partnering with the record producers, they took them over. Warner Brothers purchased a recording studio in 1930, _____ the process. It now owned the music performed in its films, and it produced the recordings the film-going public grew to love. In turn, it promoted its music on its radio stations, just in case somebody had not already heard it in the movie theater. Warner Brothers grew from a nearly bankrupt $10 million company in 1927 to a $230 million corporate behemoth three short years later.

정답의 단서

단어 빈칸 문제의 경우 대부분 그 앞문장 또는 바로 뒷문장에 단서가 놓여 있다.

instead of partnering with the record producers, they **took them over** → purchased → **consolidating**

정답 및 지문 해석 정답 ④

1927년 유성(有聲) 영화의 등장은 단순히 신기술을 도입한 것보다 음반 업계에 더 지대한 영향을 끼쳤다. 또한 유성 영화는 음반 업계의 시장 구조를 바꿨다. (유성) 영화는 음반 회사들이 팔고 싶어 했던 인기 있는 음악을 만들었다. 대중적 수요가 높아진 그 음악의 저작권은 좋은 시장 가능성을 일찍이 눈치 챈 영화사의 소유가 되어 버렸으며, 영화사는 음반 제작자와 제휴하는 대신 음반사를 인수해 버렸다. Warner Brothers는 1930년에 녹음 스튜디오를 구입하며 그러한 과정은 **하나로 합쳐졌다**. 이제 Warner Brothers는 자사 제작 영화에 나오는 음악을 소유하게 되었고, 점점 더 영화 관람객들이 좋아하는 음반들을 생산했다. 그 다음에 Warner Brothers는 아직 영화관에서 그 음악을 못 들었을 누군가를 위해 자사 라디오 방송국에서 음악을 홍보했다. Warner Brothers는 1927년에 거의 파산 직전이었던 천만 달러짜리 기업에서 고작 3년 만에 2억 3천만 달러 가치의 거대 기업으로 성장했다.

어휘

talking pictures 음성이 나오는 영화, 유성 영화   in demand 수요가 많은   partner 동업자가 되다   take something over ~을 인수하다, ~을 넘겨받다   film-going public 영화 관람객   in turn 그 다음에는   behemoth 거대 기업   localize 국부화하다   aggravate 악화시키다   decelerate 속도를 늦추다   consolidating (하나로) 통합하다

22 밑줄 친 부분에 가장 적절한 것은?

In any event, _____ does seem fairly common among novelists pursuing vocations. Woolf says that "the novelist's task lays ... a load upon every nerve, muscle, and fibre." Tolstoy says, "One ought only to write when one leaves a piece of one's flesh in the ink-pot each time one dips one's pen." Dostoevsky, who found writing "real hard labor," became physically ill when he wrote. Dickens took "extraordinary night walks ─ as much as twenty-five miles at a steady four miles an hour ─ which could serve either to summon up fictional fantasies or put them to rest." O. Henry "had to be watched and guarded and made to write.... It was an agony for him to write at all." Yet a few novelists ─ Ernest Hemingway, Kurt Vonnegut and Lawrence Durrell, for example ─ find writing pleasurable.

정답의 단서

많은 소설가는 창작의 **고통**(② **suffering**)을 겪음 → 창작의 고통을 겪은 작가 열거 → It was **an agony (= very severe pain = suffering)** for him to write → **Yet** 즐거움을 느낀 작가도 있음

정답 및 지문 해석 정답 ②

어찌 되었건 간에 (글 쓰는 일을) 천직으로 여기는 소설가에게 고통은 꽤나 흔했던 것 같다. 버지니아 울프는 "소설가라는 직업은 온 신경과 근육, 그리고 섬유 조직까지 중압 감에 짓눌린다."고 말한다. 톨스토이는 "소설가는 펜을 적실 때마다 잉크병 속에 자신의 살점을 떼어 넣을 수 있을 때 비로소 글을 쓸 수 있다."고 말한다. 글쓰기가 엄청난 중 노동이라고 생각한 도스토예프스키는 글을 쓸 때마다 몸살을 앓았다. 디킨스는 평범하지 않은 밤 산책—시속 4마일의 일정한 속도로 25마일을 걷는—을 하면서 공상에 잠기 거나 머리를 식힐 수 있었다. 오 헨리는 감시와 보호 속에서 글을 쓰도록 압박을 받았 다. 글을 쓰는 것이 그에겐 엄청난 고통이었다. 하지만 어니스트 헤밍웨이와 커트 보니 것, 그리고 로렌스 더럴과 같은 몇몇 소설가는 글쓰기에서 즐거움을 느꼈다.

어휘

in any event 어찌 되었건, 아무튼   pursue 추구하다, 쫓다   vocation 직업   fibre (근육이나 신경의) 섬유   flesh 살점   extraordinary 보기 드문, 평범하지 않은 serve 도움이 되다   summon something up ~을 생각해내다   put something to rest ~을 잠잠하게 하다, ~을 일소시키다   be made to do something ~하도 록 강요되다('make someone 동사원형'이 수동태로 바뀌면 동사원형은 to부정사로 바뀐다.)   at all (긍정문에서) 완전히, 정말로, (부정문에서) 전혀   conformity 일치, 유사

23 밑줄 친 부분에 가장 적절한 것은?

In a study students heard a story that named sixty concrete objects. Those students who were tested immediately after exposure recalled 53 percent of the objects on this initial test but only 39 percent a week later. On the other hand, a group of students who learned the same material but were not tested at all until a week later recalled 28 percent. Thus, taking a single test boosted performance by 11 percentage points after a week. But what effect would three immediate tests have relative to one? Another group of students were tested three times after initial exposure and a week later they were able to recall 53 percent of the objects — the same as on the initial test for the group receiving one test. In effect, the group that received three tests _____ compared to the one-test group, and the one-test group remembered more than those who had received no test immediately following exposure.

정답의 단서

노출 후 즉시 테스트를 겪은 학생들의 결과 → **On the other hand,** 테스트를 겪지 않은 학생들의 결과 → **Thus,...** 한 번의 테스트는 기억력 증대 → **But** what effect would three immediate tests have relative to one? → **the same as on the initial test** (세 번의 테스트는 차이 없다) → **망각에 면역력이 생긴 것**

정답 및 지문 해석 정답 ②

한 연구에서, 학생들은 구체적인 물체의 이름 60가지를 들었다. (물체 이름을) 들은 직후 시험을 본 학생들은 곧장 치러진 시험에서 53퍼센트의 물체를 기억해 냈지만, 일주일 후에는 39퍼센트만 기억했다. 반면에, 같은 물체를 배웠지만 일주일이 될 때까지 전혀 시험을 보지 않았던 학생 그룹은 일주일 후에 28퍼센트만 기억했다. 즉, (물체 이름을 들은 직후 치러진) 한 번의 시험이 일주일 후에 11퍼센트까지 기억률을 향상시킨 것이다. 그렇다면 시험을 한 번 보는 것과 비교했을 때 세 번의 시험을 치는 것은 어떤 효과가 있었을까? 또 다른 학생 그룹은 물체 이름을 처음 들은 후에 세 번의 시험을 쳤는데, 일주일 후에 그들은 물체 이름의 53퍼센트를 기억해낼 수 있었다─이것은 시험을 한 번 치른 그룹의 첫 번째 시험과 같은 수치이다. 결국 시험을 한 번 치른 그룹에 비해 세 번의 시험을 친 그룹은 **망각에 면역력이 생겨 버린** 것이며, 시험을 한 번 치른 그룹은 물체 이름을 듣고 곧장 시험을 치지 않았던 그룹보다 더 많이 기억했던 것이다.

① 실패에 동기 부여되지 않았다
③ 틀려서 무시당했다
④ 전에 배웠던 물체 이름을 많이 기억해 낼 수 없었다

어휘

name 이름을 부르다   concrete 구체적인   exposure 노출, (어떠한 영향 등을) 받음
boost 증대시키다   in effect 결과적으로, 사실상   compared to something/someone
~와 비교하여   immunize ~을 무력하게 하다, ~에게 면역력을 주다

24 밑줄 친 부분에 들어갈 말로 가장 적절한 것을 고르시오.

When primitive man noticed the relatively few natural coincidences in his environment, he slowly developed the raw data he observed. Out of the data science evolved. For example, when he noticed that the changes in the level of the sea had something to do with the moon, he kept monitoring and eventually found that the moon exerts a kind of force on the sea. The natural world, however, does not offer immediate evidence for many such coincidences on its surface (no calendars, maps, or even names). But in recent years we have began to live in the complicated world full of names and dates and addresses and organizations to note. The abundance of data appears to have triggered many people's inborn tendency to _____. Unconsciously, they are led to assume connections and forces where there are none, where there is only coincidence.

정답의 단서

notice, note라는 단어가 지속적으로 등장하고 있음에 주목
When primitive man **noticed** the relatively few natural coincidences...
→ For example, when he **noticed** that the changes...
→ But in recent years we began... organizations to **note**.
→ inborn tendency to **note** coincidence and unusual events

정답 및 지문 해석 정답 ③

원시인이 자신의 환경에서 상대적으로 보기 드문 (자연 현상의) 우연의 일치를 보게 되었을 때, 그는 자신이 관찰한 있는 그대로의 데이터를 차근차근 축적했다. 그러한 데이터에서 과학은 진화했다. 예를 들어, 해수면 높이의 변화가 달과 관련이 있음을 알고 난 뒤, 그는 계속 (그 현상을) 관찰했고 결국은 달이 바다에 어떤 힘과 같은 것을 행사한다는 것을 발견했다. 하지만 자연 세계는 그러한 많은 우연에 눈에 띄는 명확한 증거를 직접적으로 제시하지 않는다 ─ 달력이나 지도에도 없고, 이름조차도 없다. 그러나 최근에 우리는 온통 이름과 데이터, 주소와 기관들로 가득한 복잡한 세상에 살기 시작했다. 풍부한 데이터는, **우연이나 특별한 사건들에 주목하는** 많은 사람들의 본래 성향을 이끌어내는 것으로 보인다. 무의식적으로 그들은 그저 우연일 뿐인 아무것도 아닌 것에서 연관성과 힘을 유추하고 싶어진다.

① 이름과 정체성을 연관 짓다
② 데이터를 사용해 더 많은 지식을 쌓다
④ 그들에게 친숙한 것들을 기억하다

어휘

primitive 원시의   relatively 비교적으로, 상대적으로   coincidence 우연의 일치
raw data 원래의 데이터   exert 행사하다   immediate 직접적인, 즉각적인   note 목격하다 (= notice), 주의를 기울이다   be led to do something = be caused to do something 어떤 일을 하게 되다

MEMO

25 밑줄 친 부분에 가장 적절한 것은?

> Artifacts are the objects we use to adorn our territory. We display things on our desks and in our offices and homes, not just for their function but also because we find them pleasing in some way. Other people observe these artifacts to make interpretations about us. We use artifacts to achieve certain effects including signaling _____. The chairs and couch in your living room may approximate a circle that invites people to sit down and talk. Classroom seating may be arranged in theater style, which discourages conversation. A manager's office with a chair facing the manager across the desk encourages formal conversation and signals status. It says, "Let's talk business — I'm the boss and you're the employee." A manager's office with a chair placed at the side of her desk encourages more informal conversation. It says, "Don't be nervous — let's just chat."

정답의 단서

We display things (artifacts) **not just for** their function **but also because** we find them pleasing in some way (주제 암시). → We use artifacts **to achieve certain effect** (주제) → **주제를 뒷받침하는 예시들** → invites people to sit down → discourages conversation → encourages formal conversation → encourages more informal conversation

02

정답 및 지문 해석 정답 ③

물건은 우리가 우리의 공간을 단장하기 위해 사용하는 제품들이다. 우리는 단순히 그 물건의 기능 때문만이 아니라 그것들이 어떤 면에서는 기분을 좋게 하므로 그것들을 책상 위나 사무실, 집에 놓아둔다. 한편 어떤 이들은 우리라는 사람을 해석하고자 이러한 물건을 관찰한다. 우리는 **그 공간에서 일어났으면 하는** 것을 암시하는 것과 같은 특정 효과를 얻어내고자 물건을 사용한다. 거실에 있는 의자와 소파는 사람들이 앉아서 이야기하도록 둥근 모양에 가깝게 놓여 있을 수 있다. 교실 자리는 대화를 차단하는 영화관의 관람석처럼 배치돼 있을 것이다. 부장의 책상을 마주하고 의자가 놓여 있는 경우, 부장실은 형식적인 대화를 유도하고 직위에 대한 신호를 보낸다. 그것은 "난 당신의 상사이고 당신은 직원이니까 업무 이야기나 합시다."라고 말한다. 책상 옆에 의자가 놓여 있는 부장실은 더 허물없는 대화를 유도한다. 그것은 "그냥 수다나 떨 거니까 긴장하지 마세요."라고 말한다.

① 우리가 갖는 취미의 유형
② 우리가 생전에 되고 싶어 하는 것
④ 우리가 가진 문화적 배경

어휘

artifact 가공품   adorn 장식하다   object 제품, 물체   in some way 어떤 면에서는
make interpretations 해석하다   signal 암시하다, 신호를 보내다   approximate
~와 비슷한 것[모양]을 만들다   face ~을 바라보다, ~로 향해 있다

26 밑줄 친 부분에 들어갈 말로 가장 적절한 것은?

For those who love their pets, cruelty to animals is incomprehensible. Recent research has found that animal abuse is closely linked to other forms of abuse. Thus senseless animal abuse can serve as a warning, indicating the need for therapy. James Hutton, a British social worker, examined families that had been reported for cruelty to animals to determine if they were known to other social agencies for problems like child or wife abuse. He found that most of the families that had been investigated for cruelty to animals were also known for other serious psychiatric and social problems. Thus if agencies were to share files, animal abuse could be a good early warning for _____.

정답의 단서

Recent research has found that animal abuse is closely linked to **other forms of abuse** (= **child or wife abuse** = **psychiatric and social problems**)
→ **Thus,** 기관들끼리 기록을 공유할 필요가 있다

정답 및 지문 해석 정답 ③

애완동물을 좋아하는 사람들에게 있어 동물 학대는 이해 불가의 영역이다. 최근의 연구는 동물 학대가 다른 형태의 학대와 밀접하게 연관되어 있다는 것을 발견했다. 즉, 별생각 없이 자행하는 동물 학대는 (가해자의) 정신적 치료가 필요하다는 것을 보여 주는 경고가 될 수 있다. 영국의 사회 복지사 James Hutton은 동물 학대로 신고 접수된 가정이 아동 학대나 배우자 폭행과 같은 문제로 다른 사회 복지 기관에 신고된 적이 있는지 조사했다. 그는 동물을 학대한 것으로 밝혀진 대부분의 가정에서 심각한 정신적이고 사회적인 문제 또한 있었다는 것을 발견했다. 즉, 기관들이 기록을 공유한다면 동물 학대는 **사람에게 폭력적인** 행동을 하는 것에 훌륭한 조기 경보가 될 수 있을 것이다.

① 계속되는 동물 학대
② 유년기의 부당한 대우
④ 소심하고 우유부단한 성격

어휘

cruelty 학대, 잔인함   incomprehensible 이해할 수 없는   senseless 특별한 목적 없이 행하는[발생하는]   serve as something ~의 역할을 하다   social worker 사회 복지사   be known to someone/something ~에 알려져 있다   be known for something ~로 알려져 있다   psychiatric 정신적인   indecisive 우유부단한

27 밑줄 친 부분에 들어갈 말로 가장 적절한 것을 고르시오.

It is hard to know what the first social psychology experiment was, but it is generally accepted that Indiana University professor Norman Triplett conducted one of the first social psychology experiments in 1897. While examining the cycling records for the 1897 season, he noticed that bicycle riders who competed against others performed better than those who competed against the clock. Triplett proposed that when you compete with someone it releases a competitive instinct, which increases your "nervous energy" and thereby enhances your individual performance. Triplett tested his hypothesis by building a "competition machine." He had 40 children wind up a reel, alternating between working alone and working parallel to each other. The results showed that winding time was faster when children worked side by side than when they worked alone. Thus, _____ enhanced performance on this simple task.

정답의 단서

경쟁의 효과를 예를 들어 강조

→ bicycle riders who **competed against others** <u>performed better</u>

→ when you **compete with someone**, it <u>enhances your individual performance</u>

→ <u>faster</u> when children **worked side by side** than when they worked alone

정답 및 지문 해석 정답 ②

무엇이 최초의 사회 심리학 실험이었는지 확실히 알 수는 없지만, 일반적으로는 인디애나대학교 교수인 **Norman Triplett**가 **1897**년 진행한 첫 번째 사회 심리학 실험 중 하나를 최초의 실험으로 본다. **1897**년 무렵에 자전거 기록을 조사하는 동안, **Triplett**는 다른 이와 경쟁하며 자전거를 탄 사람들이 시간을 재며 자전거를 탄 사람들보다 기록이 훨씬 더 좋았다는 것을 알아냈다. **Triplett**는 누군가와 경쟁할 땐 경쟁심이 발동한다고 말하며, 이때 "긴장감이 주는 에너지"가 증가하여 개인의 기량이 상승한다고 했다. **Triplett**는 "경쟁 기계"를 만들어서 자신의 가설을 실험했다. 그는 **40**명의 아이들에게 릴을 감아 보라고 시켰고, 혼자 하는 작업과 함께 하는 작업을 번갈아서 시켰다. 그 결과 혼자 할 때보다 옆에서 누군가가 함께 할 때 릴을 감는 시간이 훨씬 더 빨라진다는 것이 밝혀졌다. 즉, 이 간단한 작업에서 다른 이의 존재만으로도 수행 능력이 향상되었다.

① 어떤 보상에 대한 높은 기대감
③ 전반적으로 팀워크가 향상되었다는 느낌
④ 청중의 열정적인 응원

어휘

conduct 실험을 하다   season 무렵   competitive instinct 경쟁심, 경쟁 본능
hypothesis 가설   wind something up ~을 감아올리다   alternate between A
and B A와 B 사이를 왔다 갔다 하다   parallel to someone/something ~와 나란히, ~을 끼고

MEMO

28 밑줄 친 부분에 가장 적절한 것은?

> Current leadership training, almost anywhere you look for it, uses the word vision freely, but most often its basis is _____. Potential leaders are taught to use their minds to analyze various hypothetical scenarios. By leaving out feeling, intuition, insight, and the profound wisdom of the soul, this training falls short of its potential. No one can deny the simple truth that the greatest leaders are also great souls. Faced with apartheid in South Africa, slavery before the Civil War, or colonial domination in India, their eyes saw the same thing that everyone else saw. Their minds had the same thoughts as countless others around them. In their hearts they felt the same injustice. But Nelson Mandela, Abraham Lincoln, and Mahatma Gandhi each went deeper and asked, from the core of his being, how to elicit a new response, how to turn a new vision into reality.

정답의 단서

리더십 훈련은 비전을 강조 → **but** 정작 훈련은 **지적인 능력**(③ intellectual)에만 주안을 둠

→ 요즘 리더십 훈련의 문제점(are taught to use **their minds**)

→ **No one can deny the simple truth** that the greatest leaders are great souls. (주제문)

→ 내면의 목소리(from the core of his being = soul)에 귀를 기울여야 함

정답 및 지문 해석 정답 ③

거의 어디에서나 찾을 수 있는 현재의 리더십 훈련에서는 비전이라는 말을 흔하게 사용하지만, 많은 경우 훈련은 지적인 능력에 기본을 두고 있다. 잠재적 지도자들은 실제로 있을 법한 다양한 상황을 파악하는 데 지성을 사용하라고 배운다. 감정과 직관, 통찰력, 그리고 내면의 심오한 지혜는 제쳐 둔 나머지 이 리더십 훈련은 잠재력을 끌어내지 못하고 만다. 가장 위대한 지도자는 위대한 영혼의 소유자라는 간단한 진실은 아무도 부정할 수 없다. 남아프리카의 인종 차별 정책에 맞선, 남북전쟁 전에 노예제에 맞선, 또는 인도의 식민지 정책에 맞선 그들의 눈은 다른 이들이 보았던 것과 같은 것을 보고 있었다. 그들은 그들 주변에 있는 수없이 많은 사람들과 같은 생각을 했다. 그들은 마음에서 우러나는 공통의 정의감을 느꼈다. 그렇지만 넬슨 만델라와 에이브러햄 링컨, 그리고 마하트마 간디는 마음속 깊은 곳까지 더 내려가서 어떻게 (그러한 문제들을) 새로운 방식으로 해결하고, 어떻게 새로운 비전을 현실로 만들 것인지 자문했다.

어휘

hypothetical 가정의   leave something out ~을 생략하다   intuition 직관
insight 통찰력   fall short of something (기준 등에) 미치지 못하다   apartheid
(예전 남아프리카 공화국) 인종 차별 정책   elicit 이끌어내다

29 밑줄 친 부분에 가장 적절한 것은?

A new study shows that men are better than women at making up after a fight. The research was conducted by a team from Harvard University in the USA. It looked at the differences between how men and women made up with each other after same-sex sporting events. Lead author of the research, professor Joyce Benenson, concluded that men spend a longer time and put more effort into making up with their male sporting foes than women did with their female opponents. The researchers analyzed recordings of tennis, table tennis, badminton and boxing involving men and women from 44 countries. They found that men spent considerably more time than women _____. Professor Benenson said she was surprised by her findings, especially at how women spent so little time making up with their rivals.

정답의 단서

A new study shows that men are better than women at **making up** after a fight (주제)

→ men spend a longer time **making up** with their male sporting foes than women did

→ men spent considerably more time than women **shaking hands...**(= **making up**)

정답 및 지문 해석 정답 ③

한 새로운 연구는 다툰 후 화해하는 것에 있어 남성이 여성보다 더 낫다는 것을 보여준다. 이 연구는 미국 하버드대학의 한 연구진들이 수행했다. 이는 남성과 여성이 동성 간의 경기 후에 서로 어떻게 화해하는지 그 차이점들을 살펴봤다. 이 실험을 이끈 **Joyce Benenson** 교수는, 여성이 동성의 경쟁 상대들에게 쏟는 시간과 노력보다 남성이 동성의 스포츠 경쟁 상대와 화해하는 데 더 많은 시간을 쏟고 더 큰 노력을 기울였다는 결론을 내렸다. 연구진들은 **44**개국 출신의 남성과 여성이 참가한 테니스와 탁구, 배드민턴과 복싱 녹화물을 분석했다. 그들은 남성이 자신들의 경쟁 상대들과 악수하고 그들을 안아 주는 것에 여성보다 꽤 더 많은 시간을 쓴다는 것을 발견했다. **Benenson** 교수는 자신의 연구 결과에 놀랐으며, 특히 여성이 동성 라이벌과 화해하는 데 거의 아무런 시간도 보내지 않았다는 데 놀랐다고 말했다.

① 자신의 팀 선수들을 지지하는 것

② 자신들이 했던 행동을 분석하고 평가하는 것

④ 자신들의 경쟁 상대들과 비교하고 경쟁하는 것

어휘

make up 화해하다   **conduct** (특정 활동을) 하다   **lead author** 주요 필자   **foe** 적 **opponent** (게임, 대회 등의) 상대   **involve** 포함하다, 관련시키다, 참여시키다 **considerably** 상당히, 많이   **embrace** 포옹하다, 껴안다

Chapter 05

글의 순서 파악 유형

글의 순서 파악 유형 출제 빈도 분석

출제 연도	국가직	지방직
2022	1개	1개
2021	1개	1개
2020	1개	1개
2019	1개	1개
2018	1개	1개
2017	1개	1개

글의 순서 파악 유형 대비 전략

01 주어진 문장의 알맞은 위치 찾기, 주어진 글 다음에 이어질 글의 순서 고르기, 글의 흐름 과 무관한 문장 고르기, 주어진 글의 요약문 완성하기 등의 유형은 쓰기 능력을 간접적으 로 평가하기 위한 유형으로, 좋은 글쓰기를 위해 필요한 **통일성**(하나의 단락에 하나의 주제), **일관성**(문장이나 내용이 서로 긴밀하게 구성되어야 한다는 원리, 이를 위해서 문 장과 문장의 사이는 접속어와 지시어를 적절히 사용하여 일관성을 이루고, 문단과 문단 사이에서는 시간적 흐름, 공간적 흐름에 따른 논리적 배열 방법으로 일관성을 달성), **응 집성**(문장과 문장 사이를 구성하는 여러 요소들 사이의 표면적인 연결 관계)에 대한 이해 도를 평가한다.

02 본 유형으로 출제되는 문항의 정답을 찾기 위해서는 주어진 글을 신속히 읽고 글의 소재 및 중심 내용을 파악한 후, **문장 간의 논리적 관계와 단서들(세부 정보, 연결사, 지시사 등)을 활용**하여 전체 흐름을 종합적으로 파악하는 능력이 무엇보다 중요하다. 특히, **예 시, 나열, 비교와 대조, 원인과 결과** 등 글쓰기에서 사용되는 **보편적 글의 구조를 이해하 는 능력**이 필요하다.

03 공무원 시험에서 글의 순서 파악 유형은 2016년 이후로 꾸준히 한 문제씩 출제되는 유 형이다. 시간 이내에 정확하게 풀기 위해서는 순서가 연결되기 위한 연결고리가 되는 문 장 간의 논리적 관계와 단서들(세부정보, 연결사, 지시사, 대명사)를 반드시 출제 알고리 즘을 통해 숙지하고 연습을 통해 내 것으로 만든다면 분명 시험장에서도 충분히 맞출 수 있는 유형이다.

글의 순서 파악 유형

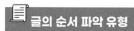 **핵심 개념**

이 문항은 글의 전체적인 맥락을 고려하여 주어진 문장 다음에 이어질 문장들의 순서로 가장 적절한 것을 찾아야 하는 문항이다. 이 문항에서는 문장 간 문법적 연결 관계나 내용적 연결 관계를 파악하여, 글이 전체적으로 일관성을 가지며, 논리적으로 연결될 수 있도록 주어진 문장들의 순서를 정한다. 명시적 단서인 연결사, 지시어, 대명사 등의 쓰임뿐 아니라 내용상의 연결을 고려하여 문제를 풀어 보는 연습을 한다.

예시 문항

주어진 글 다음에 이어질 글의 순서로 가장 적절한 것을 고르시오.

Movies may be said to support the dominant culture and to serve as a means for its reproduction over time.

(A) The bad guys are usually punished; the romantic couple almost always find each other despite the obstacles and difficulties they encounter on the path to true love; and the way we wish the world to be is how, in the movies, it more often than not winds up being. No doubt it is this utopian aspect of movies that accounts for why we enjoy them so much.

(B) The simple answer to this question is that movies do more than present two-hour civics lessons or editorials on responsible behavior. They also tell stories that, in the end, we find satisfying.

(C) But one may ask why audiences would find such movies enjoyable if all they do is give cultural directives and prescriptions for proper living. Most of us would likely grow tired of such didactic movies and would probably come to see them as propaganda, similar to the cultural artwork that was common in the Soviet Union and other autocratic societies.

① (B) − (A) − (C)   ② (B) − (C) − (A)
③ (C) − (A) − (B)   ④ (C) − (B) − (A)

예시 문항 해설 ||||||||||||||||||||||||||||||||||||||||||||||||||||||||

해석 영화는 지배적인 문화를 지지하고 시간이 지남에 따라 재생산하는 수단으로서 역할을 한다고 할 수 있다.

(A) 나쁜 놈들은 대개 벌을 받는다; 로맨틱한 부부는 진정한 사랑의 길에서 마주치는 장애와 어려움에도 불구하고 거의 항상 서로를 찾는다; 그리고 우리가 세상이 그랬으면 하는 방식대로 대개 영화는 결말을 맺는다. 의심할 여지없이 우리가 영화를 매우 좋아하는 이유를 설명해 주는 것은 바로 영화의 이런 유토피아적인 측면이다.

(B) 이 질문에 대한 간단한 대답은 영화는 책임감 있는 행동에 대한 2시간의 윤리 수업이나 (신문) 사설 이상의 것을 한다는 것이다. 영화는 또한 결국 우리가 만족감을 느끼는 이야기를 들려준다.

(C) 그러나 만약 그것들이 하는 모든 것이 적절한 삶을 위한 문화적 지침과 처방을 내리는 것이라면, 왜 관객들이 그러한 영화들을 즐긴다고 생각하냐고 물을지도 모른다. 우리들 대부분은 아마도 그러한 교훈적인 영화에 싫증이 날 것이고 아마도 그것들을 선전으로 보게 될 것인데, 이는 소련이나 다른 독재 사회에서 흔히 볼 수 있었던 문화 예술작품과 유사하다.

상세 해설

1. **주어진 글의 내용은** 주어진 문장에서 주어진 '영화는 지배적인 문화를 지지하고 시간이 지남에 따라 재생산하는 수단으로서 역할을 한다고 할 수 있다.'이다.
2. **(A) 첫 부분에는** '나쁜 놈들은 대개 벌을 받는다'라는 내용이므로 주어진 글과 연관성이 떨어진다.
3. **(B) 첫 부분에는** '이 질문에 대한 간단한 대답은 ~'이라고 했으므로 앞에 질문이 나와야 하므로 주어진 글과 연관성이 떨어진다.
4. **(C) 첫 부분에는** 영화 이야기와 문화 이야기가 동시에 나와서 주어진 글과 연관성을 가지고 있으므로 주어진 글 다음에는 (C)가 가장 처음으로 와야 한다.
5. **(C) 내용에** '왜 관객들이 그러한 영화들을 즐긴다고 생각하냐고 물을지도 모른다.'라는 내용이 (B)의 이 질문에 대한 대답은 이라는 내용과 관계가 있으므로 (C) 다음에는 (B)가 와야 한다.
6. **(B) 마지막에** '영화는 또한 결국 우리가 만족감을 느끼는 이야기를 들려준다.'라는 내용과 (A)처음 부분에 '나쁜 놈들은 대개 벌을 받는다'라는 내용이 연관성이 있으므로 글의 순서는 (C) - (B) - (A)가 되어야 한다.

어휘

dominant 지배적인   means 수단, 방법   reproduction 재생산   over time 시간이 지남에 따라   obstacle 장애물   more often than not 자주, 대개   wind up 결국 ~로 끝나다   utopian 이상적인   civics lesson 국민 윤리 교훈   editorial 사설   prescription 처방   tired of 싫증이 난   propaganda 선전   autocratic 독재적인

글의 순서 파악하기 01　　**학습 안내**

01　이를 위해서는 우선 비교, 예시, 대조, 열거, 인과 등의 전개 구조로 이루어진 **다양한 학술적 내용의 글을 평소 자주 접하고 이해하는 학습**이 필요하다. 이와 같은 구조로 이루어진 좋은 글을 읽으면서 하나의 중심 내용에 대해 글의 통일성과 일관성이 어떻게 전개되어 가는지에 대해 확인하는 습관을 길러야 한다.

02　더불어 글의 논리적 구성을 위해 사용되는 **대명사, 지시사, 연결사 등의 언어 장치들의 쓰임**에 대해 학습을 꾸준히 하는 것이 간접 쓰기 유형을 준비하는 데 효과적이다.

03　마지막으로 독해의 기본은 어휘력에서 시작된다는 점을 잊지 말고 **평상시 기초 학술문에서 자주 쓰이는 어휘의 다양한 쓰임**을 깊이 있게 학습해 두는 것도 중요하다.

글의 순서 파악하기 02　　**풀이 순서**

01　보기를 먼저 확인해서 (A) (B) (C) 중 어느 것으로 먼저 시작할 수 있는지 가능성을 좁혀서 생각한다.

02　주어진 보기 문장을 먼저 읽고 **무엇에 관한 내용인지 체크(동그라미)**한다. [주제 확인]
　→ 주어진 **명사에 특히 강조점**을 두고 뒤에 이어질 내용을 예측해 본다.

03　(A), (B), (C) **첫 문장**을 각각 읽으면서 ① **비슷한 단어/내용 확인 (긍정/부정)** ② **지시어 확인** ③ **대명사** ④ **연결어 확인하고** 각 첫 문장의 내용과 이 각각의 언어적 단서들이 논리적 관계가 맞는지 확인하고 이어질 수 없는 것을 소거하는 방식으로 풀어준다.

04　한 단락 내에서 **각 문장은 같은 화제끼리 묶이며** 특별한 표시가 없으면 **반드시 일반적 진술이 먼저고 구체적 진술이 그 이후에 오기 때문에 첫 문장을 읽으면서 반드시 주어진 문장을 다시 보고 비슷한 내용(단어 + 긍정/부정)을 확인**하면서 이어질 수 있는지 없는지를 판단하고 또한 **지시어나 대명사, 연결어의 사용이 주어진 문장과 맞지 않는 것은 먼저 소거**한다.

05　주어진 글과 이어질 하나를 결정한 후 **결정된 하나의 가장 끝부분의 내용과 나머지 이어질 수 있는 부분을 똑같은 방식**으로 찾아준다.

06　순서가 모두 결정될 때까지 **끝까지 모두 다 연결**되는지 단서에 체크한다.

07　주어진 글 다음에 이어질 부분을 찾기 어려운 경우에는 **결정적인 단서들(지시사, 대명사, 연결어)을 포함하고 있는 문장을 기준으로 두고 그 앞 내용을 찾는 방식**으로 풀어도 된다.

MEMO

 **글의 순서 파악하기 03** | 대명사, 지시사, 연결사 등의 언어 장치 (글의 논리적 구성을 위해 사용됨)

01 **대명사, 지시사** – he, she, they(사람, 사물 모두 가능), it, this / these(두 개 이상)
→ 성과 수가 일치하는 명사가 있는 문장 뒤에 위치

02 **지시 형용사 + 명사** – this N, these N, that N, such N
→ 앞에 언급하는 명사 확인

03 **연결어** – 문장과 문장의 관계의 흐름이 자연스럽게 전환될 수 있도록 문장을 이어주는
역할을 하는 연결어에 유의하여 전후 관계를 찾을 수 있다.

① **역접** : but, however, still, yet, nevertheless, even so, rather, instead
☞앞의 내용은 같지 않은 내용

② **대조** : on the other hand, in contrast, by contrast
☞앞의 내용은 상반된 내용 (특히 앞의 대상과 다른 대상)

③ **예시** : for example, for instance
☞앞의 내용은 이를 포괄하는 내용

④ **추가** : also, moreover, in addtion, furthermore
☞앞의 내용은 같은 대상

⑤ **공통 사례 추가** : likewise, similarly, in the same way
☞앞의 내용은 유사한 내용, 공통 사례 추가

⑥ **인과** : so, therefore, thus, as a result, consequently, hence
☞앞의 내용은 이에 대한 원인

⑦ **기타** : 일반적인 진술이 먼저→구체적인 진술이 나중
성 + 이름이 먼저→이름이 나중
some – others
before, after, then, finally, last – 순서를 나타냄.

글의 순서 파악하기 04   대명사, 지시사, 연결사 등의 언어 장치 예문

주어진 문장 Darwin was the first to propose that long necks evolved in giraffes because they enabled the animals to eat the treetop leaves.

해석 다윈은 기린이 긴 목으로 나무의 윗부분에 있는 잎들을 먹을 수 있게 되었기 때문에 긴 목이 기린들에서 진화했다고 제안한 최초의 사람이었다.

이어진 문장 This seemingly reasonable explanation(연결 고리인 this를 통해서 앞내용과 연결) has held up for over a century, but it is probably wrong, says Robert Simmons, a behavioral ecologist.

해석 겉보기에 합리적으로 보이는 이 설명은 1세기 이상이나 지지되어 왔지만, 아마 이 것이 틀린 것일지도 모른다고 행동생태학자인 Robert Simmons는 말한다.

주어진 문장 Simmons was studying eagles in Africa when he came across a pair of male giraffes locked **in combat**.

해석 Simmons는 우연히 싸움에 몰두하고 있는 한 쌍의 수컷 기린을 보게 되었을 때 아프리카에서 독수리를 연구하는 중이었다.

이어진 문장 So(연결 고리인 so를 통해 앞 문장이 원인을 나타내고 뒷문장이 결과를 제시하고 있음) Simmons became convinced that **this competition**(연결고리인 this를 통해서 앞의 경쟁에 대해서 다시 언급하며 문장과의 연결관계를 보여줌) for mates, not stretching for treetop food, was what drove the evolution of the neck.

해석 그래서 Simmons는 나무 꼭대기의 먹이를 위해 내뻗는 것이 아니라, 짝을 얻기 위한 이러한 경쟁이 목의 진화를 촉진한 것이라는 확신을 하게 되었다.

글의 순서 파악하기 05 　풀이 순서에 따른 문제 풀기

예시 문항

다음 주어진 글 뒤에 이어질 순서로 가장 적절한 것은? 2021. 지방직 9급

Growing concern about global climate change has motivated activists to organize not only campaigns against fossil fuel extraction consumption, but also campaigns to support renewable energy.

(A) This solar cooperative produces enough energy to power 1,400 homes, making it the first large-scale solar farm cooperative in the country and, in the words of its members, a visible reminder that solar power represents "a new era of sustainable and 'democratic' energy supply that enables ordinary people to produce clean power, not only on their rooftops, but also at utility scale."

(B) Similarly, renewable energy enthusiasts from the United States have founded the Clean Energy Collective, a company that has pioneered "the model of delivering clean power-generation through medium-scale facilities that are collectively owned by participating utility customers."

(C) Environmental activists frustrated with the UK government's inability to rapidly accelerate the growth of renewable energy industries have formed the Westmill Wind Farm Co-operative, a community-owned organization with more than 2,000 members who own an onshore wind farm estimated to produce as much electricity in a year as that used by 2,500 homes. The Westmill Wind Farm Co-operative has inspired local citizens to form the Westmill Solar Co-operative.

① (C) － (A) － (B)　　　　② (A) － (C) － (B)

③ (B) － (C) － (A)　　　　④ (C) － (B) － (A)

어휘

concern 관계, 관심, 걱정   activist (정치·사회 운동) 운동가, 활동가   extraction 추출
not only A but also B A뿐만 아니라 B도   renewable 재생 가능한   cooperative 협력적
인, 협동조합   scale 규모   solar farm 태양광 발전소   reminder 생각나게 하는 것
represent 대표하다, 나타내다   era 시대   sustainable 지속 가능한   democratic 민주적인
rooftop 옥상   utility 유용성, 공공사업   enthusiast 열렬한 지지자   found 설립하다
pioneer 선구자   facility 시설, 기관   frustrated 좌절한, 실망한   inability 무능   rapidly
빠르게   accelerate 가속하다   onshore (바다가 아닌) 육지[내륙]의   estimate 추정하다
inspire 격려하다

MEMO

글의 순서 파악하기 05 - 1　　**풀이 순서에 따른 문제 해설**

01 　보기를 먼저 확인해서 (A) (B) (C) 중 어느 것으로 먼저 시작할 수 있는지 가능성을 좁혀서 생각한다. → (A) (B) (C) 모두 가능성 있으므로 모두 확인

02 　주어진 보기 문장을 먼저 읽고 **단어 명사에 특히 강조점**을 두며(동그라미) 뒤에 이어질 내용을 예측해 본다.

→ concern(관심, 걱정), climate change(기후 변화), activists(활동가들), organize (조직하다), fossil fuel extraction consumption(화석 연료 추출 소비), renewable energy(재생 에너지)

03 　(A), (B), (C) **첫 문장에서** 주어진 문장과 연결되는 글의 논리적 관계 및 단서 확인
→ (A) This solar cooperative(이 태양 발전 협동조합) ~.
: 지시사 this를 통해서 앞 내용에 태양 발전 협동조합 이야기가 필요한데 주어진 문장에는 태양 발전 협동조합에 관해서 언급이 나오지 않았으므로 주어진 글 다음에 올 수 없다.

→ (B) Similarly, renewable energy enthusiasts from the United States have founded the Clean Energy Collective
: 연결어 Similarly를 통해 앞에 (B) 첫 문장에서 언급하는 내용 '미국의 재생 에너지 지지자들은 Clean Energy Collective를 설립했다'와 비슷한 내용이 나와야 한다는 것을 알 수 있다. 주어진 문장에서는 '어떤 것을 설립했다'라는 내용은 언급되지 않으므로 주어진 글 다음에 올 수 없다.

→ (C) Environmental activists(환경 활동가) renewable energy(재생가능한 에너지) have formed (형성하다) the Westmill Wind Farm Co-operative (Westmill 풍력 발전 협동조합)
: 주어진 글에 나온 내용과 거의 비슷하게 같은 화제로 이야기가 나오고 있으므로 주어진 글 다음에 (C)로 연결한다.

04 　주어진 글과 이어질 하나를 결정한 후 **결정된 하나의 가장 끝부분의 내용과 나머지 이어질 수 있는 부분을 똑같은 방식**으로 찾아준다.

→ (C) 끝 문장에 the Westmill Solar Co-operative(Westmill 태양광 발전 협동조합)이라는 내용과 (A) This solar cooperative(이 태양 발전 협동조합)이 연결된다.

05 　순서가 모두 결정될 때까지 **끝까지 모두 다 연결**되는지 단서에 체크한다.

→ (C)와 (A)를 통해 영국의 이야기가 끝나고 (B)에 미국에서 유사한 사례가 이어지는 게 올바르므로 올바른 순서는 (C) - (A) - (B)이다.

연습 문항

01 다음 주어진 글 뒤에 이어질 순서로 가장 적절한 것은? 2021. 국가직 9급

To be sure, human language stands out from the decidedly restricted vocalizations of monkeys and apes. Moreover, it exhibits a degree of sophistication that far exceeds any other form of animal communication.

(A) That said, many species, while falling far short of human language, do nevertheless exhibit impressively complex communication systems in natural settings.

(B) And they can be taught far more complex systems in artificial contexts, as when raised alongside humans.

(C) Even our closest primate cousins seem incapable of acquiring anything more than a rudimentary communicative system, even after intensive training over several years. The complexity that is language is surely a species-specific trait.

① (A) − (B) − (C) ② (B) − (C) − (A)

③ (C) − (A) − (B) ④ (C) − (B) − (A)

MEMO

02 다음 주어진 글 뒤에 이어질 순서로 가장 적절한 것은?

> The first brands were invented as a 'guarantee of quality'. Customers could feel safe that if they bought Sunlight soap, they were buying a safe and reliable product.

> (A) Your preferred brand is an indication of your status. Talk to any user of an Apple computer.
>
> (B) Today, brands have a similar function as a guarantee of quality. But brands have become more than just a simple guarantee. The brands you buy define who you are.
>
> (C) Secretly or openly, they believe that they are different and slightly superior to Windows users. Apple, in their advertising, has reinforced this distinctive image.

① (B) − (A) − (C)
② (B) − (C) − (A)
③ (C) − (B) − (A)
④ (C) − (A) − (B)

03 다음 주어진 글 뒤에 이어질 순서로 가장 적절한 것은?

Most of us who have ever cleaned a house would be much happier if there was less dust. However, without dust there would be less rainfall and sunsets would be less beautiful.

(A) At the sunrise and sunset, the dust and water vapour molecules reflect the longer, red rays of light in such a way that we can see them for more time. The more dust particles in the air, the more colorful the sunrise or sunset.

(B) Thus water vapour would be much less likely to turn to rain without the dust particles. The water vapour and dust particles also reflect the rays of the sun.

(C) Rain is formed when water molecules in the air collect around particles of dust. When the collected water becomes heavy enough, the water droplets fall to the earth as rain.

① (A) − (C) − (B)　　　　② (B) − (A) − (C)
③ (C) − (B) − (A)　　　　④ (C) − (A) − (B)

04 다음 주어진 글 뒤에 이어질 순서로 가장 적절한 것은?

In today's technology-driven world, almost everyone, at some point in their lives, has either used or had some sort of contact with a microwave oven. Like many of the great inventions of our past, the idea behind the microwave oven was accidentally stumbled upon in 1946.

(A) Shortly after the accidental discovery, engineers at Raytheon went to work on Spencer's new idea, developing and refining it to be of practical use.

(B) Dr. Percy Spencer was working as an engineer with the Raytheon Corporation at the time, when he discovered something very unusual one day while working on a radar-related research project. While testing a new vacuum tube known as a magnetron, he discovered that a candy bar in his pocket had melted.

(C) Intrigued as he was, Spencer decided upon further experimentation. Later on, having pointed the tube at such objects as a bag of popcorn kernels and an egg, with similar results in both experiments (the popcorn popped and the egg exploded), he correctly concluded that the observed effects in each case were all attributed to exposure to low-density microwave energy.

① (A) − (C) − (B)　　　② (B) − (A) − (C)

③ (B) − (C) − (A)　　　④ (C) − (B) − (A)

05 다음 주어진 글 뒤에 이어질 순서로 가장 적절한 것은?

> The "denotation" of a word is what the word literally means. Blue, for instance, means "the color of the sky on a sunny day."

(A) Likewise, We would like to have friends who are "true blue," to win a "blue ribbon", and to own "blue-chip stocks". But we might not like being called a "bluenose".

(B) As you see above, even a simple word naming a color can have a wide range of possible meanings, depending on how it's used. This is what is meant by connotation, the implied(suggested) meaning of a word.

(C) Beyond the denotation of the word, however, we also can find many other meanings in the name of the color. We usually do not like feeling blue, but we may enjoy hearing a great blues singer.

① (B) − (A) − (C)　　　　② (B) − (C) − (A)

③ (C) − (A) − (B)　　　　④ (C) − (B) − (A)

MEMO

06 다음 주어진 글 뒤에 이어질 순서로 가장 적절한 것은?

"Begin with the End in Mind" is based on the principle that all things are created twice. There's a mental or first creation, and a physical or second creation to all things.

(A) If you want a family-centered home, you plan a family room where it would be a natural gathering place. You plan sliding doors and a patio for children to play outside. You work with ideas. You work with your mind until you get a clear image of what you want to build.

(B) Take the construction of a home, for example. You design it in every detail before you ever hammer the first nail into place. You try to get a very clear sense of what kind of house you want.

(C) Then you reduce it to blueprint and develop construction plans. All of this is done before the earth is touched. If not, then in the second creation, the physical creation, you will have to make expensive changes that may double the cost of your home.

① (A) − (C) − (B)   ② (B) − (A) − (C)

③ (B) − (C) − (A)   ④ (C) − (B) − (A)

07 다음 주어진 글 뒤에 이어질 순서로 가장 적절한 것은?

Observations are not always undertaken with a clear sense of what data may be relevant. On a long and rough sea voyage in 1882, many of the ship's passengers were afflicted with seasickness.

(A) James speculated that seasickness must be due to some temporary disturbance of the inner ear, a problem to which the deaf mutes were not sensitive at all. Later experimentation, some carried out by James, confirmed this suspicion.

(B) This crucial clue about the causes of seasickness came thanks to James' ability to see the importance of something interesting that others had overlooked.

(C) One who was not was the American philosopher and psychologist, William James. James had the great good fortune to notice that 15 of the passengers, all of whom were deaf and mute, were completely unaffected.

① (A) − (C) − (B)
② (B) − (C) − (A)
③ (C) − (A) − (B)
④ (B) − (A) − (C)

08 다음 주어진 글 뒤에 이어질 순서로 가장 적절한 것은?

There is a wonderful story of a group of American car executives who went to Japan to see a Japanese assembly line. At the end of the line, the doors were put on the hinges, the same as in America.

(A) But something was missing. In the United States, a line worker would take a rubber mallet and tap the edges of the door to ensure that it fit perfectly. In Japan, that job didn't seem to exist.

(B) Confused, the American auto executives asked at what point they made sure the door fit perfectly. Their Japanese guide looked at them and smiled sheepishly. "We make sure it fits when we design it."

(C) In the Japanese auto plant, they didn't examine the problem and accumulate data to figure out the best solution — they engineered the outcome they wanted from the beginning. If they didn't achieve their desired outcome, they understood it was because of a decision they made at the start of the process.

① (A) − (B) − (C)　　　　② (A) − (C) − (B)
③ (B) − (A) − (C)　　　　④ (B) − (C) − (A)

09 다음 주어진 글 뒤에 이어질 순서로 가장 적절한 것은?

> Ignite a candle, a cigarette, or a ball of cotton. You will note that each one will burn at different rates in air.

> (A) If each lighted object is placed in a jar of pure nitrogen, each one will stop burning.
>
> (B) The cotton will just smolder or burn very slowly. The cigarette burns steadily but shows little flame; the candle flame is obvious.
>
> (C) The composition of air is about 1/5 oxygen and 4/5 nitrogen. If you place each of these objects in turn into a jar of pure oxygen, the candle will burn brighter and the slowly burning cigarette or the smoldering cotton will burst into flame.

① (A) − (B) − (C)　　② (A) − (C) − (B)

③ (B) − (C) − (A)　　④ (C) − (A) − (B)

10 다음 주어진 글 뒤에 이어질 순서로 가장 적절한 것은?

On November 2, 1988, thousands of computers connected to the Internet began to slow down. Many eventually ground to a temporary halt. No data were destroyed, but a lot of computing time was lost as computer system administrators fought to regain control of their machines.

(A) There it hid itself and passed around misleading information that made it harder to detect and counteract. Within a few days The New York Times identified the hacker as Robert Morris, Jr., a twenty-three-year old graduate student at Cornell University.

(B) The cause turned out to be a mischievous computer program called a "worm" that was spreading from one computer to another on the network, replicating as it went. The worm used an unnoticed "back door" in the system's software to directly access the memory of the computers it was attacking.

(C) He later testified that he had designed and then unleashed the worm to see how many computers it would reach but that a mistake in his programming had caused the worm to replicate far faster than he had expected.

① (A) − (B) − (C)　　　② (A) − (C) − (B)
③ (B) − (A) − (C)　　　④ (B) − (C) − (A)

연습 문항 해설

01 다음 주어진 글 뒤에 이어질 순서로 가장 적절한 것은?

> To be sure, human language stands out from the decidedly restricted vocalizations of <u>monkeys and apes</u>. Moreover, it exhibits a degree of sophistication that far exceeds any other form of <u>animal communication</u>. (C) <u>Even our closest primate cousins</u> seem <u>incapable of</u> acquiring anything more than a <u>rudimentary communicative system</u>, even after intensive training over several years. The complexity that is language is surely a species-specific trait. (A) <u>That said</u>, <u>many species</u>, while falling far short of human language, do nevertheless exhibit impressively <u>complex communication systems</u> in natural settings. (B) <u>And they</u> can be taught far <u>more complex systems</u> in artificial contexts, as when raised along side humans.

해석 및 정답의 단서

확실히 인간의 언어는 <u>원숭이나 유인원</u>의 제한된 발성과는 분명한 차이가 있다. 게다가, 그것은(인간의 언어는) 다른 어떤 형태의 동물들의 의사소통을 훨씬 뛰어넘는 정도의 정교함을 보여준다. (C) 심지어 우리의 가장 가까운 <u>영장류 사촌들</u>도 몇 년 동안 집중적인 훈련을 받은 후 <u>기본적 의사소통 체계</u> 그 이상은 습득할 수 없는 것처럼 보인다. 언어의 복잡성은 확실히 종의 고유 특성이다. (A) <u>그렇긴 해도</u>, 인간의 언어에는 크게 훨씬 부족하지만, 그럼에도 불구하고 <u>많은 종들은</u> 자연환경에서 인상적으로 <u>복잡한 의사소통 체계</u>를 보여준다. (B) <u>그리고</u> 그들은 인간과 함께 길러질 때 같은 인위적인 상황에서 훨씬 <u>더 복잡한</u> 체계들을 배울 수 있다.

해설

③ (C) − (A) − (B)

주어진 글은 인간의 언어가 원숭이나 유인원 등과 같은 동물들의 의사소통을 뛰어넘는 정교함을 보여준다고 이야기하고 있다. 그리고 이 내용과 가장 비슷한 내용을 이야기하는 (C)에서 추가 설명이 이어진다. 그 이후에는 (A)에는 (C)와 대조되는 이야기로서 함께 이어지고 (B)가 (A)에 대한 내용과 비슷하게 추가 설명을 하고 있으므로 (C) − (A) − (B)로 이어져야 한다.

출제 포인트

순서 맞출 때는 같은 화제끼리 묶어주고 언어적 단서들(연결사, 지시사, 대명사)을 고려하여야 한다. 주어진 글과 (C)의 내용은 비슷하다. 또한 'That said' 같은 연결어를 통해 내용이 각각 'rudimentary(기초적인)'와 'complex(복잡한)'로 역접을 이루고 있고 'And'와 'they'를 통해 앞 내용과 비슷한 내용이 추가되고 있다.

어휘

stand out 두드러지다, 눈에 띄다   decidedly 분명히, 확실히   restricted 제한된 vocalization 발성   ape 유인원   exhibit 보여주다   sophistication 정교함 exceed 뛰어넘다   That said 그렇긴 해도   artificial 인위적인, 인공적인 alongside ~와 함께   primate 영장류   incapable of ~할 수 없는   acquire 습득 하다, 얻다   rudimentary 기본적인, 기초의

02 다음 주어진 글 뒤에 이어질 순서로 가장 적절한 것은?

The first **brands** were invented as a **'guarantee of quality'**. Customers could feel safe that if they bought Sunlight soap, they were buying a safe and reliable product. (B) Today, brands have a similar function as a **guarantee of quality**. But brands have become more than just a simple guarantee. The brands you buy define who you are. (A) **Your preferred brand** is an indication of your status. Talk to any user of <u>an Apple computer</u>. (C) Secretly or openly, **they** believe that they are different and slightly **superior to Windows users**. Apple, in their advertising, has reinforced this distinctive image.

해석 및 정답의 단서

최초의 브랜드는 품질 보증으로서 고안되었다. 고객들은 만약 그들이 Sunlight 비누를 산다면 그들이 안정하고 믿음직한 상품을 사는 것이라고 믿을 수 있었다. **(B)** 오늘날 **브랜드는** 품질 보증과 비슷한 기능을 한다. 그러나 브랜드는 간단한 보증 그 이상이 되었다. **당신이 구매하는 브랜드는 당신이 누군인지 정의한다**. **(A) 당신이 선호하는 브랜드는 당신의 지위**를 암시한다. **애플 컴퓨터 사용자**와 대화를 나눠보라. **(C)** 몰래 혹은 공개적으로 **그들은** 윈도우 사용자보다 그들이 다르거나 약간 **더 우월하다고 생각**한다. 애플은 그들이 광고하는 데 있어서 이 구별적인 이미지를 강화했다.

해설

① (B) − (A) − (C)

주어진 글에서는 브랜드와 품질 보증 기능에 관한 이야기가 나오고 있고 **(B)**의 문장에서 같은 내용이 반복되고 있다. 그리고 **(A)**에서 브랜드와 지위에 관한 내용이 나오면서 애플의 이야기를 통해 구체적으로 제시된 내용이 **(C)**로 이어지므로 답은 **(B)** − **(A)** − **(C)**로 이어져야 한다.

출제 포인트

어휘가 겹치는 부분이 많으면 많을수록 같은 화제의 이야기이므로 같은 내용끼리 묶어서 순서를 맞춰준다. 이런 문제를 통해서 알 수 있듯이 순서 맞추기에서 가장 중요한 출제 포인트 중에 하나는 반드시 같은 화제끼리 내용이 이어진다는 점이다.

어휘

invent 고안하다, 발명하다   guarantee 보증   quality 질, 품질   reliable 믿음직한 prefer 선호하다   indication 암시, 조짐   status 지위   define 정의하다   secretly 몰래   slightly reinforce 강화하다   distinctive 구별적인, 특징적인   superior 더 우월한

03 다음 주어진 글 뒤에 이어질 순서로 가장 적절한 것은?

> Most of us who have ever cleaned a house would be much happier if there was less dust. However, without <u>dust</u> there would be less <u>rainfall</u> and sunsets would be less beautiful. (C) <u>Rain</u> is formed when water molecules in the air collect around particles of <u>dust</u>. When the collected water becomes heavy enough, <u>the water droplets</u> fall to the earth as <u>rain</u>. (B) <u>Thus water vapour</u> would be much less likely to <u>turn to rain</u> without the dust particles. The water vapour and dust particles also reflect <u>the rays of the sun</u>. (A) At the sunrise and sunset, the dust and water vapour molecules reflect the longer, <u>red rays of light</u> in such a way that we can see them for more time. The more dust particles in the air, the more colorful the sunrise or sunset.

해석 및 정답의 단서

집을 청소해 본 적이 있는 우리 대부분은 만약 먼지가 별로 없다면 훨씬 더 행복해질 것이다. 그러나 **먼지가 없다면 더 적은 강수량이 있을 것이고** 일몰이 덜 아름다울 것이다. (C) **비는** 공기 중 물 분자가 **먼지 입자** 근처에 모였을 때 생성된다. 모인 물이 충분히 무거워지면 **물방울이 비가 되어 땅으로 떨어진다**. (B) **따라서 수증기는 먼지 분자 없이는 훨씬 덜 비로 변할 것**이다. 수증기와 먼지 입자는 또한 **태양의 광선을** 반사한다. (A) 일출이나 일몰 때 먼지와 수증기 분자는 **더 긴 적색 광선을** 우리가 그것들을 더 많은 시간 동안 볼 수 있는 방식으로 반사한다. 공기 중에 먼지 입자가 더 많으면 많을수록, 일출과 일몰이 더욱 아름다워진다.

해설

③ (C) − (B) − (A)

주어진 글에서는 먼지와 강수량과 일몰에 관한 내용이 나왔으므로 이와 비슷한 내용을 설명하고 있는 (C)에서 비가 만들어지는 과정이 시작되고 있으므로 주어진 글과 연결된다. (B)에서 물방울이 비로 바뀌는 내용과 광선 이야기가 나오고 있다. (A)에서 광선에 대한 이야기가 더 추가로 나오고 있다.

출제 포인트

어휘가 겹치는 부분이 많으면 많을수록 같은 화제의 이야기이므로 같은 내용끼리 묶어서 순서를 맞춰준다.

어휘

dust 먼지   rainfall 강수량   sunset 일몰   vapour 증기, 수증기   particle 입자[조각]

04 다음 주어진 글 뒤에 이어질 순서로 가장 적절한 것은?

In today's technology-driven world, almost everyone, at some point in their lives, has either used or had some sort of contact with a microwave oven. Like many of the great inventions of our past, the idea behind the microwave oven was accidentally stumbled upon in 1946. (B) **Dr. Percy Spencer** was working as an engineer with the Raytheon Corporation at the time, when he discovered something very unusual one day while working on a radar-related research project. While **testing a new vacuum tube** known as a magnetron, he discovered that a candy bar in his pocket had melted. (C) Intrigued as he was, **Spencer** decided upon **further experimentation**. Later on, having pointed the tube at such objects as a bag of popcorn kernels and an egg, with similar results in both experiments (the popcorn popped and the egg exploded), he correctly concluded that the observed effects in each case were all attributed to exposure to low-density microwave energy. (A) **Shortly after the accidental discovery**, **engineers** at Raytheon went to work on Spencer's new idea, developing and refining it to be of practical use.

해석 및 정답의 단서

오늘날의 기술 중심 세계에서 거의 모든 사람이 그들의 삶의 어느 시점에서 전자레인지를 사용하고 있거나 어떤 종류의 접촉을 했다. 우리의 과거의 많은 위대한 발명품들처럼, 전자레인지 뒤에 숨겨진 아이디어는 **1946**년에 우연히 발견되었다. (B) **Percy Spencer 박사는** 그 당시 Raytheon Corporation의 기술자로 일하고 있는 중이었는데, 어느 날 그가 레이더와 관련된 연구 프로젝트를 추진하는 과정에서 매우 특이한 무엇인가를 발견하게 되었다. 전자관으로 알려진 새로운 진공관을 테스트하는 동안, 그는 그의 호주머니에 있던 초코바가 녹았다는 사실을 발견했다. (C) **그는 매우 흥미롭다고 생각해서 추가의 실험을 해 보기로 결정했다.** 나중에, 팝콘 알갱이 한 봉지와 달걀에 그 진공관을 향하게 해서 두 실험 모두에서 비슷한 결과를 얻은 후 (팝콘과 달걀 모두 펑하고 터졌다), 그는 **각 실험에서 목격된 결과가** 모두 저밀도의 극초단파 에너지에 노출되었기 때문이라고 정확하게 **결론을 내렸다.** (A) **뜻밖의 발견 직후에,** Raytheon에 있는 기술자들은 Spencer의 새로운 아이디어를 돕기 위해 모였고 그것을 실용적으로 사용하기 위해 개발하고 개량했다.

해설

③ (B) − (C) − (A)

주어진 글에서 주제문인 '전자레인지 뒤에 숨겨진 아이디어'가 발견되었다는 내용이 제시되고 그 뒤에 발견되는 과정이 자세하게 나온 글이다. (B)에서 기술자인 Percy Spencer 박사가 실험을 했고 (C)에서 그가 추가 실험을 하고 이에 대한 결론이 나왔고 (A)에서는 그 발견 이후의 내용이 전개되어 있으므로 정답은 ③번이다.

출제 포인트

일반적으로 'Percy Spencer'와 같이 이름과 성이 한 번에 나오고 인물에 대한 정의가 먼저 이루어진다. 그리고 이 인물을 받을 때는 대명사나 성으로 대신 지칭하므로 알아두면 문제를 푸는 데 도움이 된다.

어휘

technology-driven 기술 주도형의   microwave oven 전자레인지   accidentally 우연히, 뜻하지 않게   stumble upon 우연히 발견하다, 우연히 만나다   accidental 우연한   refine 정제하다   practical 현실적인, 실제적인   unusual 특이한, 흔치 않은   vacuum tube 진공관   magnetron 전자관   melt 녹다   intrigue 흥미를 불러일으키다   experimentation 실험   kernel 알맹이   pop 펑하고 터지다   explode 터지다, 폭발하다   correctly 정확하게   be attributed to ~에 기인하다   low-density 저밀도

05 다음 주어진 글 뒤에 이어질 순서로 가장 적절한 것은?

The "denotation" of a word is what the word literally means. Blue, for instance, means "the color of the sky on a sunny day. (C) Beyond the denotation of the word, however, we also can find many other meanings in the name of the color. We usually do not like feeling blue, but we may enjoy hearing a great blues singer. (A) Likewise, We would like to have friends who are "true blue," to win a "blue ribbon", and to own "blue-chip stocks". But we might not like being called a "bluenose". (B) As you see above, even a simple word naming a color can have a wide range of possible meanings, depending on how it's used. This is what is meant by connotation, the implied(suggested) meaning of a word.

해석 및 정답의 단서

하나의 단어의 "denotation(명시적 의미)"은 그 단어의 문자 그대로의 의미를 말한다. 예를 들어, "blue"는 "화창한 날의 하늘의 색깔"을 의미한다. (C) 그러나 그 단어의 명시적 의미 너머에서 우리는 색깔의 이름에서 또한 많은 다른 의미들을 찾을 수 있다. 우리는 대개 '우울하게' 느끼는 것을 좋아하지 않지만, 위대한 '블루스' 가수의 노래를 듣는 것을 즐길지도 모른다. (A) 마찬가지로 우리는 '충직한' 친구를 가지고 싶어 하고, '최상의 것'을 얻고 싶어 하며, '우량주'를 보유하고 싶어 한다. 그러나 우리는 '청교도적인 사람'이라고 불리는 것을 좋아하지 않을 수도 있다. (B) 당신도 알다시피, 색깔을 일컫는 간단한 단어조차, 그것이 어떻게 사용되느냐에 따라 광범위한 의미를 가질 수 있다. 이것이 바로 어느 단어의 함축된 (암시되는) 의미인 connotation에 의해 의미되는 것이다.

정답 및 해설

③ (C) − (A) − (B)

주어진 글 다음에 역접으로 시작하는 문장의 순서도 공무원 시험에서 자주 나오는 유형이므로 주어진 글 뒤에 역접 연결사 예를 들어, 'However'나 'But' 등이 나오고 주어진 글과 반대되는 이야기가 전개될 수 있음을 알아두자. 한편, 유사한 사례를 추가할 때 쓰는 연결사인 'Likewise'는 앞에 구체적인 내용이 먼저 나오고 쓰이는 접속사이다.

어휘

denotation 외연, 명시적 의미　literally 글자 그대로　true blue 충실한; 보수적인　blue ribbon 최고의 명예　blue-chip stocks 우량주　bluenose 청교도적인 사람, 도덕군자　depending on ~에 따라　connotation 함축　implied 함축된, 암시적인　blues 블루스; 우울

06 다음 주어진 글 뒤에 이어질 순서로 가장 적절한 것은?

"Begin with the End in Mind" is based on the principle that all things are created twice. There's **a mental or first creation**, and **a physical or second creation to all things**. (B) Take the construction of **a home, for example**. You design it in every detail before you ever hammer the first nail into place. You try to get a very clear sense of **what kind of house you want**. (A) If **you want a family-centered home**, you plan a family room where it would be a natural gathering place. You plan sliding doors and a patio for children to play outside. You work with ideas. **You work with your mind until you get a clear image of what you want to build**. (C) **Then you reduce it to blueprint and develop construction plans**. All of this is done before the earth is touched. If not, then in the second creation, the physical creation, you will have to make expensive changes that may double the cost of your home.

해석 및 정답의 단서

"목적을 염두에 두고 시작하라"는 모든 것이 두 번 만들어진다는 원칙에 근거한 것이다. 모든 사물에는 **정신적인 혹은 첫 번째 창조와 물리적인 혹은 두 번째 창조**가 있다. **(B) 예를 들어, 집 한 채**를 건설한다고 해 보자. 당신은 장소에 첫 번째 못을 박기 전에 그것을 상세하게 고안한다. **당신은 어떤 종류의 집을 원하는지에** 대해 분명히 파악하기 위해 노력한다.

(A) 만일 **당신이 가족 중심의 집을 원한다면**, 당신은 자연스러운 모임장소가 될 가족방을 계획한다. 당신은 미닫이문과 아이들이 밖에서 놀 수 있는 테라스를 계획한다. 당신은 생각을 가지고 일한다. **당신은 당신이 짓고 싶어 하는 것의 확실한 이미지를 가질 때까지 의식을 가지고 일한다.**

(C) **그리고 나서 당신은 그것을 청사진으로 옮기고 설계도를 만든다.** 이 모든 것이 땅에 손을 대기 전에 이루어지는 것이다. 그렇지 않다면, 두 번째 창조인 물리적 창조에서 당신은 당신 집의 비용을 두 배로 만들지도 모르는 비싼 변경을 해야 할 것이다.

정답 및 해설

② (B) − (A) − (C)

주어진 글에서 주제문이 제시되고 사례가 (B)에 제시되고 있다. (B) 마지막 문장에서 '당신이 원하는 집'에 대한 언급이 있고 이를 구체적으로 설명하는 문장이 (A) 시작 문 장에서 '당신이 가족 중심의 집을 원한다'라고 나와 있으므로 (B) 뒤에 (A) 가 어울리고 그 뒤에 원하는 집을 설계도로 만든다는 (C)가 따라와야 자연스러운 글의 순서가 된다.

어휘

creation 창조, 창작　family-centered 가족 중심의　natural 자연스러운　gathering place 모임 장소　patio 테라스　construction 건설, 공사　in every detail 모든 면에서, 상세하게　hammer a nail into 못을 박다　reduce A to B A를 B로 바꾸 다, 옮기다　blueprint 청사진, 계획　double 두 배로 만들다

07 다음 주어진 글 뒤에 이어질 순서로 가장 적절한 것은?

Observations are not always undertaken with a clear sense of what data may be relevant. On a long and rough sea voyage in 1882, many of **the ship's passengers were afflicted with seasickness**. (C) **One who was not** was the American philosopher and psychologist, William James. James had the great good fortune to notice that 15 of the passengers, all of whom were deaf and mute, were completely unaffected. (A) **James speculated** that **seasickness** must be due to some temporary disturbance of the inner ear, a problem to which the deaf mutes were not sensitive at all. Later experimentation, some carried out by James, confirmed this suspicion. (B) **This crucial clue about the causes of seasickness** came thanks to James' ability to see the importance of something interesting that others had overlooked.

해석 및 정답의 단서

관찰이 항상 어떤 자료가 관련 있는지에 대한 정확한 의식을 가지고 수행되는 것은 아니다. 1882년 길고 거친 **바다 항해에서 그 배의 많은 승객들이 뱃멀미에 시달렸다**. (C) **뱃멀미가** 없었던 한 사람은 미국 철학자이자 심리학자였던 **William James였다.** James는 **그 승객들 중 15명이 모두 농아**였는데 그들이 완전히 영향을 받지 않았다는 사실을 알아차리는 대단한 행운을 가졌다.

(A) **James는** 뱃멀미가 분명히 농아들이 전혀 영향받지 않는 문제인 내이의 일시적인 방해 때문일 것이라 추측했다. 나중의 실험에서, James가 시행한 몇몇 실험은 이런 의혹을 확증했다.

(B) **뱃멀미의 원인에 대한 이런 결정적인 단서는** 다른 사람들이 간과한 흥미로운 무엇인가의 중요성을 볼 수 있는 **James**의 능력 덕분에 발견될 수 있었다.

정답 및 해설

③ (C) − (A) − (B)

이름과 성(William James)을 제시한 문장이 성(James)만 제시하는 문장보다 더 먼저 나오게 된다. 따라서 이름과 성이 모두 제시된 (C)가 먼저 오고 (C)에서 언급된 '농아'에 관한 이야기가 (A)에서 이어지고 있으므로 그 다음 순서에 와야 한다.

어휘

observation 관찰, 관측   undertake 떠맡다, 착수하다   relevant 관련 있는, 적절한
voyage 여행, 항해   passenger 승객   be afflicted with ~에 시달리다
seasickness 뱃멀미   speculate 추측하다, 짐작하다   temporary 일시적인, 임시의
disturbance 방해, 소동   inner ear 내이   deaf mutes (때로 모욕적) 농아
experimentation 실험   carry out 이행하다, 완수하다   confirm 확증하다, 확인하다
suspicion 혐의, 의혹   crucial 중대한, 결정적인   clue 단서, 실마리   thanks to
~덕분에   overlook 간과하다; 눈감아 주다   philosopher 철학자   fortune 운, 행운;
재산   unaffected 영향을 받지 않는

08 다음 주어진 글 뒤에 이어질 순서로 가장 적절한 것은?

There is a wonderful story of a group of American car executives who went to Japan to see a <u>Japanese assembly line</u>. At the end of the line, <u>the doors were put on the hinges, the same as in America</u>. (A) <u>But something was missing</u>. <u>In the United States</u>, a line worker would take a rubber mallet and tap the edges of the door to ensure that it fit perfectly. <u>In Japan</u>, that job didn't seem to exist. (B) <u>Confused, the American auto executives</u> asked at what point they made sure the door fit perfectly. Their Japanese guide looked at them and smiled sheepishly. "We make sure it fits when we design it." (C) <u>In the Japanese auto plant</u>, they didn't examine the problem and accumulate data to figure out the best solution — they engineered the outcome they wanted from the beginning. If they didn't achieve their desired outcome, they understood it was because of a decision they made at the start of the process.

해석 및 정답의 단서

일본 조립 라인을 보기 위해 일본에 간 미국 자동차 임원들의 놀라운 이야기가 있다. 그 라인의 끝에는 미국처럼 문짝에 경첩을 달았다. **(A) 하지만** 뭔가 빠져 있었다. 미국에서는 라인 노동자가 나무망치를 가지고 문 가장자리를 두드려서 그것이 완벽하게 맞는지 확인하곤 했다. 일본에서는 그런 일이 존재하지 않는 것 같았다. **(B) 당황한 미국 자동차 임원들은** 어느 시점에 문이 꼭 맞는 것을 확인하는지 물었다. 그들의 일본인 안내원이 그들을 바라보며 열없게 웃었다. "애초에 디자인할 때 꼭 맞도록 한다."고 말했다. **(C) 일본 자동차 공장에서** 그들은 최상의 해결책을 찾아내기 위해 문제를 조사하거나 데이터를 축적하지 않았다. ─ 그들은 처음부터 그들이 원하는 결과를 설계했다. 만약 그들이 원하는 결과를 얻지 못했다면, 그들은 그것이 그 과정의 시작에서 내린 결정 때문이라고 이해했다.

정답 및 해설

① (A) − (B) − (C)

주어진 글에서는 일본과 미국의 조립라인의 공통점이 나오고 있고 (A)의 역접 연결사인 But을 통해 주어진 글과 다르게 미국과 일본의 같지 않은 점이 제시되고 있다. (A)의 후반부에 나온 내용은 '문이 꼭 맞는지 확인'과 관련된 내용이고 이와 비슷한 내용이 (B)의 초반에 제시되고 있으므로 (A) − (B) − (C)가 올바르다.

어휘

assembly line 조립 라인   hinge 경첩, 경첩을 달다   mallet 나무망치   sheepishly 순하게, 소심하게   accumulate 모으다, 축적하다

09 다음 주어진 글 뒤에 이어질 순서로 가장 적절한 것은?

Ignite <u>a candle, a cigarette, or a ball of cotton</u>. You will note that each one will <u>burn at different rates in air</u>. (B) <u>The cotton</u> will just smolder or <u>burn very slowly</u>. The cigarette burns steadily but shows little flame; the candle flame is obvious. (C) <u>The composition of air is about 1/5 oxygen and 4/5 nitrogen</u>. If you place each of these objects in turn into a jar of pure oxygen, the candle will burn brighter and the slowly burning cigarette or the smoldering cotton will burst into flame. (A) If each lighted object is <u>placed in a jar of pure nitrogen</u>, each one will stop burning.

해석 및 정답의 단서

<u>양초, 담배, 또는 솜뭉치</u>에 불을 붙여라. 공기 중에서 <u>각각 다른 속도로 타는</u> 것을 알게 될 것이다. (B) <u>솜은</u> 단지 그을리거나 <u>매우 천천히</u> 탈 것이다. 담배는 꾸준히 타지만 불꽃은 거의 보이지 않는다. 반면 양초의 불꽃은 분명히 보인다. (C) <u>공기의 구성은 약 1/5의 산소와 4/5의 질소이다</u>. 만약 이 물체들 각각을 순수한 산소통 속에 차례대로 넣으면, 양초는 밝게 탈 것이고 천천히 타는 담배나 검게 그을리는 솜은 갑자기 불꽃을 터트릴 것이다. (A) 만약에 각각의 불이 붙은 물체가 순수한 <u>질소통에 놓여있다면</u>, 각각 타는 것을 멈출 것이다.

정답 및 해설

③ (B) − (C) − (A)

주어진 글에서 양초, 담배, 솜뭉치 각각 세 개의 물체가 다른 속도로 탄다라는 내용이 제시되고 있고, (B)에서 '솜은 매우 천천히 탄다'라는 구체적인 정보가 이어지고 있으므로 주어진 글 뒤에 이어져야 한다. 그 이후에 (C) 공기의 구성이 '산소와 질소'로 구성되어 있다는 일반적인 정보가 먼저 나오고, 마지막에 공기의 구성요소 중에서 질소에만 국한된 상황에서의 물체에 대한 설명이 나오는 (A)가 그 뒤에 이어져야 올바른 순서가 된다.

어휘

ignite 불을 붙이다   candle 양초   cigarette 담배   cotton 솜   smolder 연기나다   steadily 꾸준히, 착실하게   flame 불길, 불꽃   composition 구성   oxygen 산소   nitrogen 질소   place 두다, 놓다   burst 파열하다, 폭발하다   obvious 명백한, 명료한   jar 단지, 병

10 다음 주어진 글 뒤에 이어질 순서로 가장 적절한 것은?

> On November 2, 1988, <u>thousands of computers</u> connected to the Internet began to slow down. <u>Many eventually ground to a temporary halt</u>. No data were destroyed, but a lot of computing time was lost as computer system administrators fought to regain control of their machines. (B) <u>The cause</u> turned out to be <u>a mischievous computer program called a "worm"</u> that was spreading from one computer to another on the network, replicating as it went. The worm used an unnoticed <u>"back door"</u> in the system's software to directly access the memory of the computers it was attacking. (A) <u>There</u> it hid itself and passed around misleading information that made it harder to detect and counteract. Within a few days The New York Times identified the hacker as <u>Robert Morris, Jr</u>., a twenty-three-year old graduate student at Cornell University. (C) <u>He</u> later testified that he had designed and then unleashed the worm to see how many computers it would reach but that a mistake in his programming had caused the worm to replicate far faster than he had expected.

해석 및 정답의 단서

1988년 11월 2일, 인터넷과 연결된 **수천 대의 컴퓨터들이** 속도가 늦어지기 시작했다. **많은 컴퓨터가 마침내 일시적으로 멈췄다**. 데이터들이 파괴되지 않았지만, 컴퓨터 시스템 관리자들이 그들의 기계의 통제력을 되찾기 위하여 노력할 때 많은 계산 시간이 손실되었다. (B) **그 원인은** 가는 곳마다 복제하면서 네트워크상에서 한 컴퓨터에서 또 다른 컴퓨터로 퍼지는, **"worm"이라고 불리는 유해한 컴퓨터** 프로그램으로 판명되었다. **worm은** 그것이 공격하고 있는 컴퓨터들의 메모리에 직접적으로 접근할 수 있는 시스템 소프트웨어의 눈에 띄지 않는 **"back door"**를 사용했다. (A) **거기에서** 그것은 자신의 몸은 숨겼고 그것을 탐지하고 반격하는 것을 어렵게 만드는 잘못된 정보들을 올렸다. 며칠 이내에, 뉴욕 타임즈는 코넬 대학교의 23세 대학원생인 **Robert Morris, Jr.** 를 그 해커라고 신분을 확인했다. (C) **그는** 나중에 그것이 얼마나 많은 컴퓨터에 도달하는지를 알아보기 위하여 그 worm을 디자인하고 퍼뜨렸지만, 그의 프로그래밍의 실수가 그 worm이 그가 예상했던 것보다 훨씬 더 빠르게 복제되는 것을 초래했다고 증언했다.

정답 및 해설

③ (B) − (A) − (C)

주어진 글에서 컴퓨터가 느려지다가 결국 멈추게 되었다는 문제 상황이 제시되었기 때문에 그 이후에 원인을 밝히는 내용을 담고 있는 (B)가 주어진 글 뒤에 이어진다. 또한, (B) 마지막 문장에 제시된 "back door"를 (A) 첫 문장에서 장소를 대시하는 부사인 'There'을 통해 추가 설명하고 있으므로 (B) 뒤에 (A)가 나오는 것이 올바르다. 한편, (C) 처음에 나오는 'he'는 (A) 마지막에서 언급된 해커를 받고 있다.

어휘

thousands of 수천의　halt 멈춰서다　regain 되찾다　administrator 관리자
computing 계산　mischievous 유해한　turn out 판명되다　directly 직접
unnoticed 눈에 띄지 않는　detect 탐지하다　counteract 반격하다　unleash 촉발시키다

06 문장 삭제 유형

📋 문장 삭제 유형   출제 빈도 분석

출제 연도	국가직	지방직
2022	1개	1개
2021	1개	1개
2020	1개	1개
2019	1개	1개
2018	1개	1개
2017	1개	1개

📋 문장 삭제 유형   대비 전략

01   주어진 문장의 알맞은 위치 찾기, 주어진 글 다음에 이어질 글의 순서 고르기, **글의 흐름과 무관한 문장 고르기**, 주어진 글의 요약문 완성하기 등의 유형은 쓰기 능력을 간접적으로 평가하기 위한 유형으로, 좋은 글쓰기를 위해 필요한 **통일성**(하나의 단락에 하나의 주제), **일관성**(문장이나 내용이 서로 긴밀하게 구성되어야 한다는 원리, 이를 위해서 문장과 문장의 사이는 접속어와 지시어를 적절히 사용하여 일관성을 이루고, 문단과 문단 사이에서는 시간적 흐름, 공간적 흐름에 따른 논리적 배열 방법으로 일관성을 달성), **응집성**(문장과 문장 사이를 구성하는 여러 요소들 사이의 표면적인 연결 관계)에 대한 이해도를 평가한다.

02   본 유형으로 출제되는 문항의 정답을 찾기 위해서는 주어진 글을 신속히 읽고 글의 소재 및 중심 내용을 파악한 후, 문장 간의 논리적 관계와 단서를 활용하여 전체 흐름을 종합적으로 파악하는 능력이 무엇보다 중요하다. 특히, 예시, 나열, 비교와 대조, 원인과 결과 등 글쓰기에서 사용되는 보편적 글의 구조를 이해하는 능력이 필요하다.

03   공무원 시험에서 문장 제거 유형은 매년 꾸준히 한 문제씩 출제되는 유형이다. 문장 제거 유형을 시간 이내에 정확하게 풀기 위해서는 글 초반에 나오는 주제를 빠르고 정확하게 파악하고 문장과 문장의 내용이 연결되는지 확인하는 습관을 키우고 연습을 통해 내 것으로 만든다면 분명 시험장에서도 충분히 맞출 수 있는 유형이다.

MEMO

문장 삭제 유형 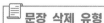 글의 흐름상 어색한 문장 고르기

핵심 개념

글의 흐름과 무관한 문장 고르기 유형은 쓰기 능력을 간접적으로 평가하기 위한 유형으로 좋은 글쓰기를 위해 필요한 **통일성**, **일관성**, 그리고 **응집성**에 대한 이해도를 평가한다.

예시 문항

글의 흐름상 가장 어색한 문장은?

There was no divide between science, philosophy, and magic in the 15th century. All three came under the general heading of 'natural philosophy'. ① Central to the development of natural philosophy was the recovery of classical authors, most importantly the work of Aristotle. ② Humanists quickly realized the power of the printing press for spreading their knowledge. ③ At the beginning of the 15th century Aristotle remained the basis for all scholastic speculation on philosophy and science. ④ Kept alive in the Arabic translations and commentaries of Averroes and Avicenna, Aristotle provided a systematic perspective on mankind's relationship with the natural world. Surviving texts like his Physics, Metaphysics, and Meteorology provided scholars with the logical tools to understand the forces that created the natural world.

01 해결 전략

Step 01   글 초반에 언급되는 주제를 확인한다.

Step 02   각 ①번, ②번, ③번, 그리고 ④번 문장의 내용이 글의 전체 주제와 부합한지 확인하며 앞 뒤 문장과도 흐름이 잘 이어지는지 확인한다.

Step 03   흐름상 어색한 문장을 제외하고 문장과 문장이 잘 연결되는지 확인한다.

02 해결 전략 문제에 적용하기

Step 01   글 초반에 언급되는 주제를 확인한다.
➡ 15세기 자연철학

Step 02   각 ①번, ②번, ③번, 그리고 ④번 문장의 내용이 글의 전체 주제와 부합한지 확인하며 앞과 뒤 문장과도 흐름이 잘 이어지는지 확인한다.
① 과학과 철학 그리고 마술을 포함하는 자연철학의 발전과 아리스토텔레스의 역할
② 인문주의자들이 인쇄기의 힘을 깨달음 → 무관한 문장
③ 15세기 초에 아리스토텔레스는 스콜라 학파 철학과 과학의 논쟁에 기초가 되었다.
④ 아리스토텔레스는 인류와 자연 세계의 관계에 대한 체계적인 관점 제공

Step 03   흐름상 어색한 문장을 제외하고 문장과 문장이 잘 연결되는지 확인한다.

예시 문항 **해설**

해석 15세기에는 과학, 철학, 마술 사이에 어떤 구분도 없었다. 이 세 가지 모두 '자연 철학'이라는 일반 제목 아래에 들어갔다. ① 자연 철학의 발전의 중심은 고전 작가들의 복원이었고, 가장 중요한 것은 아리스토텔레스의 작품이었다. ② **인문주의자들은 그들의 지식을 전파하는 인쇄기의 힘을 빠르게 깨달았다.** ③ 15세기 초에 아리스토텔레스는 스콜라 학파 철학과 과학의 논쟁에 기초가 되었다. ④ 아리스토텔레스는 아랍어 번역과 아비세나의 논평에서도 유지된 인류와 자연세계의 관계에 대한 체계적인 관점을 제공했다. 그의 물리학, 형이상학, 그리고 기상학과 같은 살아남은 문헌들은 학자들에게 자연계를 창조한 힘을 이해할 수 있는 논리적 도구를 제공했다.

연습 문항

01 **글의 흐름상 가장 적절하지 못한 문장은?** 2017. 서울시 사복직

The green revolution was the result of a sequence of scientific breakthroughs and development activities that successfully fought hunger by increasing food production. Basic ingredients of the green revolution were new seeds, use of chemicals and proper irrigation system. ① The green revolution resulted in an increase in production and changed the thinking of farmers. ② It improved resistance of crops to diseases and created massive job opportunities within the industrial and agricultural sectors. ③ Therefore, the environmental cost of chemical fertilizers and heavy irrigation has caused considerable controversy. ④ Self-sufficiency in food grains also affected the planning processes and gave a boost to the national self-confidence of then emerging democracies.

02 내용의 흐름상 적절하지 못한 문장은?

The aurora borealis occurs because of an interaction between solar wind and the Earth's magnetic field. When the sun's gases explode, some of the particles are blown away in a phenomenon known as solar wind. ① <u>The particles in the solar wind travel at speeds of over 600,000 miles per hour and take two to three days to reach the Earth.</u> ② <u>When these particles reach the Earth, some of the electrons and protons get caught in the Earth's magnetic field.</u> This happens most frequently in the polar regions of the Earth where the magnetic field is stronger. ③ <u>Due to the long distance between each of the poles, it takes a long time to travel from one pole to the other.</u> ④ <u>The electrons and protons get trapped in the atmosphere, and move in a giant oval shaped motion.</u> When they interact with the gases in the Earth's atmosphere, they emit fantastic light-shows.

MEMO

03 글의 흐름상 가장 어색한 ·문장은?

Children begin to learn values when they are very young, before they can reason effectively. Young children behave in ways that we would never accept in adults: they scream, throw food, take off their clothes in public, hit, scratch, bite, and generally make a ruckus. ① Moral education begins from the start, as parents correct these antisocial behaviors, and they usually do so by conditioning children's emotions. ② Parents threaten physical punishment ("Do you want a spanking?"), they withdraw love ("I'm not going to play with you anymore!"), ostracize ("Go to your room!"), deprive ("No dessert for you!"), and induce vicarious distress ("Look at the pain you've caused!"). ③ It's important to understand that overly harsh punishments do not create regret for the parents; they only serve to create resentment in your child. ④ Each of these methods causes the misbehaving child to experience a negative emotion and associate it with the punished behavior.

04 내용의 흐름상 적절하지 못한 문장은?

What do advertising and cartography have in common? Without doubt the best answer is their shared need to communicate a limited version of the truth. ① An advertisement must create an image that's appealing and a map must present an image that's clear, but neither can meet its goal by telling or showing everything. ② In promoting a favorable comparison with similar products, differentiating a product from its competitors, or flattering a corporate image, an ad must suppress or play down the presence of salt and saturated fat, a poor frequency-of-repair record, or convictions for violating anti-trust, fair-employment, and environmental regulations. ③ Creative advertising is more memorable, longer-lasting, works with less media spending, and builds a fan community faster. ④ Likewise, the map must omit details that would confuse or distract.

05 글의 흐름상 가장 어색한 문장은?

Pigments come from both natural and artificial sources. Natural pigments are derived from animal and vegetable substances (both organic), as well as from inorganic materials. The inorganic materials may include various oxides, metal compounds, minerals, and clays, which must go through a series of transformations prior to their final use as pigments. They are mined, sifted, washed, crushed, pulverized, sometimes baked (calcination), ground, baked again, and reground. ① <u>The fineness of the resulting pigment particles determines the quality of the color and its covering ability.</u> ② <u>Dust from finely powdered pigment can cause health problems especially in skin.</u> ③ <u>The coarser the pigment powder, the greater the chances of cracking, dirt damage, discoloration, and general deterioration.</u> ④ <u>Natural organic pigments are derived from all aspects of nature — plants, woods, mosses, roots, nectars, animals, and so on — which are chopped, ground, boiled, and dried to extract the pigment powders.</u> Natural pigments have a tendency to fade, but as they fade their basic color does not change. Chemical pigments, by contrast, fade to a different color.

06 내용의 흐름상 적절하지 못한 문장은?

When you choose to adopt a puppy and you have a toddler, a pet several months old is the best choice. Very young puppies are incredibly fragile and can be injured unintentionally by your youngster simply by being dropped or held incorrectly. ① An older puppy is better able to stay out of the child's way and avoid being "loved" too hard—and that also protects your child from an inadvertent nip when the puppy tries to defend himself. ② Younger puppies are easier to train than older ones—that applies to potty training, as well as basic training (e.g. sit, stay, down) and tricks. ③ Young children beyond the toddler stage will also need supervision, but can help with some care responsibilities. ④ Having a pet can, indeed, be a great way to teach a child responsibility— but just be sure it's not at the expense of the puppy.

07 내용의 흐름상 적절하지 못한 문장은?

When we go to the doctor, we bring not only our symptoms but also our personalities and our unique reactions to the way the doctor conducts the medical evaluation. ① Many people have styles of communicating their feelings that lend themselves to healthy communication with the doctor. ② Good doctors typically employ a calm and sober yet kind manner to effectively communicate with patients. However, other feelings may be experienced that produce obstacles in the doctor-patient relationship. ③ Furthermore, when we are the family member accompanying our parent or spouse to the doctor, we may observe our loved ones displaying these personality styles and be concerned and troubled by them. ④ Common problem areas are anxiety, denial, and anger, and we should be prepared for those potential reactions before we go to a clinic with our loved ones.

08 글의 흐름상 가장 어색한 것은?

Children do not have the advantages we have when it comes to learning. Their behavior and the choices they make are often based on immediate needs. ① <u>The future is five minutes from now, not five days or five weeks from now.</u> Because of their learning history, development, and need for immediate gratification, children need to get the message (the consequence) over and over and over. ② <u>Parents should always take an enthusiastic and positive interest in their children's schoolwork and learning.</u> This is not what most parents want to hear. ③ <u>Every parent would like to have that one magical consequence that instantly and indefinitely changes a behavior.</u> I hate to tell you this, but that consequence doesn't exist. ④ <u>Rather, it's repetition, and lots of it, that will help create lasting behavioral changes.</u> Consistently and repeatedly providing meaningful consequences to your child is time consuming and somewhat exhausting, but necessary.

MEMO

연습 문항 **해설** ||||||||||||||||||||||||||||||||||||||||||||||||||||||||||||||||||||||

01 글의 흐름상 가장 적절하지 못한 문장은? 2017. 서울시 사복직

> The green revolution was the result of a sequence of scientific breakthroughs and development activities that successfully fought hunger by increasing food production. Basic ingredients of the green revolution were new seeds, use of chemicals and proper irrigation system. ① <u>The green revolution resulted in an increase in production and changed the thinking of farmers</u>. ② <u>It improved resistance of crops to diseases and created massive job opportunities within the industrial and agricultural sectors</u>. ③ <u>Therefore, the environmental cost of chemical fertilizers and heavy irrigation has caused considerable controversy</u>. ④ <u>Self-sufficiency in food grains also affected the planning processes and gave a boost to the national self-confidence of then emerging democracies</u>.

정답의 단서

녹색 혁명은 식량 생산 증대에 따른 결과 → 녹색 혁명을 이루는 기본적인 요소들 → **녹색 혁명이 가져온 긍정적인 결과**(① 생산 증가 및 농부들의 사고방식의 변화, ② 곡물 질병 저항력 향상 및 산업과 농업 분야 내 많은 고용 기회 창출, ③ 녹색 혁명으로 생긴 문제점, ④ 계획 과정에 영향을 주고 신흥 민주주의 국가들에 자신감 불어넣음)

정답 및 지문 해석 정답 ③

녹색 혁명은 식량 생산을 늘려서 기근을 성공적으로 해결한 일련의 과학적 혁신과 개발의 결과였다. 녹색 혁명의 기본 요소들은 새로운 품종과 화학 물질 사용 및 적절한 관개 시설이었다. ① 녹색 혁명은 생산 증가를 이뤄냈고, 농부들의 사고방식을 바꿔놓았다. ② 이 혁명은 곡물의 질병 저항력을 높이고, 산업과 농업 분야 내에서 많은 고용 기회를 창출해냈다. ③ **그래서, 화학비료와 커다란 관개시설로 생기는 환경적 비용은 상당한 논란을 일으키고 있다.** ④ 식용 곡물에 있어 자급자족은 계획 과정들에도 영향을 미쳤으며, 신흥 민주주의 국가들의 국가적 자신감에 활력을 불어넣어 주었다.

어휘

green revolution 녹색 혁명   a sequence of something 일련의   breakthrough 돌파구, 혁신   irrigation 관개   fertilizer 비료   controversy 논쟁   self-sufficiency 자급자족

02

MEMO

02 내용의 흐름상 적절하지 못한 문장은?

The aurora borealis occurs because of an interaction between solar wind and the Earth's magnetic field. When the sun's gases explode, some of the particles are blown away in a phenomenon known as solar wind. ① **The particles in the solar wind travel at speeds of over 600,000 miles per hour and take two to three days to reach the Earth.** ② **When these particles reach the Earth, some of the electrons and protons get caught in the Earth's magnetic field.** This happens most frequently in the polar regions of the Earth where the magnetic field is stronger. ③ **Due to the long distance between each of the poles, it takes a long time to travel from one pole to the other.** ④ **The electrons and protons get trapped in the atmosphere, and move in a giant oval shaped motion.** When they interact with the gases in the Earth's atmosphere, they emit fantastic light-shows.

정답의 단서

오로라란? → 오로라 발생과정 1(① 입자들의 이동 속도 및 지구까지 접근하는 데 걸리는 시간)→ **오로라 발생과정 2**(② 태양풍 입자가 지구에 도착하면 일부 양자 및 전자가 지구 자기장에 붙잡힘) → 한 극에서 다른 극으로 이동 시간이 오래 걸림(③) → 오로라 발생과정 3(④ 지구 자기장에 붙잡힌 양자와 전자들이 큰 타원형 형태로 돎)

정답 및 지문 해석 정답 ③

오로라는 태양풍과 지구 자기장 사이에서 일어나는 상호작용으로 생겨난다. 태양의 가스가 폭발하면, 일부 입자들은 태양풍 현상을 일으키며 날아가 버린다. ① 태양풍 입자들은 시속 **600,000**마일 이상의 속도로 이동하며, 지구로 접근하는 데 **2~3**일이 걸린다. ② 이 입자들이 지구에 도달하면, 일부 양자와 전자들이 지구 자기장에 잡힌다. 이 현상은 자기장이 다른 곳보다 더 강한 지구 극지방에서 가장 빈번하게 발생한다. ③ **각 극 사이의 거리가 멀어서, 한 극에서 다른 극으로 이동하는 데 오랜 시간이 걸린다**. ④ 그 양자와 전자들은 이 자기장에 붙잡혀, 거대한 타원형 형태로 돈다. 이 전자들이 지구 자기장의 가스와 상호작용할 때, 그들은 환상적인 불빛 쇼를 내보이는 것이다.

어휘

aurora borealis 오로라, 북극광, 극광 　 at speeds of over 600,000 miles per hour 시속 600,000 마일 이상의 속도로 　 magnetic field 자기장 　 electron 전자 proton 양자, 양성자

03 글의 흐름상 가장 어색한 문장은?

Children begin to learn values when they are very young, before they can reason effectively. Young children behave in ways that we would never accept in adults: they scream, throw food, take off their clothes in public, hit, scratch, bite, and generally make a ruckus. ① <u>Moral education begins from the start, as parents correct these antisocial behaviors, and they usually do so by conditioning children's emotions.</u> ② <u>Parents threaten physical punishment ("Do you want a spanking?"), they withdraw love ("I'm not going to play with you anymore!"), ostracize ("Go to your room!"), deprive ("No dessert for you!"), and induce vicarious distress ("Look at the pain you've caused!").</u> ③ <u>It's important to understand that overly harsh punishments do not create regret for the parents; they only serve to create resentment in your child.</u> ④ <u>Each of these methods causes the misbehaving child to experience a negative emotion and associate it with the punished behavior.</u>

정답의 단서

아이들이 가치를 배우게 되는 시기
→ 부모가 아이의 행동을 고쳐 주면서 아이들에 대한 도덕 교육이 시작됨(①)
→ **부모의 도덕 교육 방법들**(② 체벌, 사랑 철회, 외면, 박탈, 타인의 고통 환기)
→ 과한 벌의 부작용(③)
→ **이러한 도덕 교육 방법들의 효과**(④)

정답 및 지문 해석 정답 ③

아이들은 매우 어렸을 때부터, 제대로 된 이성적 판단을 하기 이전부터 가치를 배우기 시작한다. 어린아이들은 우리 어른들이 납득하기 힘든 식으로 행동한다. (어린아이들은 소리를 지르고, 음식을 집어 던지고, 아무 데서나 옷을 벗고, 때리고, 할퀴고, 물고, 대개는 소란을 피운다.) ① 도덕 교육은 아주 어렸을 때부터 부모가 이러한 반사회적 태도들을 고쳐 주면서부터 시작되며, 보통은 아이들의 감정을 조절해 줌으로써 태도를 교정한다. ② 부모는 체벌을 하고(너 맴매한다), 사랑을 철회하며(너랑 더 이상 안 놀아!), 외면하거나(네 방으로 가!), 박탈하고(간식은 없을 줄 알아!), 타자의 고통을 환기시킨다(저 봐, 너 때문에 아파하잖아!) ③ **너무 과한 벌은 부모로 하여금 자신의 행동을 후회하게 만들지 못한다는 걸 이해하는 것이 중요하다. 오히려 아이가 억울함을 느끼게 만들 수 있다**. ④ 이러한 방식들은 각기 잘못된 행동을 했던 아이가 부정적 감정을 경험하게 하고 그 경험을 벌을 받게 되는 행동으로 연결 짓도록 만든다.

어휘

ostracize 외면하다   vicarious 대리의   make a ruckus 소란[소동]을 피우다
distress 고통   associate A with B A를 B와 연결 짓다

04 내용의 흐름상 적절하지 못한 문장은?

What do advertising and cartography have in common? Without doubt the best answer is their shared need to communicate a limited version of the truth. ① **An advertisement must create an image that's appealing and a map must present an image that's clear, but neither can meet its goal by telling or showing everything.** ② **In promoting a favorable comparison with similar products, differentiating a product from its competitors, or flattering a corporate image, an ad must suppress or play down the presence of salt and saturated fat, a poor frequency-of-repair record, or convictions for violating anti-trust, fair-employment, and environmental regulations.** ③ **Creative advertising is more memorable, longer-lasting, works with less media spending, and builds a fan community faster.** ④ **Likewise, the map must omit details that would confuse or distract.**

정답의 단서

광고하는 것과 지도 제작의 공통점 → 공통점의 예(① 광고와 지도의 공통점)
→ **광고를 할 때의 주의점(②)** → 창의적 광고의 효과(③) → **지도를 제작할 때의 주의점(④)**

정답 및 지문 해석 정답 ③

광고를 하는 것과 지도 제작은 어떤 공통점이 있을까? 의심할 바 없이 최고의 대답은 그것들이 제한된 형태의 진실을 전달해야 하는 필요성을 공유하고 있다는 것이다. ① 광고는 매력적인 이미지를 만들어 내야 하고, 지도는 분명한 이미지를 제공해야 하지만, 어느 것도 모든 것을 말하거나 보여 줌으로써 자기 목적을 충족할 수는 없다. ② 유사 제품과 비교하여 좋은 점을 홍보하거나, 경쟁 제품과 차별성을 두거나, 기업 이미지를 돋보이게 할 때, 광고는 소금과 포화 지방의 존재, 형편없는 보상 수리 기록, 또는 공정거래법과 근로 기준을 위반하고 환경 규제에 저촉한 행위에 대해 유죄를 받은 것을 숨기거나 축소해야 한다. ③ **창의적인 광고는 더 기억에 잘 남고 오랫동안 기억되는 것이며, 매체를 덜 활용해도 효과가 있고, 팬층을 더 빠르게 형성한다.** ④ 마찬가지로 지도도 혼란을 일으키거나 보는 이를 산만하게 만드는 세부 사항을 제거해야 한다.

어휘

cartography 지도 제작 have in common 공통점이 있다 a favorable comparison 비교하려는 대상의 좋은 점을 들어 원 대상이 비교대상보다 더 낫다고 비교하는 방법 flatter (좋은 점을) 보여 주다 play something down ~을 작게 다루다 saturated fat 포화 지방 conviction 유죄 anti-trust 공정 거래, 독점 금지 fair-employment 공정 고용, 근로 기준 distract ~을 산만하게 하다

05 글의 흐름상 가장 어색한 문장은?

Pigments come from both natural and artificial sources. Natural pigments are derived from animal and vegetable substances (both organic), as well as from inorganic materials. The inorganic materials may include various oxides, metal compounds, minerals, and clays, which must go through a series of transformations prior to their final use as pigments. They are mined, sifted, washed, crushed, pulverized, sometimes baked (calcination), ground, baked again, and reground. ① __The fineness of the resulting pigment particles determines the quality of the color and its covering ability.__ ② __Dust from finely powdered pigment can cause health problems especially in skin.__ ③ __The coarser the pigment powder, the greater the chances of cracking, dirt damage, discoloration, and general deterioration.__ ④ __Natural organic pigments are derived from all aspects of nature — plants, woods, mosses, roots, nectars, animals, and so on — which are chopped, ground, boiled, and dried to extract the pigment powders.__ Natural pigments have a tendency to fade, but as they fade their basic color does not change. Chemical pigments, by contrast, fade to a different color.

정답의 단서

첫 문장 Pigments come from both ~ and ~ 는 색소를 얻는 과정을 설명하는 글임을 알려주는 주제문이다. 이 주제(색소의 원료 및 처리 과정)에서 빗나가는 문장을 찾으면 된다.

정답 및 지문 해석 정답 ②

색소는 자연적인 물질과 인공적인 물질 모두에게서 나온다. 자연 색소는 유기체인 동물과 채소의 물질에서 나오기도 하고 무기물에서도 나온다. 무생물 자원은, 무기 물질로는 다양한 종류의 산화물과 금속화학물, 광물, 점토 등이 있는데, 색소로 사용되기에 앞서 반드시 일련의 변환 과정을 가친다. 이러한 물질들은 채굴되고, 체로 걸러지고, 물로 씻긴 뒤 가루가 되고 가끔씩은 소성 공정을 거치고, 분쇄되고, 다시 소성 공정을 거친 뒤 또 분쇄가 된다. ① 결과물로 나온 색소분자의 순도는 색과 도포력의 질을 결정한다. ② **곱게 제분된 색소에서 나오는 먼지는 피부에 특히 건강상의 문제를 야기할 수 있다**. ③ 색소가루가 거칠고 굵을수록, 갈라지고 오염손상도가 생기며 변색되고 일반적으로 상태가 악화될 가능성이 커진다. ④ 자연의 색소는 식물, 나무, 이끼, 뿌리, 꿀, 동물, 그리고 기타 등등 자연의 모든 부분에서 얻어지며, 이들을 자르고 갈고 끓이고 건조시켜 색소 가루를 얻게 된다. 자연의 색소는 색이 바래는 경향이 있기는 하지만 흐려진다고 해서 그것이 갖고 있는 기본 색이 변하지는 않는다. 화학적인 색소는, 이와는 반대로, 다른 색상으로 색이 바래게 된다.

어휘

pigment 색소 inorganic 무기물의 oxide 산화물 sift 체로 거르다 pulverize 분쇄하다 fineness 순도 coarse 굵은, 거친 derived from something ~에서 얻은, ~에서 나온 fade 흐려지다, (색이) 바래다

06 내용의 흐름상 적절하지 못한 문장은?

When you choose to adopt a puppy and you have a toddler, a pet several months old is the best choice. Very young puppies are incredibly fragile and can be injured unintentionally by your youngster simply by being dropped or held incorrectly. ① **An older puppy is better able to stay out of the child's way and avoid being "loved" too hard — and that also protects your child from an inadvertent nip when the puppy tries to defend himself.** ② **Younger puppies are easier to train than older ones — that applies to potty training, as well as basic training (e.g. sit, stay, down) and tricks.** ③ **Young children beyond the toddler stage will also need supervision, but can help with some care responsibilities.** ④ **Having a pet can, indeed, be a great way to teach a child responsibility — but just be sure it's not at the expense of the puppy.**

정답의 단서

생후 몇 달 지난 강아지가 아이에게 좋다 → 갓 태어난 강아지는 안 좋다 → ① 좀 더 나이가 든 강아지가 좋다 → ② 어린 강아지일수록 길들이기 좋다 → ③ 자녀들이 강아지 보살핌에 참여 가능 → ④ 아이들 책임감에 좋음

정답 및 지문 해석 정답 ②

애완견을 입양하려 하는데 당신이 갓난아기 자식이 있다면, 생후 몇 달 된 강아지가 가장 좋다. 너무 어린 새끼 강아지들은 놀라울 정도로 연약해서 당신의 어린 자녀들이 단순히 잘못 들거나 떨어트리는 행위만으로도 의도치 않게 다칠 수가 있다. ① 조금 더 큰 강아지는 어린 자녀들에게서 더 잘 떨어져 있을 수도 있고 너무 강하게 사랑받는 것도 피할 수가 있는데 그럼으로써 또한 강아지가 스스로를 방어하기 위해서 당신의 자녀를 우발적으로 무는 것을 방지할 수 있다. ② **어린 새끼 강아지들은 연령이 있는 강아지들보다 훈련하기가 쉽다 - 예를 들어, 배변훈련을 비롯해 기초 훈련(앉아, 그대로 있어, 엎드려 등), 잔재주 등이 있다**. ③ 유아기를 넘은 어린 자녀들 역시 관리가 필요하긴 하지만, 보살핌의 책임을 도와줄 수 있다. ④ 애완견을 입양하는 것은 정말이지 아이들에게 책임감을 길러줄 수 있는 아주 좋은 방법이지만, 그렇다고 강아지를 희생시키면 안 된다는 것을 명심해라.

어휘

inadvertent 예기치 못한, 우연한, 무방비의   toddler 영유아   nip 무는 것   fragile 부서지기 쉬운   potty training (애완동물의) 배변훈련   trick (애완동물이 부리는 잔재주로) 구르기, 발 주기, 넘기   supervision 관리, 감독   at the expense of something/someone ～의 희생으로   youngster 어린이, 젊은이

07 내용의 흐름상 적절하지 못한 문장은?

When we go to the doctor, we bring not only our symptoms but also our personalities and our unique reactions to the way the doctor conducts the medical evaluation. ① **Many people have styles of communicating their feelings that lend themselves to healthy communication with the doctor**. ② **Good doctors typically employ a calm and sober yet kind manner to effectively communicate with patients**. However, other feelings may be experienced that produce obstacles in the doctor-patient relationship. ③ **Furthermore, when we are the family member accompanying our parent or spouse to the doctor, we may observe our loved ones displaying these personality styles and be concerned and troubled by them**. ④ **Common problem areas are anxiety, denial, and anger, and we should be prepared for those potential reactions before we go to a clinic with our loved ones**.

정답의 단서

병원에 갈 때 환자의 반응은 각각 다름 → ① 의사와 대화가 잘 통화도록 만드는 감정들이 있음 → ~~② 의사들은 노안 환자들에게 주의를 덜 기울임~~ → 의사와 환자의 관계에 장애가 되는 감정들이 있음 → ③ 가족이 환자인 경우 의사에게 감정을 드러내는 것을 볼 때도 있음, ④ 부정, 분노라는 환자의 감정에 대비해야 함

정답 및 지문 해석 정답 ②

진료를 보러 가면, 우리는 우리의 증상만 보여주는 게 아니라 우리의 성격과 의사가 의학적인 진단을 내리는 방식에 따른 우리의 독특한 반응을 보여준다. ① 많은 사람들이 의사와 좋은 분위기의 대화를 나누기에 적합한 감정들을 전달하는 데 있어서는 저만의 스타일이 있다. ② **좋은 의사들은 보통 효과적으로 환자들과 소통하기 위해 침착하고 냉정하지만 친절한 태도를 취한다.** 하지만 의사와 환자의 관계에 있어서 장애를 일으킬 수 있는 여타 감정들을 맞닥뜨리게 될 수도 있다. ③ 더구나, 우리가 의사에게 가는 부모나 배우자와 함께 동행하는 가족이라면 우리는 아마도 우리의 사랑하는 이가 이러한 성격들을 드러내는 장면을 목격하게 될 수도 있으며, 이로 인해 심려하게 되거나 곤란을 겪게 될 수도 있다. ④ 일반적인 문제들로는 걱정, 부정, 그리고 분노가 있고, 우리는 사랑하는 이들과 함께 병원에 가기 전 그러한 가능성 있는 반응들에 대해 대비를 해야 할 것이다.

어휘

conduct 실시하다, 수행하다   lend oneself to something ~에 도움이 되다, ~에 힘을 실어 주다   sober 냉정한, 차분한   obstacle 문제, 장애물   accompany 동행하다   spouse 배우자   anxiety 불안, 걱정   denial 부정

08 글의 흐름상 가장 어색한 것은?

Children do not have the advantages we have when it comes to learning. Their behavior and the choices they make are often based on immediate needs. ① **The future is five minutes from now, not five days or five weeks from now**. Because of their learning history, development, and need for immediate gratification, children need to get the message (the consequence) over and over and over. ② **Parents should always take an enthusiastic and positive interest in their children's schoolwork and learning**. This is not what most parents want to hear. ③ **Every parent would like to have that one magical consequence that instantly and indefinitely changes a behavior**. I hate to tell you this, but that consequence doesn't exist. ④ **Rather, it's repetition, and lots of it, that will help create lasting behavioral changes**. Consistently and repeatedly providing meaningful consequences to your child is time consuming and somewhat exhausting, but necessary.

정답의 단서

아이들의 학습은 어른과 다름 → 아이들의 행동은 즉각적인 요구에 기반함
→ ① 아이들에게 미래란 멀지 않은 5분 후임 → **그래서 아이들에겐 계속적인 주의가 필요함**
→ ② 부모는 자녀의 학습에 관심을 가져야 함 → **이런 얘기를 듣고 싶어 하는 부모는 없을 것임**
→ ③ 부모들이 원하는 건 마법 같은 한 번의 훈계임 → **그런 건 존재하지 않음**
→ ④ 오히려 반복적인 행동의 결과를 보여주는 것이 효과적 → **반복이 꼭 필요함**

정답 및 지문 해석 정답 ②

아이들에게는 학습에 관해서는 우리 어른들에게 있는 그러한 장점이 없다. 아이들의 행동과 아이들이 하는 선택들은 종종 즉각적인 필요성에 기인하는 것이다. ① 아이들에게 미래는 지금으로부터 5일 후도, 5주 후도 아닌 5분 후이다. 학습이력과 발전단계, 그리고 즉각적인 만족의 필요성 때문에, 아이들은 계속해서 주의(행동에 따른 결과)를 듣고 또 들어야 한다. ② **부모들은 그들의 자녀들의 학업과 학습에 대해 열정적이고 긍정적인 관심을 가져야 한다.** 이런 얘기를 듣고 싶어 하는 부모는 많지 않을 것이다. ③ 모든 부모들은 단번에 그리고 영원히 행동을 변화시켜 주는 하나의 마법 같은 (행동의) 결과를 갖고 싶어 할 것이다. 그러나 이렇게 얘기하기는 싫지만, 그런 건 존재하지 않는다. ④ 오히려, 학습의 반복, 많은 양의 반복이 지속성 있는 행동의 변화를 일으키는 데 도움이 될 수 있다. 끊임없이 그리고 반복적으로 유의미한 결과를 아이들에게 주는 것은 시간이 많이 들어가고 약간은 지치는 일이겠지만 필요한 것이다.

어휘

gratification 만족 schoolwork 학업 indefinitely 영구히, 계속해서 time consuming 시간이 걸리는, 낭비되는

MEMO

문장 삽입 유형 출제 빈도 분석

출제 연도	국가직	지방직
2022	1개	1개
2021	1개	1개
2020	1개	1개
2019	1개	1개
2018	1개	1개
2017	1개	1개

문장 삽입 유형 유형 대비 전략

01 이 유형은 빈칸 추론 유형과 더불어 수험생들 입장에서 고난도로 여겨지는 문제 유형으로 단순한 해석실력을 넘어 글의 논리적인 구성원리와 언어적 단서에 대한 이해가 필요한 유형이므로 반드시 미리 연습을 해야 한다.

02 문장 삽입 유형은 **주어진 글을 신속히 읽고 글의 소재 및 중심 내용을 파악한 후, 문장 간의 논리적 관계와 단서들(세부 정보, 연결사, 지시사 등)을 활용하여 전체 흐름을 종합적으로 파악하는 능력이 무엇보다 중요하다.** 특히, **예시, 나열, 비교와 대조, 원인과 결과 등 글쓰기에서 사용되는 보편적 글의 구조를 이해하는 능력이** 필요하다.

03 이를 위한 몇 가지 학습 방법으로는 우선 비교, 예시, 대조, 열거, 인과 등의 전개 구조로 이루어진 다양한 **학술적 내용의 글을 평소 자주 접하고 이해하는 학습이** 필요하다. 이와 같은 구조로 이루어진 좋은 글을 읽으면서 하나의 중심 내용에 대해 글의 통일성과 일관성이 어떻게 전개되어 가는지에 관해 확인하는 습관을 길러야 한다. **더불어 글의 논리적 구성을 위해 사용되는 대명사, 지시사, 연결사 등의 언어 장치들의 쓰임에 대해 학습한다.**

📋 문장 삽입 유형

핵심 개념 🔖

문장 삽입 유형은 주어진 글을 신속히 읽고 글의 소재 및 중심 내용을 파악한 후, 문장 간의 논리적 관계와 단서들(세부 정보, 연결사, 지시사 등)을 활용하여 전체 흐름을 종합적으로 파악하는 능력이 무엇보다 중요하다.

예시 문항 🔗

02

글의 흐름으로 보아 주어진 문장이 들어가기에 가장 적절한 곳은? 2017. 서울시 7급 하반기

Vaccines have also significantly reduced the occurrence of a number of other diseases.

The positive effects of vaccinations are simply undeniable. Immunizations have eliminated altogether diseases that killed or severely disabled thousands every year. (①) For example, vaccines have completely eliminated polio. (②) They also wiped out smallpox, which 10 million people used to contract every year as late as the 1960s. (③) Measles used to infect about 4 million children per year, but in 1997, there were only 138 cases of measles in the United States. (④) Consequently, the vast majority of healthcare professionals believe that the benefits of immunization far outweigh their few risks.

정답의 단서

백신의 긍정적인 효과 → 예방 접종으로 질병이 사라짐 → 예를 들어, 백신으로 인해 소아마비 멸종 → 천연두 전멸 → **또한(also)** 수많은 다른 지병들도 감소시킴(③) → 홍역환자의 급감 → 예방접종의 이점이 매우 큼

정답 및 지문 해석 정답 ③

백신들은 또한 상당수의 질병의 발생을 현저하게 감소시키기도 했다.

백신의 긍정적인 효과는 솔직히 말해 부인할 수 없다. 예방 접종은 매년 수천 명의 사람들을 죽이거나 심하게 장애로 만들었던 질병들을 완전히 사라지게 했다. (①) 예를 들어, 백신은 소아마비를 완전히 없앴다. (②) 백신은 또한 천연두를 전멸시켰는데, 1960년대까지도 매해 1천만 명 가량의 사람들이 이 병에 걸리고는 했었다. (③) 홍역은 1년에 약 4백만 명의 어린 이들을 감염시키고는 했지만, 1997년에 미국에서는 불과 138건의 홍역 환자들만이 발생했다. (④) 그 결과, 대다수의 전문 의료진들은 예방 접종의 이점은 그것이 가지고 있는 몇몇 위험을 훨씬 능가한다고 믿고 있다.

어휘

vaccination 백신 접종, 예방 접종   immunization 면역, 예방 접종   altogether 전적으로, 모두 함께   polio 소아마비   wipe something out ~을 완전히 파괴하다, ~을 죽이다   smallpox 천연두   contract (병에) 걸리다   healthcare professional 전문 의료진 measles 홍역

🔍 문장 삽입하기 01 　평가 요소

본 유형은 쓰기 능력을 간접적으로 평가하기 위한 유형으로, 좋은 글쓰기를 위해 필요한 통일성(unity), 일관성(coherence), 응집성(cohesion)에 대한 이해도를 평가한다. **단락이나 문장 간의 관계를 정확히 파악하여 글의 논리적 흐름을 완성하는 능력을 요구**하고 있으며, **주어진 문장의 알맞은 위치 찾기, 주어진 글 다음에 이어질 글의 순서 고르기, 글의 흐름과 무관한 문장 고르기, 주어진 글의 요약문 완성하기** 등의 형태로 출제된다.

🔍 문장 삽입하기 02 　주요 개념 · 원리

01 　본 유형으로 출제되는 문항의 정답을 찾기 위해서는 **주어진 글을 신속히 읽고 글의 소재 및 중심 내용을 파악한 후, 문장 간의 논리적 관계와 단서들(세부 정보, 연결사, 지시사 등)을 활용하여 전체 흐름을 종합적으로 파악하는 능력**이 무엇보다 중요하다. **특히, 예시, 나열, 비교와 대조, 원인과 결과 등 글쓰기에서 사용되는 보편적 글의 구조를 이해하는 능력**이 필요하다.

02 　교육과정의 쓰기 성취기준 달성 여부를 평가하기 위한 간접 쓰기 유형은 글의 **종합적 이해 능력을 요구하는 비교적 어려운 유형**이다. 이 유형에 대비하기 위해서는 글의 **중심 내용 파악뿐만 아니라 문장 간의 논리적 관계, 글의 통일성과 일관성, 그리고 응집성을 이해하는 학습**과 더불어 이를 바탕으로 평상시 한 단락 이상의 영어 글쓰기 연습을 충실히 하는 것이 중요하다.

03 　이를 위한 몇 가지 학습 방법을 소개하면 다음과 같다. 우선 **비교, 예시, 대조, 열거, 인과 등의 전개 구조로 이루어진 다양한 학술적 내용의 글을 평소 자주 접하고 이해하는 학습이 필요**하다. 이와 같은 구조로 이루어진 좋은 글을 읽으면서 **하나의 중심 내용에 대해 글의 통일성과 일관성이 어떻게 전개되어 가는지에 대해 확인하는 습관**을 길러야 한다.

04 　★ 더불어 글의 논리적 구성을 위해 사용되는 **대명사, 지시사, 연결사 등의 언어 장치들의 쓰임에 대해 학습**한 후, 이를 활용한 '한 단락 수준 혹은 그 이상의 글쓰기', '이어지는 단락 작성해 보기', '한 단락의 글을 읽고 요약문 작성해 보기' 등의 학습을 꾸준히 실시하는 것이 간접 쓰기 유형을 준비하는 데 효과적이다.

05 　간접 쓰기 유형에서 사용되는 지문은 실용적 지문보다는 **다양한 소재의 기초 학술문이** 사용되는 경우가 많다. 이를 위해 **평소 다양한 소재와 주제의 기초 학술문을** 읽고 이해하는 학습이 필요하다.

06 　**마지막으로 독해의 기본은 어휘력에서 시작된다는 점을 잊지 말고 평상시 기초 학술문에서 자주 쓰이는 어휘의 다양한 쓰임을 깊이 있게 학습**해 두는 것도 중요하다.

🔍 문장 삽입하기 03 │ 문제 풀이 순서

01 **보기 문장을 읽으며 단서를 체크해 준다**.

　① 반드시 이 글이 **무슨 내용**인지 예측하려고 노력하며 읽는다.

　② 보기 문장을 해석할 때 반드시 **연결어**(접속부사 : 대조나 역접을 나타내는 연결어 등 과 인과관계를 나타내는 연결어, 예시, 나열할 때 쓰는 연결어들이 주로 등장) **있으면 이 연결어들의 기능을 상기시켜 주며 논리적 관계를 생각하며 앞뒤에 올 내용을 예측** 한다.

　③ **지시어 (this/ these/ that/ those + 명사)나 대명사가 있는 경우 반드시 체크**해 주 고 지문 속에 지시사와 대명사가 받는 표현을 찾으면서 읽는다.

02 보기 문장에 **단서가 없는 경우**에는 지문에 **지시사나 대명사의 흐름에 논리적인 단절**이 있는 때도 있으므로 단서가 없는 경우에는 최대한 무엇에 관한 내용인지만 파악하고 지문을 읽으면서 보기 내용과 비슷한 어휘가 나오는 부분에 주의하면서 읽는다.

03 지문을 처음부터 빠르게 읽어가면서 직독직해로 꼼꼼하게 해석하기보다는 주어진 글과 비슷한 내용끼리 (단어의 흐름 잘 보기) 문장과 문장끼리 앞뒤의 흐름이 자연스럽게 연결 되어있는지 확인한다. (긍정 긍정 / 부정 부정)

04 주어진 문장과 비슷한 어휘가 나온다면 그때부터는 보기와 비교해 가며 주의해서 읽 는다.

05 주어진 문장을 기준 삼아서 문장과 문장 사이를 읽어 주며 해당 문장이 들어가도 되는지 를 확인한다.

01 글의 흐름으로 보아 주어진 문장이 들어가기에 가장 적절한 곳은?

To be sure, of course, there was also a great deal of stress involved in constantly remaining a sought-after designer, and many labored in circumstances that brought little contact with the rich and famous.

Few professions in the twentieth century seemed as glamorous or rewarding as that of the fashion designer. (①) Working with a team of assistants and seamstresses, designers prepared a number of stunning new dresses to be displayed on stage at an opening attended by the most wealthy and sophisticated members of society. (②) Celebrities paid huge sums of money to have distinctive new gowns to wear at important events. (③) When not working on new items of clothing, designers hobnobbed with celebrities, attended lavish parties, and granted interviews to admiring journalists. (④) Yet young men and women with a flair for designing clothes still dreamed that they, too, could reach the pinnacle of their profession.

02 주어진 문장이 들어갈 위치로 가장 적절한 곳은?

> However, as more and more musicians and singer-songwriters began to appear, instrument makers began developing recording equipment.

Traditionally, musical instruments and recording equipment — although both are deeply related to music — were made by completely different industries. (①) Musicians performed music on the instruments, and the recording process was completely separate from this. (②) Therefore, instrument makers made only instruments and most of the companies that made recorders and mixers tended to be audio equipment companies. (③) By the 1960s, microphones, which had been a product of the electrical equipment industry, were being manufactured by musical instrument companies. (④) By the mid-1990s, digital became the norm in recording and digital recording equipment made by instrument manufacturers became the standard. In recent years, many types of software-based recording systems using computers have been released by companies formerly thought of as being limited to the production of musical instruments.

03 주어진 문장이 들어갈 위치로 가장 적절한 것은?

> However, pathological narcissism develops from early childhood wounds that manifest in a hunger for perfect attention arid admiration that can never be satisfied.

Narcissism is most often defined as excessive self-love arid grandiosity, but in fact, narcissism is better viewed as a continuum of emotional states from adolescent self-interest to romantic love to excessive self-absorption and entitlement. (①) For example, when we fall in love we often worship or idealize our beloved and experience that idealization in return. (②) Romantic love (which has been called temporary insanity) is a narcissistic state where we can become focused on our relationship and ourselves to the exclusion of everything and everyone. (③) In addition, adolescents experience a predictable stage of narcissistic development that passes with time and maturity; or so we're told. (④) For the narcissist, these childhood deficits create a distorted worldview that they are entitled to adoration simply because they exist.

04 다음 문장이 들어갈 위치로 가장 적절한 것은?

> The oak's life span may account for this; more even than most trees, oaks transcend men.

> It is well known that the American Indians considered trees holy, but they were not the first or the only people ever to consider trees divine; many, if not most, pre-Christian peoples practiced some form of tree worship. (①) Frazer's Golden Bough catalogs dozens of instances, from every corner of Northern Europe as well as from Ancient Greece, Rome, and the East. (②) For most of history, in fact, the woods have been thickly populated by spirits, demons, elves and fairies, and the trees themselves have been regarded as the habitations of gods. (③) Interestingly, one kind of tree has been revered more widely than any other: the oak, Zeus's tree. (④) Frazer suggests another possible reason for the oak's special status: it is the tree most often struck by lightning, and so may be thought to enjoy a special relationship with the heavens.

05 주어진 문장이 들어갈 위치로 가장 적절한 곳은?

> Moreover, good teams provide resilience.

> There is a simple reason why making a success of teams is so important; teams do not magically materialize overnight even in a work environment where people can be given instructions. In a political campaign, with its heavy reliance on volunteers, building successful teams requires all the more work. (①) However efficient you are and however hardworking you are, you still only have twenty-four hours in a day and seven days in a week. (②) Teams mean more people getting more work done. It is not just about the work that more people can do; more people bring more knowledge, more experience and more perspectives. (③) Whether it is someone not up to the job or an event such as a family bereavement quite rightly taking someone away from the campaign, there will be circumstances where another person needs to fill the gap. (④) Bigger and better teams are more resilient in such circumstances.

06 다음 문장이 들어갈 위치로 가장 적절한 것은?

> However, scientific knowledge is rarely decisive in settling things once and for all.

Science enters society as a means to ratify legislative policies and legal decisions. (①) Science is widely assumed to be a refuge of objectivity in a sea of self-interest and biased opinions — in part because its methods for producing knowledge (experiment and quantification, for example) are assumed to be governed by procedural rules that reduce or eliminate personal discretion. (②) Scientists turn up in courts and hearing rooms, where they provide expert testimony thought to provide a reliable cognitive basis for decisions involving environmental impact or medical risk. (③) Often, experts disagree on the state of scientific understanding or on the relevance of some theory or fact for a particular case at hand — giving rise to the "hired gun," the expert who is paid to bring in science to support one side of an adversarial deliberation, in the process raising doubts about the supposed objectivity of scientific method and belief. (④)

07 다음 문장이 들어갈 위치로 가장 적절한 것은?

> However, in analyzing work attitudes and social behaviors, researchers have mixed opinions about the effect of mood on creative outcomes.

A psychological climate that research group members perceive as favorable stimulates creativity in research. (①) Such a climate is characterized by openness, respect, and harmony among the group members and by personal work autonomy. (②) Isen concludes from a number of studies that a positive mood promotes creativity, whereas George and Zhou in one study find that a negative mood may promote creativity. (③) Moreover, it is suggested that a research group may be more creative when there is some intellectual tension and competition among its members. (④) Nevertheless, excess tension and competition in a research group are clearly injurious to creativity; therefore, an important leadership task is to create a work climate where there is the right balance between harmony and disharmony.

08 다음 문장이 들어갈 위치로 가장 적절한 것은?

However, these arguments assumed a steady 'carrying capacity' of the earth, whereas in reality, technological developments alter the ability of land to produce food, and rising standards of living alter the demands for food.

In 1798, Malthus predicted that human population growth would be checked by food supply. Although Malthus' prediction concerned specifically food, wider concerns that the human population's needs will outstrip the planet's resources have been of ongoing concern. In 1968 Ehrlich argued that population growth rates at that time would exceed the world's resources. (①) Furthermore, as most population growth, and also declining food production, were found to occur in developing countries, he advocated population control. (②) In 1965 Boscrtip argued increasing populations can be the driving force for agricultural intensification, which increases food output per unit area of land. (③) For example, the Green Revolution had an enormous impact on agricultural productivity, particularly that of rice and wheat. (④) In 1981 Simon also argued that more people bring positive change, as this results in more ideas, more experimentation, and more technological innovation which can help resolve the problems of resource limitations.

09 주어진 문장이 들어갈 위치로 가장 적절한 곳은?

Statements that include these words often make sweeping claims that require a lot of evidence.

Consider these statements: Doctors are greedy. You can't trust politicians. Students these days are in school just to get high-paying jobs; they lack idealism. Homeless people don't want to work. These opinions imply the word all. They overlook individual differences, claiming that all members of a group are exactly alike. (①) They also ignore key facts － for instance, that some doctors volunteer their time at free medical clinics and that many homeless people are children who are too young to work. (②) All-or-nothing thinking is one of the most common errors in logic. (③) To avoid this fallacy, watch out for words such as all, everyone, no one, none, always, and never. (④) See whether words such as usually, some, many, few, and sometimes lead to more accurate statements.

10 주어진 문장이 들어갈 위치로 가장 적절한 곳은?

> However, our Western notion of equating slimness with physical beauty is hardly universally accepted.

Even our body shape is related to a large extent to our cultural ideas. In the Western world, people go to considerable lengths to become as slender as possible. They spend millions of dollars each year on running shoes, diet plans, appetite suppressants, and health spa memberships to help them lose weight. (①) In large parts of Africa, for example, Western women are perceived as emaciated and considered to be singularly unattractive. (②) This point was made painfully obvious to me when I was conducting fieldwork in Kenya. (③) After months of living in Kenya, I learned that many of my male Kikuyu friends pitied me for having such an unattractive wife. (④) Kikuyu friends often came by my house with a bowl of food or a chicken and discreetly whispered, "This is for your wife." Even though I considered my wife to be beautifully proportioned, my African friends thought she needed to be fattened up to be beautiful.

연습 문항 해설 ||||||||||||||||||||||||||||||||||||||||||||||||||||||||||||||||||||||||||||||

01 글의 흐름으로 보아 주어진 문장이 들어가기에 가장 적절한 곳은?

> To be sure, of course, there was also a great deal of stress involved in constantly remaining a sought-after designer, and many labored in circumstances that brought little contact with the rich and famous.

> Few professions in the twentieth century seemed as glamorous or rewarding as that of the fashion designer. (①) Working with a team of assistants and seamstresses, designers prepared a number of stunning new dresses to be displayed on stage at an opening attended by the most wealthy and sophisticated members of society. (②) Celebrities paid huge sums of money to have distinctive new gowns to wear at important events. (③) When not working on new items of clothing, designers hobnobbed with celebrities, attended lavish parties, and granted interviews to admiring journalists. (④) Yet young men and women with a flair for designing clothes still dreamed that they, too, could reach the pinnacle of their profession.

정답의 단서

디자이너라는 화려한 직업 → 유명 인사들을 위해 옷을 제작하는 디자이너들 → 유명 인사들은 디자이너 옷을 위해 거액의 돈을 지불 → 유명 인사들과 어울리며 인터뷰도 하는 화려한 삶의 디자이너들 → 디자이너들의 힘든 삶 부각(④) → **그래도(yet)** 성공한 삶을 꿈꿨던 젊은 디자이너들

정답 및 지문 해석 정답 ④

확실히, 물론, 계속해서 인기 있는 디자이너로 남는 데에는 상당한 스트레스가 따랐고 많은 디자이너들이 부유층과 유명 인사를 거의 만나볼 수도 없는 환경 속에서 열심히 일을 해야 했다.

20세기에서 패션 디자이너만큼 화려하고 수익을 얻는 직업은 몇 되지 않아 보였다. (①) 보조 디자이너와 여성 재봉사들과 팀으로 일하며, 디자이너들은 대부분 사회의 부유하고 세련된 사람들이 참석하는 쇼에 올리기 위한 많은 멋진 새로운 드레스들을 준비했다. (②) 유명 인사들은 중요한 행사에 입을 새로운 멋진 가운을 사는 데 거액의 돈을 지불했다. (③) 새로운 옷을 제작하지 않을 때는, 디자이너들은 유명 인사들과 어울리며 사치스러운 파티에 참석하고, 그들을 칭찬하는 기자들의 인터뷰에 응했다. (④) 그래도 옷을 디자인하는 데 있어 능력이 있는 젊은 남녀 디자이너들은 그들 역시 그들 능력의 정점을 찍을 수 있기를 꿈꿨다.

어휘

sought-after 인기 있는   profession 직업   seamstress 여성 재봉사   sophisticated 세련된   distinctive 뛰어난, 독특한   hobnob (부유한 이들과) 어울리다   flair 재능 pinnacle 정점

02 주어진 문장이 들어갈 위치로 가장 적절한 곳은?

However, as more and more musicians and singer-songwriters began to appear, instrument makers began developing recording equipment.

Traditionally, musical instruments and recording equipment — although both are deeply related to music — were made by completely different industries. (①) Musicians performed music on the instruments, and the recording process was completely separate from this. (②) Therefore, instrument makers made only instruments and most of the companies that made recorders and mixers tended to be audio equipment companies. (③) By the 1960s, microphones, which had been a product of the electrical equipment industry, were being manufactured by musical instrument companies. (④) By the mid-1990s, digital became the norm in recording and digital recording equipment made by instrument manufacturers became the standard. In recent years, many types of software-based recording systems using computers have been released by companies formerly thought of as being limited to the production of musical instruments.

정답의 단서

전통적으로 악기와 녹음 장비들의 제작 분야가 다름 → 악기 연주와 녹음은 별개의 영역 → 악기제작자는 악기만, 녹음장비는 음향 회사에서 제작 → **However**, 악기 회사가 녹음 장비 개발 시작(③) → 1960년대, 녹음장비 마이크가 악기회사에서 제조 → 90년대 중반에는 악기제조회사에서 만든 녹음장비가 표준화 → 이제는 소프트웨어 기반 녹음장비도 악기제조회사에서 출시

MEMO

정답 및 지문 해석 정답 ③

그러나, 점점 더 많은 연주자들과 싱어송라이터들이 등장하기 시작하면서, 악기 제작자들은 녹음 장비들을 개발하기 시작했다.

전통적으로, 악기와 녹음 장비들은 – 비록 둘 다 음악이 긴밀히 연결되어 있긴 하지만 – 완전히 서로 다른 분야에서 만들어졌다. (①) 연주자들은 악기로 음악을 연주했고, 녹음 과정은 이와는 완전히 별개였다. (②) 그래서, 악기 제작자들은 단지 악기들만 제작했고, 녹음장비와 음량조절장치를 만드는 대부분의 회사들은 음향 장비들을 만드는 회사였다. (③) 1960년대에 전자 장비 산업의 산물인 마이크가 악기를 만드는 회사에서 제조되었다. (④) 90년대 중반에는 디지털이 녹음에서 대세가 되고 악기 제조 회사에서 만들어진 디지털 녹음 장비가 표준이 되었다. 최근에는, 컴퓨터를 사용하는 많은 소프트웨어 기반 녹음 시스템들이 이전에는 악기 제조에만 국한되었다고 생각되던 회사들에 의해서 출시되고 있다.

어휘

separate from something ~에서 분리하다   microphone 마이크   manufacture ~을 만들다, 생산하다   formerly 원래는, 이전에는

03 주어진 문장이 들어갈 위치로 가장 적절한 것은?

However, pathological narcissism develops from early childhood wounds that manifest in a hunger for perfect attention arid admiration that can never be satisfied.

Narcissism is most often defined as excessive self-love arid grandiosity, but in fact, narcissism is better viewed as a continuum of emotional states from adolescent self-interest to romantic love to excessive self-absorption and entitlement. (①) For example, when we fall in love we often worship or idealize our beloved and experience that idealization in return. (②) Romantic love (which has been called temporary insanity) is a narcissistic state where we can become focused on our relationship and ourselves to the exclusion of everything and everyone. (③) In addition, adolescents experience a predictable stage of narcissistic development that passes with time and maturity; or so we're told. (④) For the narcissist, these childhood deficits create a distorted worldview that they are entitled to adoration simply because they exist.

정답의 단서

Narcissism is better viewed as a continuum of emotional states **from adolescent self-interest**... → **For example**,... (예시) → **In addition**,... (강화) → **However**, 병적 나르시즘은 유아 때부터 진행된다(④) → 유아기의 결핍으로 인한 나르시스트의 왜곡된 세계관

정답 및 지문 해석 정답 ④

그러나, 병리적 자기애는 결코 채워질 수 없는 완벽한 관심과 존경에 대한 갈망에서 그 징후를 보이는, 유아기의 상처에서 비롯된 것이다.

나르시즘은 대부분 종종 과도한 자기애와 과장으로 정의되지만, 사실, 나르시즘은 청소년기의 자아에 대한 관심에서부터 연애감정, 과도한 자기도취와 특권의식에 이르는 감정 상태의 연속체라고 보는 것이 더 낫다. (①) 예를 들어, 우리가 사랑에 빠졌을 때, 우리는 종종 우리가 사랑하는 대상을 숭배하고 이상화하며, 그러한 이상화를 답례로서 경험한다. (②) 로맨틱한 사랑은 (일시적인 광기라 불리는) 다른 모든 것들을 배제한 채 오직 우리의 관계와 우리 자신에게만 집중할 수 있는 나르시스트적 상태이다. (③) 또한, 청소년들은 시간이 흘러감에 따라 성숙을 거치면서 예측 가능한 나르시스트적 발전단계를 경험한다. 또는 우리는 그렇게 들어왔다. (④) 나르시스트에게 있어, 이러한 유아기의 결함은 단지 그들이 존재하기 때문에 그들 자신이 숭배의 대상이 된다는 왜곡된 세계관을 만들어준다.

어휘

manifest in something ~에서 나타나다, ~에서 징후를 보이다 arid 무미건조한 grandiosity 과장 continuum 연속체 self-absorption 자기도취 entitlement 자격 deficit 결함, 결점 distorted 뒤틀린, 왜곡된

04 다음 문장이 들어갈 위치로 가장 적절한 것은?

> The oak's life span may account for this; more even than most trees, oaks transcend men.

It is well known that the American Indians considered trees holy, but they were not the first or the only people ever to consider trees divine; many, if not most, pre-Christian peoples practiced some form of tree worship. (①) Frazer's Golden Bough catalogs dozens of instances, from every corner of Northern Europe as well as from Ancient Greece, Rome, and the East. (②) For most of history, in fact, the woods have been thickly populated by spirits, demons, elves and fairies, and the trees themselves have been regarded as the habitations of gods. (③) Interestingly, one kind of tree has been revered more widely than any other: the oak, Zeus's tree. (④) Frazer suggests another possible reason for the oak's special status: it is the tree most often struck by lightning, and so may be thought to enjoy a special relationship with the heavens.

정답의 단서

been revered <u>more widely than any other</u> → account for this (이 이유를 설명해 준다); more even than most trees(④) → Frazer suggests another possible reason for...

정답 및 지문 해석 정답 ④

참나무의 수명이 아마도 이것에 대한 이유를 설명할 수 있을 것이다. 다른 어떤 나무들보다도 참나무는 인간의 수명을 능가한다.

미국 원주민들이 나무를 신성시한다는 것은 잘 알려져 있지만 그들이 나무를 신성시하는 첫 번째의 또는 유일한 사람들은 아니었다. 많은, 어쩌면 대부분의 많은 크리스트교 이전의 사람들은 나무에 대한 숭배의 의식을 행했었다. (①) 프레이저의 책 황금가지에서는 고대 그리스, 로마 그리고 동부지방뿐만 아니라, 북유럽의 구석구석까지 수십 개의 예들을 목록화해 놓았다. (②) 사실, 대부분의 역사에서, 나무는 영혼과, 악마와, 엘프와 요정들이 자리를 비집고 거주해온 존재이고 나무들 그 자체로는 신들의 거주지로 간주되어 있다. (③) 흥미롭게도, 나무의 어떤 한 종류는 다른 나무들보다 더 널리 존경받고 있는데 그것은 바로 참나무, 즉 제우스의 나무이다. (④) 프레이저는 참나무의 특별한 신분에 대해 또 다른 가능한 이유를 제시했다: 참나무는 번개를 굉장히 자주 맞는 나무이고, 그래서 아마도 하늘과의 특별한 관계를 즐기는 것으로 간주되고 있는 것일지도 모른다.

어휘

oak 참나무   transcend 능가하다   account for something 설명하다   divine 신성한
worship 숭배   habitation 거주지   revere 존경하다

MEMO

05 주어진 문장이 들어갈 위치로 가장 적절한 곳은?

Moreover, good teams provide resilience.

There is a simple reason why making a success of teams is so important; teams do not magically materialize overnight even in a work environment where people can be given instructions. In a political campaign, with its heavy reliance on volunteers, building successful teams requires all the more work. (①) However efficient you are and however hardworking you are, you still only have twenty-four hours in a day and seven days in a week. (②) Teams mean more people getting more work done. It is not just about the work that more people can do; more people bring more knowledge, more experience and more perspectives. (③) Whether it is someone not up to the job or an event such as a family bereavement quite rightly taking someone away from the campaign, there will be circumstances where another person needs to fill the gap. (④) Bigger and better teams are more resilient in such circumstances.

정답의 단서

성공적인 팀 만들기가 중요한 이유 → 개인은 일을 아무리 잘 한다 해도 시간적 한계가 있음 → 팀은 더 많은 일을 가능하게 하고 지식, 경험, 관점을 공유 (**It is not just about...**) → **Moreover**, 좋은 팀은 유연성도 강함(③) → 팀원 한 명이 사정상 빠져서 대체해야 하는 상황

정답 및 지문 해석 정답 ③

더구나, 좋은 팀은 유연성을 제공한다.

왜 성공적인 팀을 만드는 것이 정말 중요한지에 대한 간단한 이유가 있다. 팀은 사람들이 지시를 받을 수 있는 일터라 할지라도 하룻밤 사이에 마법적으로 실현되지 않는다. 정치 캠페인에서는, 자원봉사자들에게 상당히 많이 의지하게 되는 만큼, 성공적인 팀을 만드는 데 더욱 힘을 쏟게 된다. (①) 당신이 얼마나 효율적일지라도 그리고 얼마나 당신이 열심히 일을 할지라도, 당신은 여전히 하루에 **24**시간, 일주일에 **7**일만을 갖고 있을 뿐이다. (②) 팀은 좀 더 많은 사람들이 좀 더 많은 일을 끝낼 수 있음을 의미한다. 이것은 단순히 좀 더 많은 사람들이 할 수 있는 일에 대한 것이 아니다. 좀 더 많은 사람들은 더 많은 지식을, 더 많은 경험, 더 많은 관점을 모을 수 있다. (③) 누군가가 그 일을 감당해 낼 수 없을 때, 또는 누군가가 가족을 여의게 되어 부득이 캠페인을 떠나야 할 때 등 또 다른 사람이 그 자리를 대체해야 하는 상황이 있을 것이다. (④) 더 크고 더 나은 팀은 그러한 상황을 더욱 유연하게 대처할 수 있다.

어휘

resilience 복원력, 회복력　make a successful of something ~을 성공시키다, ~에서 성공하다　materialize 실현되다, 구체화되다　reliance 의지, 의존　be up to the job 일을 감당하다　bereavement 사별　quite rightly 부득이

06 다음 문장이 들어갈 위치로 가장 적절한 것은?

> However, scientific knowledge is rarely decisive in settling things once and for all.

Science enters society as a means to ratify legislative policies and legal decisions. (①) Science is widely assumed to be a refuge of objectivity in a sea of self-interest and biased opinions — in part because its methods for producing knowledge (experiment and quantification, for example) are assumed to be governed by procedural rules that reduce or eliminate personal discretion. (②) Scientists turn up in courts and hearing rooms, where they provide expert testimony thought to provide a reliable cognitive basis for decisions involving environmental impact or medical risk. (③) Often, experts disagree on the state of scientific understanding or on the relevance of some theory or fact for a particular case at hand — giving rise to the "hired gun," the expert who is paid to bring in science to support one side of an adversarial deliberation, in the process raising doubts about the supposed objectivity of scientific method and belief. (④)

정답의 단서

thought to provide **a reliable cognitive basis for decisions** → **However**, scientific knowledge is **rarely decisive**... (해결에 결정적인 경우는 드묾 ③) → 특정 사건과 결부된 이론에 편향된 지지로서 의의를 제기하는 과학자들

정답 및 지문 해석 정답 ③

그러나, 과학적인 지식은 단연코 어떤 것을 해결하는 데에 있어 결정적인 경우는 거의 없다.

과학은 입법정책이나 법적인 결정을 검토하는 수단으로서 사회에 들어간다. (①) 과학은 부분적으로는 지식을 생산해내는 방법이 (예를 들어 실험과 수량화) 개인의 결정권을 줄이거나 제거하는 절차상의 규칙에 의해서 통제되고 있다고 여겨진다는 점에서 사리사욕과 편향된 의견의 바다에서 객관성의 도피처로서 널리 생각된다. (②) 과학자들은 법정과 공청회장에 나타나서는 환경적 영향이나 의료적 위험에 관련된 결정을 내리는 데 있어 믿을 만한 인지적 토대를 제공할 것으로 여겨지는 전문가 증언을 제공한다. (③) 종종 전문가(과학자)들은 과학적 이해 상태에 동의하지 않거나 특정 사건과 결부된 이론이나 사실의 관련성에 이의를 표하는데, 이는 대립된 논의의 어느 한 편을 지지하기 위해, 과학을 끌어들이려 돈을 주고 산 전문가, 즉 살인 청부업자를 내세우는 것이나 마찬가지이며, 그 과정에서 상대가 제시한 과학적 방법과 믿음의 객관성에 의혹을 제기한다. (④)

어휘

once and for all 단연코   ratify 검토하다   refuge 피난처   discretion 결정권, 재량   testimony 증언   give rise to something ~을 유발하다   hired gun 살인 청부업자   adversarial 서로 대립관계의   deliberation 심사숙고

MEMO

07 다음 문장이 들어갈 위치로 가장 적절한 것은?

> However, in analyzing work attitudes and social behaviors, researchers have mixed opinions about the effect of mood on creative outcomes.

> A psychological climate that research group members perceive as favorable stimulates creativity in research. (①) Such a climate is characterized by openness, respect, and harmony among the group members and by personal work autonomy. (②) Isen concludes from a number of studies that a positive mood promotes creativity, whereas George and Zhou in one study find that a negative mood may promote creativity. (③) Moreover, it is suggested that a research group may be more creative when there is some intellectual tension and competition among its members. (④) Nevertheless, excess tension and competition in a research group are clearly injurious to creativity; therefore, an important leadership task is to create a work climate where there is the right balance between harmony and disharmony.

정답의 단서

좋은 분위기는 창의성을 증가시킴 → **However**, 분위기가 창의성에 미치는 영향에 대한 상반된 의견 존재(**have mixed opinions** ②) → 아이슨 vs. 조지와 자오우 → 어떤 조사에서는 긴장감과 경쟁이 창의성에 도움이 된다고 함

정답 및 지문 해석 정답 ②

그러나, 업무 태도나 사회적 행동을 분석하면서, 연구원들은 기분이 창의력에 미치는 영향에 대해서는 상반된 의견을 내놓고 있다.

연구원들이 호의적인 것으로 간주한 심리사회적 분위기는 연구에 창의성을 고무시킨다. (①) 그러한 분위기는 개방성, 존경, 그룹 멤버들 간의 조화, 그리고 개인의 업무 자율성이라는 특징을 나타내고 있다. (②) 아이슨은 많은 연구들을 통해 긍정적인 분위기가 창의성을 촉진시킨다고 결론을 내린 반면 조지와 자오우는 한 연구에서 부정적인 분위기가 창의성을 자극할 수 있다고 여긴다. (③) 더구나, 어떤 조사 그룹에서는 구성원 사이의 지적 긴장감과 경쟁이 있을 때 좀 더 창의적이 된다고 말했다. (④) 그럼에도 불구하고, 조사 그룹의 과도한 긴장과 경쟁은 분명 창의성에 해를 끼친다. 그러므로 중요한 리더십 과제는 조화와 부조화가 적절한 균형을 유지하는 업무 환경을 만드는 것이다.

어휘

stimulate 자극하다, 촉진하다 **characterize** 특징을 나타내다 **autonomy** 자율성
task 과업, 업무 **disharmony** 부조화

08 다음 문장이 들어갈 위치로 가장 적절한 것은?

> However, these arguments assumed a steady 'carrying capacity' of the earth, whereas in reality, technological developments alter the ability of land to produce food, and rising standards of living alter the demands for food.

> In 1798, Malthus predicted that human population growth would be checked by food supply. Although Malthus' prediction concerned specifically food, wider concerns that the human population's needs will outstrip the planet's resources have been of ongoing concern. In 1968 Ehrlich argued that population growth rates at that time would exceed the world's resources. (①) Furthermore, as most population growth, and also declining food production, were found to occur in developing countries, he advocated population control. (②) In 1965 Boscrtip argued increasing populations can be the driving force for agricultural intensification, which increases food output per unit area of land. (③) For example, the Green Revolution had an enormous impact on agricultural productivity, particularly that of rice and wheat. (④) In 1981 Simon also argued that more people bring positive change, as this results in more ideas, more experimentation, and more technological innovation which can help resolve the problems of resource limitations.

정답의 단서

연구와 한정된 지구 자원의 문제에 대한 고민 → **Furthermore(더 나아가)**, 인구 억제 필요성 주장 → **However**, 기술이 지구의 생산성을 변화시킨다 → 인구 증가가 농업 생산성을 증대할 수 있다 → **For example**, 녹색 혁명의 사례 → **also,** 사람이 많으면 긍정적인 변화 가져옴

정답 및 지문 해석 정답 ②

하지만 이러한 주장들은 지구의 고정된 수용 능력만으로 가정하고 있을 뿐, 현실적으로는 기술 개발이 땅의 식량 생산성을 변화시키고, 소득 수준의 향상이 식량의 수요를 변화시키고 있다.

1798년에 Malthus는 식량 공급 문제 때문에 인구 성장이 둔화될 것이라고 예측했다. Malthus의 예측은 식량 부족이라는 특정 문제만을 다루었지만, 인류의 요구를 충족하기엔 지구 자원이 부족할 것이라는 한층 더 폭넓은 고민이 계속되고 있다. 1968년에 Ehrlich는 그 당시의 인구 성장률이라면 지구에 있는 자원으로는 어림도 없을 것이라고 주장했다. (①) 게다가 식량 생산 감소와 더불어 인구 성장 대부분이 개발도상국에서 발생하고 있기 때문에 Ehrlich는 인구 통제를 옹호했다. (②) 1965년에 Boscrtip은 인구가 늘어나면 토지 단위 면적당 식량 생산량이 증가하여 농업 진흥에 원동력이 될 수 있다고 주장했다. (③) 예를 들어 녹색 혁명은 농업 생산량, 그 중에서도 특히 쌀과 밀 생산량에 지대한 영향을 끼쳤다. (④) 1981년에 Simon 역시 사람이 더 많아지면 자원 한정 문제를 해결하는 데 도움이 되는 많은 생각과 실험, 그리고 많은 기술적 혁신과 같은 긍정적인 변화가 생긴다고 주장했다.

어휘

carrying capacity 적재량, 수용 능력   check 상황의 악화나 지속을 막다(= stop)
alter 바꾸다, 변화하다   outstrip 앞지르다, 능가하다   exceed (특정 양이나 수를)
넘다, 초과하다   advocate 주장하다   driving force 원동력

09 주어진 문장이 들어갈 위치로 가장 적절한 곳은?

> Statements that include these words often make sweeping claims that require a lot of evidence.

> Consider these statements: Doctors are greedy. You can't trust politicians. Students these days are in school just to get high-paying jobs; they lack idealism. Homeless people don't want to work. These opinions imply the word all. They overlook individual differences, claiming that all members of a group are exactly alike. (①) They also ignore key facts — for instance, that some doctors volunteer their time at free medical clinics and that many homeless people are children who are too young to work. (②) All-or-nothing thinking is one of the most common errors in logic. (③) To avoid this fallacy, watch out for words such as all, everyone, no one, none, always, and never. (④) See whether words such as usually, some, many, few, and sometimes lead to more accurate statements.

정답의 단서

지나친 일반화의 오류 → also(강화) → To avoid this fallacy(오류), watch out for **words such as...** → Statements that include **three words** often... → See... (명령문으로 대안 제시)

정답 및 지문 해석 정답 ④

이러한 단어들을 포함하는 문구들은 종종 많은 증거를 필요로 하는 상당히 광범위한 주장을 한다.

다음 문장들을 잘 생각해 보자. 의사는 욕심이 많다. 정치인은 믿으면 안 된다. 요즘 학생은 그저 돈을 많이 벌 수 있는 직업을 가지려고 학교에 다닌다. 다시 말해 요즘 것들은 낭만이 없다. 노숙자는 일하기 싫어한다. 이 의견들에는 '모든'이라는 말이 함축되어 있다. 구성원은 모두 똑같다고 주장하며 개개인의 특성을 간과한 것이다. (①) 그들은 또한 중요한 사실을 무시했다 - 예를 들어, 어떤 의사는 자발적으로 시간을 내어 무료 진료소에서 진료하고, 많은 노숙자는 사실 너무 어려서 일을 못한다는 것이다. (②) 모 아니면 도라는 사고방식은 논리에서 가장 흔한 오류 중 하나이다. (③) 이러한 오류를 피하려면 '전부', '모두', '아무도', '무엇도', '언제나', '결코'와 같은 말들을 조심해야 한다. (④) '보통'과 '조금', '많은', '거의' 그리고 '가끔씩'이라는 단어들이 좀 더 정확한 진술을 이끄는지를 확인해라.

어휘

sweeping 너무 광범위한, 너무 포괄적인(일반화하는) greedy 탐욕스러운 lack ~이 부족하다 idealism 이상 overlook 간과하다 all-or-nothing 양자택일의 fallacy 오류

10 주어진 문장이 들어갈 위치로 가장 적절한 곳은?

> However, our Western notion of equating slimness with physical beauty is hardly universally accepted.

Even our body shape is related to a large extent to our cultural ideas. In the Western world, people go to considerable lengths to become as slender as possible. They spend millions of dollars each year on running shoes, diet plans, appetite suppressants, and health spa memberships to help them lose weight. (①) In large parts of Africa, for example, Western women are perceived as emaciated and considered to be singularly unattractive. (②) This point was made painfully obvious to me when I was conducting fieldwork in Kenya. (③) After months of living in Kenya, I learned that many of my male Kikuyu friends pitied me for having such an unattractive wife. (④) Kikuyu friends often came by my house with a bowl of food or a chicken and discreetly whispered, "This is for your wife." Even though I considered my wife to be beautifully proportioned, my African friends thought she needed to be fattened up to be beautiful.

정답의 단서

체형과 문화적 사고방식의 관계 → 서구에서는 예뻐지기 위해 살을 뺀다 → **However**, 아름다움에 대한 서양인의 믿음이 결코 보편적이지는 않다 → **for example**, 케냐에서의 개인적 경험

정답 및 지문 해석 정답 ①

하지만 날씬함을 신체적 아름다움과 동일시하는 서양인의 인식이 널리 받아들여지는 것은 아니다.

심지어 우리의 체형도 문화적 관념과 상당히 깊은 관련이 있다. 서양 사람들은 최대한 날씬해지기 위해 갖은 노력을 한다. 매년 살을 빼기 위해 운동화와 다이어트 계획, 식욕 억제제, 그리고 헬스장 이용권에 수백만 달러를 쓴다. (①) 예를 들어, 아프리카 지역 대부분에서는 서양 여자가 말라빠져서 전혀 매력적이지 않다고 생각한다. (②) 이 점은 내가 케냐에서 현장 조사를 할 때 뼈저리게 느꼈다. (③) 케냐에서 몇 달을 살고 나서, 나는 키쿠유 족 남자 친구들이 내 아내가 지지리 복도 없게 생겼다며 나를 불쌍히 여겼다는 걸 알게 되었다. (④) 키쿠유 친구들은 "자네 아내에게 갖다 줘."라고 넌지시 말하고는 종종 음식이나 닭 한 마리를 우리 집에 들고 왔다. 나는 내 아내가 딱 보기 좋은 몸매라고 생각했지만, 아프리카 친구들은 내 아내가 아름다워지려면 살 좀 찌울 필요가 있다고 생각한 것이다.

어휘

equate A with B A와 B를 동일시하다   go to great lengths (to do something) 갖은 노력을 다하다   slender 날씬한, 호리호리한   appetite suppressant 식욕억제제 emaciated 야윈, 쇠약해진   singularly 대단히   fieldwork 야외연구   discreetly 조심스럽게   fatten up 살찌우다

진가영
단기합격
영어독해
Reading

부록

01 다음 글의 내용과 일치하지 않는 것은? 2022. 국가직 9급

Umberto Eco was an Italian novelist, cultural critic and philosopher. He is widely known for his 1980 novel The Name of the Rose, a historical mystery combining semiotics in fiction with biblical analysis, medieval studies and literary theory. He later wrote other novels, including Foucault's Pendulum and The Island of the Day Before. Eco was also a translator : he translated Raymond Queneau's book Exercices de style into Italian. He was the founder of the Department of Media Studies at the University of the Republic of San Marino. He died at his Milanese home of pancreatic cancer, from which he had been suffering for two years, on the night of February 19, 2016.

① The Name of the Rose is a historical novel.
② Eco translated a book into Italian.
③ Eco founded a university department.
④ Eco died in a hospital of cancer.

정답 ④

해설
마지막 문장에서 췌장암으로 자택에서 사망했다고 나와있다.

해석
Umberto Eco는 이탈리아의 소설가, 문화 평론가, 철학자였다. 그는 소설 속 기호학과 성서 분석, 중세 연구, 문학 이론을 결합한 역사적 미스터리 소설인 'The Name of the Rose'(1980)로 널리 알려져 있다. 그는 후에 'Foucault's Pendulum'와 'The Island of the Day Before'을 포함한 다른 소설을 썼다. 에코는 또한 번역가였다: 그는 Raymond Queneau의 책인 Exercices de style을 이탈리아어로 번역했다. 그는 산마리노 공화국 대학교 미디어학과의 설립자였다. **그는 2016년 2월 19일 밤 췌장암으로 밀라노의 자택에서 사망했다.**

02 다음 글의 제목으로 가장 적절한 것은? 2022. 국가직 9급

Lasers are possible because of the way light interacts with electrons. Electrons exist at specific energy levels or states characteristic of that particular atom or molecule. The energy levels can be imagined as rings or orbits around a nucleus. Electrons in outer rings are at higher energy levels than those in inner rings. Electrons can be bumped up to higher energy levels by the injection of energy — for example, by a flash of light. When an electron drops from an outer to an inner level, "excess" energy is given off as light. The wavelength or color of the emitted light is precisely related to the amount of energy released. Depending on the particular lasing material being used, specific wavelengths of light are absorbed (to energize or excite the electrons) and specific wavelengths are emitted (when the electrons fall back to their initial level).

① How Is Laser Produced?
② When Was Laser Invented?
③ What Electrons Does Laser Emit?
④ Why Do Electrons Reflect Light?

정답 ①

해설
글의 첫 문장이 주제문이고 뒷받침 문장이 이어지고 있으므로 첫 문장의 내용과 가장 밀접한 선지는 ①이다.

해석

레이저는 빛이 전자와 상호작용하는 방식 때문에 (발생이) 가능하다. 전자는 그 특정 원자 또는 분자의 특정한 에너지 준위 또는 상태로 존재한다. 에너지 준위는 고리 또는 핵 주위의 궤도로 생각될 수 있다. 외부 고리의 전자는 내부 고리의 전자보다 더 높은 에너지 준위에 있다. 전자는 예를 들어, 빛의 섬광과 같은 에너지 주입에 의해 더 높은 에너지 준위로 상승할 수 있다. 전자가 바깥쪽에서 안쪽 준위로 떨어지면, "과잉" 에너지가 빛으로 방출된다. 방출되는 빛의 파장 또는 색상은 방출되는 에너지의 양과 정확하게 관련되어 있다. 사용되는 특정 레이싱 재료에 따라 (전자를 통전시키거나 들뜬 상태로 만들기 위해) 특정 파장의 빛이 흡수되고 (전자가 초기의 준위로 떨어질 때) 특정 파장이 방출된다.

① 레이저는 어떻게 만들어지는가?
② 레이저는 언제 발명되었는가?
③ 레이저는 어떤 전자들을 방출하는가?
④ 전자들은 왜 빛을 반사하는가?

※ Energy level (에너지 준위) 에너지 준위는 원자, 분자 혹은 고체 물질 등과 같이 양자역학적 계에서 형성된 전자들이 존재할 수 있는 양자화된 상태들이 가지는 에너지 값이다.

---

03 다음 글의 흐름상 가장 어색한 것은? 2022. 국가직 9급

Markets in water rights are likely to evolve as a rising population leads to shortages and climate change causes drought and famine. ① But they will be based on regional and ethical trading practices and will differ from the bulk of commodity trade. ② Detractors argue trading water is unethical or even a breach of human rights, but already water rights are bought and sold in arid areas of the globe from Oman to Australia. ③ Drinking distilled water can be beneficial, but may not be the best choice for everyone, especially if the minerals are not supplemented by another source. ④ "We strongly believe that water is in fact turning into the new gold for this decade and beyond," said Ziad Abdelnour. "No wonder smart money is aggressively moving in this direction."

정답 ③

해설

이 글의 주제는 수리권에 관한 내용인데 증류수를 마시는 것에 관련된 ③의 내용은 흐름상 어색한 내용이다.

해석

증가하는 인구가 물 부족을 야기하고 기후 변화가 가뭄과 기근을 초래함에 따라 수리권 시장은 발전할 것 같다. ① 그러나 그것들은 지역적이고 윤리적인 거래 관행에 근거할 것이며 대부분의 상품 거래와는 다를 것이다. ② 비방하는 사람들은 물을 거래하는 것은 비윤리적이거나 심지어 인권 침해라고 주장하지만, 이미 수리권은 오만(Oman)에서 호주(Australia)까지 세계의 건조한 지역에서 사고 팔리고 있다. (③ **증류수를 마시는 것은 유익할 수 있지만, 특히 미네랄이 다른 공급원에 의해 보충되지 않는다면 모두에게 최선의 선택은 아닐 수 있다.**) ④ Ziad Abdelnour는 "우리는 물이 사실상 이 10년간 그리고 이후 새로운 금으로 바뀔 것이라고 굳게 믿는다."라고 말했다. "스마트 머니가 이 방향으로 공격적으로 이동하고 있는 것은 놀랍지 않다."

04 밑줄 친 부분에 들어갈 말로 가장 적절한 것을 고르시오.

2022. 국가직 9급

Beliefs about maintaining ties with those who have died vary from culture to culture. For example, maintaining ties with the deceased is accepted and sustained in the religious rituals of Japan. Yet among the Hopi Indians of Arizona, the deceased are forgotten as quickly as possible and life goes on as usual.   (A) , the Hopi funeral ritual concludes with a break-off between mortals and spirits. The diversity of grieving is nowhere clearer than in two Muslim societies — one in Egypt, the other in Bali. Among Muslims in Egypt, the bereaved are encouraged to dwell at length on their grief, surrounded by others who relate to similarly tragic accounts and express their sorrow.   (B) , in Bali, bereaved Muslims are encouraged to laugh and be joyful rather than be sad.

	(A)	(B)
①	However	Similarly
②	In fact	By contrast
③	Therefore	For example
④	Likewise	Consequently

정답 ②

해석

죽은 사람들과 관계를 유지하는 것에 대한 믿음은 문화마다 다르다. 예를 들어, 고인과 관계를 유지하는 것은 일본의 종교적 의식에서 받아들여지고 지속된다. 그러나 애리조나의 호피 인디언들 사이에서는 고인은 가능한 한 빨리 잊고 삶은 평소와 같이 계속된다. **사실** 호피 장례 의식은 인간과 영혼 사이에 단절로 끝난다. 슬픔의 다양성은 하나는 이집트 또 다른 하나는 발리에 있는 두 개의 무슬림 사회보다 아무 데도 더 분명하지 않다. 이집트의 이슬람교도들 사이에서, 유족은 비슷한 비극적 이야기와 관련된 다른 사람들에 둘러싸여 그들의 슬픔을 길게 유지하도록 격려받는다. **대조적으로** 발리에서는, 유족이 된 무슬림들이 슬퍼하기보다는 웃고 즐거워하도록 장려된다.

05 밑줄 친 부분에 들어갈 말로 가장 적절한 것은?

2022. 국가직 9급

Scientists have long known that higher air temperatures are contributing to the surface melting on Greenland's ice sheet. But a new study has found another threat that has begun attacking the ice from below: Warm ocean water moving underneath the vast glaciers is causing them to melt even more quickly. The findings were published in the journal Nature Geoscience by researchers who studied one of the many "ice tongues" of the Nioghalvfjerdsfjorden Glacier in the northeast Greenland. An ice tongue is a strip of ice that floats on the water without breaking off from the ice on land. The massive one these scientists studied is nearly 50 miles long. The survey revealed an underwater current more than a mile wide where warm water from the Atlantic Ocean is able to flow directly towards the glacier, bringing large amounts of heat into contact with the ice and _____ the glacier's melting.

① separating   ② delaying

③ preventing   ④ accelerating

정답 ④

해석

과학자들은 더 높은 기온이 그린란드의 빙상 표면이 녹는 것에 기여하고 있다는 것을 오랫동안 알고 있었다. 하지만 새로운 연구는 아래에서 빙하를 공격하기 시작한 또 다른 위협을 발견했다: 거대한 빙하 밑으로 이동하는 따뜻한 바닷물이 그들을(빙하) 훨씬 더 빨리 녹게 만들고 있다는 것이다. 이 연구 결과는 그린란드 북동부에 있는 Nioghalvfjerdsfiorden 빙하의 많은 "빙하설" 중 하나를 연구한 연구자들에 의해 Nature Geoscience지에 발표되었다. 빙하설은 육지의 얼음으로부터 분리되지 않고 물 위에 떠 있는 얼음 조각이다. 이러한 과학자들이 연구한 거대한 빙하설은 길이가 거의 50마일이 된다. 이 연구는 대서양에서 온 따뜻한 물이 빙하를 향해 바로 흘러갈 수 있어서 많은 양의 열이 빙하와 접촉해서 빙하가 녹는 것을 **촉진하는** 폭이 1마일 이상인 수중 해류를 밝혀냈다.

06 다음 글의 제목으로 가장 적절한 것은? 2022. 국가직 9급

Do people from different cultures view the world differently? A psychologist presented realistic animated scenes of fish and other underwater objects to Japanese and American students and asked them to report what they had seen. Americans and Japanese made about an equal number of references to the focal fish, but the Japanese made more than 60 percent more references to background elements, including the water, rocks, bubbles, and inert plants and animals. In addition, whereas Japanese and American participants made about equal number of references to movement involving active animals, the Japanese participants made almost twice as many references to relationships involving inert, background objects. Perhaps most tellingly, the very first sentence from the Japanese participants was likely to be one referring to the environment, whereas the first sentence from Americans was three times as likely to be one referring to the focal fish.

① Language Barrier Between Japanese and Americans
② Associations of Objects and Backgrounds in the Brain
③ Cultural Differences in Perception
④ Superiority of Detail-oriented People

정답 ③

해석

다른 문화권의 사람들은 세상을 다르게 보는가? 한 심리학자가 일본과 미국 학생들에게 물고기와 다른 수중 물체의 사실적인 생생한 장면을 보여주고 그들이 본 것을 알려달라고 요청했다. 미국인과 일본인은 초점 대상인 물고기에 대해 거의 같은 수로 언급을 했지만, 일본인은 물, 바위, 거품, 그리고 비활동적인 식물과 동물들을 포함한 배경 요소에 대해 60%보다 더 많은 언급을 했다. 게다가, 일본과 미국 참가자들은 활동적인 동물들과 관련된 움직임에 대해 거의 같은 숫자의 언급을 한 반면, 일본 참가자들은 비활동적인 배경 물체를 포함하는 관계에 대해 거의 두 배나 언급했다. 아마도 가장 강력하게, 일본 참가자들의 첫 번째 문장은 환경을 언급하는 문장이었을 것이고, 반면에 미국인들의 첫 문장은 초점 대상인 물고기를 가리키는 문장이 될 가능성이 세 배 더 많았다.

① 일본인과 미국인 사이의 언어 장벽
② 뇌에서 물체와 배경을 관련짓는 것
③ 인지에 있어 문화적 차이
④ 꼼꼼한 사람들의 우월성

부록

07 주어진 문장이 들어갈 위치로 가장 적절한 것은?

2022. 국가직 9급

> Thus, blood, and life-giving oxygen, are easier for the heart to circulate to the brain.

People can be exposed to gravitational force, or g-force, in different ways. It can be localized, affecting only a portion of the body, as in getting slapped on the back. It can also be momentary, such as hard forces endured in a car crash. A third type of g-force is sustained, or lasting for at least several seconds. (①) Sustained, body-wide g-forces are the most dangerous to people. (②) The body usually withstands localized or momentary g-force better than sustained g-force, which can be deadly because blood is forced into the legs, depriving the rest of the body of oxygen. (③) Sustained g-force applied while the body is horizontal, or lying down, instead of sitting or standing tends to be more tolerable to people, because blood pools in the back and not the legs. (④) Some people, such as astronauts and fighter jet pilots, undergo special training exercises to increase their bodies' resistance to g-force.

정답 ④

해석

사람들은 다른 방법으로 중력, 또는 g-force에 노출될 수 있다. 그것은 등이 두드려지는 것처럼 신체의 한 부위에만 영향을 미치면서 국부적일 수 있다. 그것은 또한 자동차 충돌사고 시 겪는 강한 힘처럼 순간적일 수 있다. 세 번째 종류의 중력은 계속되거나 최소 몇 초 동안 지속된다. 지속적이고 전신에 걸친 중력은 사람들에게 가장 위험하다. 몸은 보통 국부적이거나 순간적인 중력을 지속적인 중력보다 더 잘 견디는데 이는 피가 다리로 몰려서 신체 나머지에서 산소를 빼앗기 때문에 치명적일 수 있다. 앉거나 서 있는 대신 신체를 수평으로 하거나 누울 때 가해지는 지속적인 중력은 피가 다리가 아닌 등에 몰리기 때문에 사람들에게 더 견딜만한 경향이 있다. **그래서 심장이 피와, 생명을 주는 산소를 뇌로 순환시키기 더 쉽다.** 우주 비행사와 전투기 조종사와 같은 일부 사람들은 g-force에 대한 몸의 저항을 증가시키기 위해 특별한 훈련을 받는다.

08 다음 글의 요지로 가장 적절한 것은?

2022. 국가직 9급

If someone makes you an offer and you're legitimately concerned about parts of it, you're usually better off proposing all your changes at once. Don't say, "The salary is a bit low. Could you do something about it?" and then, once she's worked on it, come back with "Thanks. Now here are two other things I'd like..." If you ask for only one thing initially, she may assume that getting it will make you ready to accept the offer (or at least to make a decision). If you keep saying "and one more thing...," she is unlikely to remain in a generous or understanding mood. Furthermore, if you have more than one request, don't simply mention all the things you want — A, B, C, and D; also signal the relative importance of each to you. Otherwise, she may pick the two things you value least, because they're pretty easy to give you, and feel she's met you halfway.

① Negotiate multiple issues simultaneously, not serially.
② Avoid sensitive topics for a successful negotiation.
③ Choose the right time for your negotiation.
④ Don't be too direct when negotiating salary.

정답 ①

해석

만약 누군가가 당신에게 제안을 하고 당신이 그것의 일부에 대해 정당하게 걱정한다면, 당신은 보통 모든 변화를 한 번에 제안하는 것이 더 낫다. "월급이 좀 적습니다. 어떻게 좀 해주시겠어요?"라고 말하지 마라. 그러고 나서, 그녀가 작업을 마치면, "고맙습니다. 이제 두 가지 더 알고 싶은 것이 있습니다." 처음에 한 가지만 요구한다면, 그녀는 당신이 제안을 받아들일 준비가 되어 있을 것이라고 생각할 수도 있다. 만약 당신이 계속해서 "그리고 한 가지 더..."라고 말한다면, 그녀는 관대하거나 이해심 많은 기분을 유지하지 않을 가능성이 크다. 게다가, 만약 당신이 한 가지 이상의 요청이 있다면, 여러분이 원하는 모든 것, 즉 A, B, C, D를 단순히 언급하지 말고 당신에게 있어 각각의 상대적 중요성에 대한 표현을 해라. 그렇지 않으면, 그녀는 그것들을 당신에게 주기 꽤 쉬운 것이라 생각하기 때문에 당신이 가장 중요하게 여기지 않는 두 가지를 고르고, 당신과 중간에서 타협했다고 느낄지도 모른다.

09 주어진 글 다음에 이어질 글의 순서로 가장 적절한 것은?

2022. 국가직 9급

Today, Lamarck is unfairly remembered in large part for his mistaken explanation of how adaptations evolve. He proposed that by using or not using certain body parts, an organism develops certain characteristics.

(A) There is no evidence that this happens. Still, it is important to note that Lamarck proposed that evolution occurs when organisms adapt to their environments. This idea helped set the stage for Darwin.

(B) Lamarck thought that these characteristics would be passed on to the offspring. Lamarck called this idea inheritance of acquired characteristics.

(C) For example, Lamarck might explain that a kangaroo's powerful hind legs were the result of ancestors strengthening their legs by jumping and then passing that acquired leg strength on to the offspring. However, an acquired characteristic would have to somehow modify the DNA of specific genes in order to be inherited.

① (A) - (C) - (B)　　② (B) - (A) - (C)

③ (B) - (C) - (A)　　④ (C) - (A) - (B)

정답 ③

해석

오늘날, Lamarck는 적응이 어떻게 진화하는지에 대한 그의 잘못된 설명으로 부당하게 기억되고 있다. 그는 특정 신체 부위를 사용하거나 사용하지 않음으로써 유기체가 특정 형질을 발달시킬 수 있다고 제안했다.

(B) Lamarck는 이러한 특성들이 자손에게 전해질 것이라고 생각했다. Lamarck는 이 생각을 '획득 형질 유전'이라고 불렀다.

(C) 예를 들어, Lamarck는 캥거루의 강력한 뒷다리가 조상들이 뛰면서 그들의 다리를 강화하고 그 획득된 다리 힘을 자손에게 전한 결과라고 설명할 수 있다. 그러나 획득 형질은 유전되기 위해선 특정 유전자의 DNA를 어떻게든 수정해야 할 것이다.

(A) 이런 일이 일어난다는 증거는 없다. 그럼에도 불구하고, Lamarck가 유기체가 환경에 적응할 때 진화가 일어난다고 제안한 것에 주목해야 한다. 이 생각은 다윈의 발판을 마련하는 데 도움이 되었다.

부록

10 주어진 글 다음에 이어질 글의 순서로 가장 적절한 것은?

2022. 지방직 9급

For people who are blind, everyday tasks such as sorting through the mail or doing a load of laundry present a challenge.

(A) That's the thinking behind Aira, a new service that enables its thousands of users to stream live video of their surroundings to an on-demand agent, using either a smartphone or Aira's proprietary glasses.

(B) But what if they could "borrow" the eyes of someone who could see?

(C) The Aira agents, who are available 24/7, can then answer questions, describe objects or guide users through a location.

① (A) − (B) − (C) ② (A) − (C) − (B)
③ (B) − (A) − (C) ④ (C) − (A) − (B)

정답 ③

해석

눈이 먼 사람들에게 우편물을 분류하거나 한 무더기의 빨래를 하는 것과 같은 일상적인 일은 도전을 준다.
(B) 하지만 만약 그들이 볼 수 있는 누군가의 눈을 '빌릴' 수 있다면 어떨까?
(A) 그것이 Aira 배경이 되는 생각인데, Aira는 스마트폰이나 Aira의 독점 안경을 사용하면서, 자신의 수천 명의 사용자들이 그들의 환경들을 응대 대기 에이전트들에게 라이브 비디오로 스트리밍을 할 수 있도록 하는 새로운 서비스이다.
(C) Aira 에이전트들은 일 년 내내 이용할 수 있는데, 그들은 그리고 질문에 답하거나, 사물을 설명하거나, 사용자에게 위치를 안내할 수 있다.

11 주어진 문장이 들어갈 위치로 가장 적절한 곳은?

2022. 지방직 9급

The comparison of the heart to a pump, however, is a genuine analogy.

An analogy is a figure of speech in which two things are asserted to be alike in many respects that are quite fundamental. Their structure, the relationships of their parts, or the essential purposes they serve are similar, although the two things are also greatly dissimilar. Roses and carnations are not analogous. (①) They both have stems and leaves and may both be red in color. (②) But they exhibit these qualities in the same way; they are of the same genus. (③) These are disparate things, but they share important qualities : mechanical apparatus, possession of valves, ability to increase and decrease pressures, and capacity to move fluids. (④) And the heart and the pump exhibit these qualities in different ways and in different contexts.

정답 ③

해석

비유는 두 가지가 사물이 상당히 근본적인 많은 면에서 유사하다고 주장이 되는 수사학적 표현이다. 그 두 가지는 또한 크게 다름에도 불구하고, 그것들의 구조, 그것들 부분의 관계, 또는 그것들이 기여하는 본질적인 목적은 유사하다. 장미와 카네이션은 유사하지 않다. 그것들은 둘 다 줄기와 잎을 가지고 있으며 둘 다 빨간색일 수 있다. 그러나 같은 방식으로 이러한 특성들을 드러낸다; 그것들은 같은 속(屬)이다. **하지만 심장을 펌프에 빗대는 것은 진정한 비유이다.** 이것들은 서로 상이한 것들이지만, 그것들은 중요한 특성들을 공유한다 : 역학적인 장치(기관), 밸브(판막)의 보유, 압력을 증가시키고 감소시키는 능력, 유체를 이동시킬 수 있는 능력등의 중요한 특성을 공유한다는 것이다. 그리고 심장과 펌프는 다른 방식들과 다른 맥락에서 이러한 특성들을 드러낸다.

12 다음 글의 제목으로 가장 적절한 것은? 2022. 지방직 9급

One of the areas where efficiency can be optimized is the work force, through increasing individual productivity — defined as the amount of work (products produced, customers served) an employee handles in a given time. In addition to making sure you have invested in the right equipment, environment, and training to ensure optimal performance, you can increase productivity by encouraging staffers to put an end to a modern-day energy drain: multitasking. Studies show it takes 25 to 40 percent longer to get a job done when you're simultaneously trying to work on other projects. To be more productive, says Andrew Deutscher, vice president of business development at consulting firm The Energy Project, "do one thing, uninterrupted, for a sustained period of time."

① How to Create More Options in Life
② How to Enhance Daily Physical Performance
③ Multitasking is the Answer for Better Efficiency
④ Do One Thing at a Time for Greater Efficiency

정답 ④

해석
효율성이 최적화 될 수 있는 분야들 중 하나는 개인 생산성의 증가를 통한 노동력인데 — 개인 생산성은 (생산된 제품들, 서비스한 고객들) 주어진 시간에 한 직원이 처리하는 업무의 양으로 정의된다. 최적의 성능을 보장하기 위해 적절한 장비, 환경 및 교육에 투자했는지 확인하는 것에 이외에도, 직원들이 현대의 에너지 낭비인 멀티태스킹을 중단하기를 장려함으로써 생산성을 높일 수 있다. 연구들은 동시에 다른 프로젝트들을 수행하려고 할 때 한 작업을 완료하는 데 25~40% 더 오래 걸린다는 것을 보여준다. 더 생산적이기 위해서는, 컨설팅 회사 The Energy Project의 사업개발 부사장인 Andrew Deutscher는, "지속적인 기간 동안 중단 없이 한 가지 일을 하세요."라고 말한다.
① 어떻게 인생에서 더 많은 선택들을 할 수 있는지
② 어떻게 일상적인 신체 능력을 향상시킬 수 있는지
③ 멀티태스킹은 더 나은 효율성을 위한 정답이다
④ 더 큰 효율성을 위해 한 번에 한 가지 일을 하라

13 글의 흐름상 가장 어색한 문장은? 2022. 지방직 9급

The skill to have a good argument is critical in life. But it's one that few parents teach to their children. ① We want to give kids a stable home, so we stop siblings from quarreling and we have our own arguments behind closed doors. ② Yet if kids never get exposed to disagreement, we may eventually limit their creativity. ③ Children are most creative when they are free to brainstorm with lots of praise and encouragement in a peaceful environment. ④ It turns out that highly creative people often grow up in families full of tension. They are not surrounded by fistfights or personal insults, but real disagreements. When adults in their early 30s were asked to write imaginative stories, the most creative ones came from those whose parents had the most conflict a quarter-century earlier.

정답 ③

해석
논쟁을 잘 할 수 있는 기술은 삶에서 중요하다. 그러나 이것은 부모님들이 그들의 아이들에게 거의 가르치지 않는 것이다. 우리는 아이들에게 안정적인 가정을 주고 싶어서 우리는 아이들(형제자매들)이 싸우지 못하게 하고 우리는 말싸움을 닫힌 문 뒤에서 아이들 모르게 한다. 하지만 만약 아이들이 의견 충돌에 노출되지 않는다면, 우리는 결국 그들의 창의력을 제한할 가능성이 있다. **(어린이들은 평화로운 환경에서 많은 칭찬과 격려로 자유롭게 브레인스토밍을 할 때 가장 창의적이다.)** 창의력이 뛰어난 사람들은 긴장감이 넘치는 가정들 안에서 자라는 경우가 많은 것으로 나타났다. 그들은 주먹다짐이나 인신공격이 아니라, 진정한 의견의 불일치에 둘러싸여 있는 것이다. 30대 초반의 어른들에게 상상력이 풍부한 이야기를 쓰라고 요청 받을 때, 가장 창의적인 이야기는 25년 전에 그들의 부모님과 가장 많은 갈등을 겪었던 사람들로부터 나왔다.

다음 글의 내용과 일치하지 않는 것을 고르시오. [문 14. ~ 문 15.]

2022. 지방직 9급

14

> Christopher Nolan is an Irish writer of some renown in the English language. Brain damaged since birth, Nolan has had little control over the muscles of his body, even to the extent of having difficulty in swallowing food. He must be strapped to his wheelchair because he cannot sit up by himself. Nolan cannot utter recognizable speech sounds. Fortunately, though, his brain damage was such that Nolan's intelligence was undamaged and his hearing was normal; as a result, he learned to understand speech as a young child. It was only many years later, though, after he had reached 10 years, and after he had learned to read, that he was given a means to express his first words. He did this by using a stick which was attached to his head to point to letters. It was in this 'unicorn' manner, letter-by-letter, that he produced an entire book of poems and short stories, *Dam-Burst of Dreams*, while still a teenager.

① Christopher Nolan은 뇌 손상을 갖고 태어났다.

② Christopher Nolan은 음식을 삼키는 것도 어려웠다.

③ Christopher Nolan은 청각 장애로 인해 들을 수 없었다.

④ Christopher Nolan은 10대일 때 책을 썼다.

정답 ③

해석

Christopher Nolan는 영어에서 상당한 명성을 가진 아일랜드의 작가이다. 태어났을 때부터 뇌에 손상을 입은 채로, Nolan은 음식을 삼키기 어려울 정도로 그의 몸의 근육들을 거의 통제할 수 없었다. 그는 혼자 똑바로 앉을 수 없어서 휠체어에 묶여 있어야 했다. Nolan은 알아들을 수 있는 말소리를 낼 수 없었다. 그럼에도 불구하고 다행히도, 그의 뇌 손상은 지능이 손상되지 않은 그런 것이었고 청력이 정상적이었다; 그 결과로 그는 어렸을 때 말을 이해하는 것을 배웠다. 그러나 그가 10살이 되고 읽기를 배운 수년 후에서야 비로소 그의 첫 단어를 표현할 수 있는 수단을 갖게 되었다. 그는 머리에 붙어있는 막대기를 사용하여 글자를 가리켰다. 이러한 한 글자씩 가리키는 '유니콘' 방법을 통해서 그는 아직 10대에 'Dam-Burst of Dreams'라는 시와 단편으로 이루어진 완전한 책을 생산해 낼 수 있었다.

15

In many Catholic countries, children are often named after saints; in fact, some priests will not allow parents to name their children after soap opera stars or football players. Protestant countries tend to be more free about this; however, in Norway, certain names such as Adolf are banned completely. In countries where infant mortality is very high, such as in Africa, tribes only name their children when they reach five years old, the age in which their chances of survival begin to increase. Until that time, they are referred to by the number of years they are. Many nations in the Far East give their children a unique name which in some way describes the circumstances of the child's birth or the parents' expectations and hopes for the child. Some Australian aborigines can keep changing their name throughout their life as the result of some important experience which has in some way proved their wisdom, creativity or determination. For example, if one day, one of them dances extremely well, he or she may decide to re-name him/herself 'supreme dancer' or 'light feet'.

① Children are frequently named after saints in many Catholic countries.

② Some African children are not named until they turn five years old.

③ Changing one's name is totally unacceptable in the culture of Australian aborigines.

④ Various cultures name their children in different ways.

정답 ③

해석

많은 카톨릭 국가에서는, 아이들이 종종 성인들의 이름을 따서 지어진다; 사실 몇몇 성직자들은 부모들이 드라마 스타들과 축구 선수들의 이름으로 아이들의 이름을 짓는 것을 허락하지 않을 것이다.

개신교 국가들은 이렇게 이름을 짓는 것에 대해 더 자유로운 경향이 있다; 그러나, 노르웨이에서는 Adolf와 같은 특정 이름들이 완전히 금지된다. 유아 사망률이 매우 높은 아프리카와 같은 나라들에서는, 부족들은 아이들이 5살에 이를 때에만 이름을 짓는데, 5살은 생존할 확률이 증가하는 나이이다. 그때가 될 때까지 그들은 그들의 나이의 수로 불리운다. 극동의 많은 나라들은 그들의 자녀에게 어떤 식으로든 아이의 출생의 상황이나 부모들의 기대와 희망을 묘사하는 독특한 이름을 지어준다. 어떤 호주 원주민들은 그들의 지혜, 창의성 또는 결단력을 증명한 몇몇 중요한 경험의 결과로 그들의 이름을 일생 동안 계속해서 바꿀 수 있다. 예를 들어, 어느 날 그들 중 한 명이 춤을 아주 잘 춘다면, 그 혹은 그녀는 자신의 이름을 '최고 무용수' 또는 '빛나는 발'로 바꾸기로 결정할 수도 있다.

① 아이들은 많은 카톨릭 국가에서 종종 성인의 이름을 따서 지어진다.

② 어떤 아프리카 어린이들은 5살이 될 때까지 이름이 지어지지 않는다.

③ 이름을 바꾸는 것은 호주 원주민들의 문화에서 완전히 용납될 수 없다.

④ 다양한 문화권에서는 자녀의 이름을 각각 다른 방식으로 짓는다.

16 다음 글의 요지로 가장 적절한 것은?   2022. 지방직 9급

In one study, done in the early 1970s when young people tended to dress in either "hippie" or "straight" fashion, experimenters donned hippie or straight attire and asked college students on campus for a dime to make a phone call. When the experimenter was dressed in the same way as the student, the request was granted in more than two-thirds of the instances; when the student and requester were dissimilarly dressed, the dime was provided less than half the time. Another experiment showed how automatic our positive response to similar others can be. Marchers in an antiwar demonstration were found to be more likely to sign the petition of a similarly dressed requester and to do so without bothering to read it first.

① People are more likely to help those who dress like themselves.

② Dressing up formally increases the chance of signing the petition.

③ Making a phone call is an efficient way to socialize with other students.

④ Some college students in the early 1970s were admired for their unique fashion.

정답 ①

해석
젊은 사람들이 '히피' 혹은 '스프레이트' 패션으로 옷을 입는 경향이 있었던 1970년대 초에 실행된 한 실험에서, 히피 혹은 스트레이트로 복장을 한 실험자들은 교내에 있는 대학생들에게 전화를 걸 수 있도록 10센트를 요구했다. 실험자가 학생과 같은 방식으로 입었을 때, 그 요청은 3분의 2 이상 허락되었고, 학생과 요청자가 서로 다르게 입었을 때, 10센트짜리 동전은 절반 미만으로 제공되었다. 또 다른 실험은 어떻게 외모가 유사한 다른 사람들에게 긍정적인 반응들이 얼마나 자동적인지를 보여 주었다. 반전 시위에 참여한 시위자들은 유사한 복장을 한 요청자의 탄원서에 서명할 가능성이 더 크고, 그것을 먼저 읽어 보지도 않고 서명할 가능성이 더 큰 것으로 밝혀졌다.

① 사람들은 그들처럼 입는 사람들을 도울 가능성이 더 크다.

② 정장을 입는 것은 탄원서 서명의 가능성을 높인다.

③ 전화를 거는 것은 다른 학생들과 교제하는 효율적인 방법이다.

④ 1970년대 초반의 몇몇 대학생들은 독특한 패션으로 존경을 받았다.

17 (A)와 (B)에 들어갈 말로 가장 적절한 것은?

2022. 지방직 9급

Duration shares an inverse relationship with frequency. If you see a friend frequently, then the duration of the encounter will be shorter. Conversely, if you don't see your friend very often, the duration of your visit will typically increase significantly. (A), if you see a friend every day, the duration of your visits can be low because you can keep up with what's going on as events unfold. If, however, you only see your friend twice a year, the duration of your visits will be greater. Think back to a time when you had dinner in a restaurant with a friend you hadn't seen for a long period of time. You probably spent several hours catching up on each other's lives. The duration of the same dinner would be considerably shorter if you saw the person on a regular basis. (B), in romantic relationships the frequency and duration are very high because couples, especially newly minted ones, want to spend as much time with each other as possible. The intensity of the relationship will also be very high.

	(A)	(B)
①	For example	Conversely
②	Nonetheless	Furthermore
③	Therefore	As a result
④	In the same way	Thus

정답 ①

해석

지속 시간은 빈도와 역의 관계를 가진다. 만약 여러분이 친구를 자주 만난다면, 만남의 시간은 더 짧아질 것이다. 반대로 친구를 자주 만나지 않으면, 만남의 지속 시간이 대체로 상당히 늘어난다. **예를 들어**, 만약 여러분이 매일 친구를 만난다면, 여러분은 중요한 사건이 전개되면서 일어나는 일들에 대해 알기 때문에 만남의 지속 시간이 짧을 수 있다. 하지만, 만약 여러분이 친구를 일 년에 두 번만 만난다면, 만남의 지속 시간은 더 길어질 것이다. 오랫동안 보지 못한 친구와 식당에서 저녁을 먹었던 때를 생각해 봐라. 여러분은 아마도 서로의 삶을 아는 데 몇 시간을 보냈을 것이다. 만약 당신이 정기적으로 그 사람을 본다면 같은 저녁 식사 시간은 상당히 짧을 것이다. **반대로**, 연인관계에서는 빈도와 지속시간은 특히 새로 시작한 연인들이 그러할 것인데, 연인들은 서로와 가능한 많은 시간을 보내기를 원한다. 그 관계의 강도 또한 매우 높을 것이다.

밑줄 친 부분에 들어갈 말로 가장 적절한 것을 고르시오. [문 18. ~ 문 19.]

2022. 지방직 9급

18

> One of the most frequently used propaganda techniques is to convince the public that the propagandist's views reflect those of the common person and that he or she is working in their best interests. A politician speaking to a blue-collar audience may roll up his sleeves, undo his tie, and attempt to use the specific idioms of the crowd. He may even use language incorrectly on purpose to give the impression that he is "just one of the folks." This technique usually also employs the use of glittering generalities to give the impression that the politician's views are the same as those of the crowd being addressed. Labor leaders, businesspeople, ministers, educators, and advertisers have used this technique to win our confidence by appearing to be _____ _____.

① beyond glittering generalities
② just plain folks like ourselves
③ something different from others
④ better educated than the crowd

정답 ②

해석

가장 가주 사용되는 선전 기술 중 하나는 대중에게 선전자의 견해들이 보통 사람의 견해들을 반영했으며 그 선전자가 그들의 최고의 이익을 대변하고 있다는 것을 확신시키는 것이다. 육체노동자 청중에게 말하는 정치인은 소매를 걷어붙이고 넥타이를 풀고 군중들의 특정한 표현들을 사용하려고 시도할 수 있다. 그는 심지어 자신이 "그 사람들 중 한 명일 뿐"이라는 인상을 주기 위해 고의로 언어를 잘못 사용할 수도 있다. 이 기술은 또한 정치가의 견해가 연설되는 군중의 견해와 같다는 인상을 주기 위해 화려한 미사여구를 사용한다. 노동 지도자들, 사업가들, 장관들, 교육자들,

그리고 광고들은 **우리와 같이 평범한 사람들**인 것처럼 보임으로써 우리의 신뢰를 얻기 위해 이 기술을 사용해 오고 있다.
① 화려한 추상어를 넘어선
② 우리와 같이 평범한 사람들
③ 다른 이들과는 다른 무언가
④ 군중들보다 더 교육받은

정답 ②

해석

롤러코스터가 자신의 선로의 최초의 리프트 언덕에 오르면서, 이 롤러코스터는 잠재적인 에너지를 만들어 내고 있다 ― 더 높이 이것이 지구 위로 올라가면 올라갈수록, 그만큼 더 중력의 당기는 힘이 커질 것이다. 롤러코스터가 리프트 언덕을 넘어 하강하기 시작할 때, 그것의 잠재적 에너지는 운동 에너지, 다른 말로 이동 에너지가 된다. 일반적인 오해는 롤러코스터가 트랙을 따라 에너지를 잃는다는 것이다. 그러나, 에너지 보존의 법칙이라고 불리는 물리학의 중요한 법칙은 에너지가 결코 생성되거나 파괴될 수 없다는 것이다. 그것은 단순히 한 형태에서 다른 형태로 변할 뿐이다. 트랙이 다시 오르막길로 올라갈 때마다 그 차량들의 가속도 ― 자신의 운동에너지 ― 는 그것들을 위로 옮기고 그것은 위치 에너지를 만들어 롤러코스터는 반복적으로 잠재 에너지를 운동에너지로 전환하였다가 다시 반복한다. 놀이기구가 끝날 때, 롤러코스터 자동차는 두 표면 사이에 **마찰**을 일으키는 브레이크 장치에 의해 속도를 늦춘다. 이 운동은 그것들을 뜨겁게 만들며, 이는 제동 중에 운동에너지가 열에너지로 바뀐다는 것을 의미한다. 탑승자들은 트랙(선로)의 끝에서 에너지를 잃는다고 잘못 생각할 수 있다, 그러나 그 에너지는 단지 다른 형태로 변했을 뿐이다.
① 중력　　　　　　　　　② 마찰
③ 진공　　　　　　　　　④ 가속

19

As a roller coaster climbs the first lift hill of its track, it is building potential energy — the higher it gets above the earth, the stronger the pull of gravity will be. When the coaster crests the lift hill and begins its descent, its potential energy becomes kinetic energy, or the energy of movement. A common misperception is that a coaster loses energy along the track. An important law of physics, however, called the law of conservation of energy, is that energy can never be created nor destroyed. It simply changes from one form to another. Whenever a track rises back uphill, the cars' momentum —their kinetic energy —will carry them upward, which builds potential energy, and roller coasters repeatedly convert potential energy to kinetic energy and back again. At the end of a ride, coaster cars are slowed down by brake mechanisms that create _____ between two surfaces. This motion makes them hot, meaning kinetic energy is changed to heat energy during braking. Riders may mistakenly think coasters lose energy at the end of the track, but the energy just changes to and from different forms.

① gravity　　　② friction
③ vacuum　　　④ acceleration

02 공무원 영어 필수 생활 영어

번호	단어	해석
1	a chip off the old block	(부모와 아주 닮은) 판박이
2	a close call	위기일발(= a narrow escape)
3	a man of his word	약속을 지키는 사람
4	a pain in the neck	아주 귀찮은 사람[것], 골칫거리
5	a piece of cake	식은 죽 먹기
6	a pie in the sky	그림의 떡
7	a rip-off	바가지
8	That's a steal	공짜나 마찬가지다, 횡재다
9	a white lie	악의 없는 거짓말, 편의상 하는 거짓말
10	be all ears	온통 귀에 정신을 모으다 [열심히 귀를 기울이다]
11	all thumbs	몹시 서툴고 어색한 것
12	an act of God	천재불가항력
13	around the corner	목전에 있는, 코앞에 와 있는
14	around the clock	24시간 내내
15	as deep as a well	우물만큼 깊은(= 이해가 힘든)
16	as easy as pie	식은 죽 먹기
17	as is often the case	(…의 경우에) 흔히 있는 일이지만
18	ask for it	자업자득이다
19	at large	전체적인, 대체적인, 잡히지 않은[활개 치고 다니는]
20	at the eleventh hour	아슬아슬하게, 막판에
21	(to) back someone into a corner	궁지로 내몰다
22	bark up the wrong tree	헛다리를 짚다
23	be broke	무일푼이다, 파산하다
24	be cut out for	~에 적임이다
25	be my guest	편안하게 행동하다
26	beat around the bush	돌려서 말하다, 변죽을 울리다
27	Beat me.	잘 모르겠다.
28	behind bars	철창 속에 갇힌[철창신세인]
29	bent on	열중하고 있는, 결심하고 있는
30	better left unsaid	말하지 않는 것이 낫다
31	bite the bullet	(하기는 싫지만 피할 수는 없는 일을) 이를 악물고 하다

32	black out	(잠시) 의식을 잃다
33	blow one's horn[trumpet]	제자랑하다, 허풍을 떨다
34	blow the whistle on	밀고하다, (~의 잘못·비행)을 일러바치다
35	brag about	~을 자랑하다
36	break a leg	행운을 빈다
37	break the ice	어색한 분위기를 깨다
38	butter up	아부하다
39	butterflies in one's stomach	가슴이 조마조마한, 떨리는
40	by[in] leaps and bounds	일사천리로, 급속하게
41	by the skin of one's teeth	간신히, 아슬아슬하게
42	by word of mouth	구전으로
43	call it a day	하루 일을 마치다, ~을 그만하기로 하다
44	call somebody names	욕하다
45	can't make heads or tails of something	전혀 이해하지 못하다
46	clear the air	(걱정·의심 등에 대해 이야기를 함으로써) 상황을 개선하다
47	come down with (a cold)	(감기 등에) 걸리다
48	come in handy	유용하다
49	come under fire	맹비난을 받다
50	cool as a cucumber	침착한, 냉정한
51	cost (someone) an arm and a leg	엄청난 대가를 요구하다, 굉장히 비싸다
52	count me out	난 빼 줘
53	crocodile tears	거짓 눈물
54	cross one's mind	(생각이) 문득 떠오르다
55	cut a fine figure	두각을 나타내다
56	cut corners	지름길로 가다; (일을 쉽게 하려고) 절차[원칙 등]를 무시[생략]하다; (수고·경비 등을) 절약하다
57	on the cutting edge	가장 최신 기술의
58	Don't be such a stranger	자주 연락하고 지내자. 좀 더 자주 들르세요
59	Don't get me wrong	오해하지 마세요
60	dos and don'ts	따라야 할 규칙들, 행동 수칙
61	down the drain	낭비된, 허사가 된, 수포로 돌아간
62	drag on and on	질질 끌다
63	drive a hard bargain	심하게 값을 깎다
64	drive someone up the wall	화나게 만들다
65	drop someone a line	편지를 보내다
66	dying to	몹시 하고 싶은
67	Easier said than done	행동하기보다 말하기가 쉽다
68	eat one's words	식언하다, (특히 부끄러움을 느끼면서) 한 말을 취소하다

69	face-to-face	직접 얼굴을 맞대고, 맞대면하여
70	far-fetched	믿기 어려운, 황당한
71	follow in one's footsteps	~의 자취를 따르다, ~의 전례를 따르다
72	follow suit	선례에 따르다
73	foul up	어처구니없는 실수로 망쳐놓다
74	Freeze!	꼼짝 마!
75	from the cradle to the grave	요람에서 무덤까지, 일생 동안
76	frome scratch	무로부터, 혼자서 도움 없이
77	get[have] cold feet	겁먹다, 두려워지다
78	get a raw deal	부당한 대우를 받다, 푸대접받다
79	get carried away	매우 흥분하다, 넋을 잃다
80	get off the ground	출발하다, 성공적으로 시작하다
81	get off the hook	곤경에서 빠져 나오다
82	get on one's nerves	신경을 건드리다
83	get out of hand	수라장이 되다, 통제 불능이 되다
84	Get real!	진지하게 해! 정신 차려!
85	get the better of	이기다
86	get the hang of	~을 할[쓸] 줄 알게 되다, ~을 이해하다
87	get the picture	이해하다
88	get the upper hand	우위를 얻다
89	get to the bottom of	진상을 철저히 조사하다
90	get to the point	핵심에 이르다, 요점을 언급하다
91	give a lift[ride]	차에 태워주다
92	give one the go-ahead	승낙하다
93	give (someone) the cold shoulder	무시하다, 냉대하다
94	give the green light	허가하다, 청신호를 보내다
95	give[take] a rain check	다음을 기약하다(제의·초대 등을 거절하면서 다음번에는 받아들이겠다는 뜻으로 하는 말)
96	go Dutch	각자 지불하다
97	go fifty-fifty	절반으로 나누다
98	go for it	해보다, 힘내다
99	good-for-nothing	쓸모 없는
100	grab a bite	간단히 먹다
101	grasp the idea of	이해하다
102	(turn) green with envy	시샘으로 얼굴이 파랗게 변하다
103	hands-on	(말만 하지 않고) 직접 해 보는[실천하는]
104	hang in there	견뎌내다, 버티다
105	hang out with	~와 시간을 보내다

106	hard-headed	완고한
107	have[got] a lot to learn about	(몰라서) 알아야 할 것이 많다
108	have a big mouth	수다스럽다
109	have a sinking feeling	언짢은 기분이 들다.
110	have a word with	~와 잠깐 이야기를 하다 cf. have words with ~와 언쟁하다
111	have an ax to grind	불평불만이 있다, 딴 속셈이 있다
112	have one's hands full	굉장히 바쁘다
113	hit bottom	최저치를 기록하다, 바닥을 치다
114	hit home	(말 따위가) 급소[요점]를 찌르다, 감명시키다
115	hit the books	공부하다
116	hit the ceiling	노발대발하다
117	hit the hay	잠자리에 들다
118	hit the nail on the head	요점을 찌르다
119	hit the road	떠나다, 출발하다
120	hold good	유효하다, 지속하다
121	hold one's horses	진정하다
122	hold one's tongue	닥치다, 잠자코 있다
123	Hold still!	꼼짝 마!
124	I couldn't ask for more.	더할 나위 없이 만족스럽다
125	icing[frosting] on the cake	금상첨화
126	I'll squeeze you in.	너를 위한 시간을 내볼게
127	I'm all for that.	전적으로 지지한다, 대찬성이다
128	If the shoe fits, wear it.	자신에게 해당된다고 생각되면 받아들여라
129	ifs, ands or buts	온갖 불평, 불만
130	if you insist	정 그러시다면
131	in a big way	대대적으로
132	in a flap	안절부절 못하여, 갈팡질팡하여
133	in a fog	헤매는, 오리무중인
134	in a nutshell	요약해서, 간단히 말해서
135	in a similar vein	같은 맥락에서
136	in all likelihood	아마, 십중팔구는
137	in full swing	한창 진행 중인
138	in hot water	궁지에 몰린, 곤경에 처한
139	in nine cases out of ten	십중팔구
140	in season	제철을 만난, 한창인
141	in stock	재고가 있는, 판매할 수 있는
142	in store	곧 다가올, 임박한
143	in the dark	예측 불허의, 혼란스러운

144	in the making	발달 중인, 미완성 상태인
145	in the neighborhood of	대략, 근처
146	in the nick of time	아주 알맞은 때에, 때맞추어
147	in the same boat	운명을 같이 해서, 처지가 같아, 같은 상황에 있는
148	inside out	전부, 철저히
149	it pays to	~에 이익이 되다, ~에게 수지맞다
150	It remains to be seen.	앞으로 두고 볼 일이다
151	it stands to reason that	~은 사리에 맞다
152	OK, It's a deal.	좋아, 그렇게 하자
153	It's too good to be true.	너무 좋아서 실감이 안 나네
154	It's as simple as that.	이렇게 간단해, 그게 다야
155	jump to conclusions	성급히 결론짓다
156	jump on the bandwagon	시류에 편승하다
157	just the same	그럼에도 불구하고
158	keep a straight face	엄숙한 표정을 짓다
159	keep an eye on	주의 깊게 살펴보다
160	keep close tabs on	~를 엄중 감시하다
161	keep good[bad] time	(시계가) <시계가> 꼭 맞다[안 맞다], 정시를 가리키다[가리키지 않다]
162	keep one's fingers crossed	잘되기를 빌다
163	keep one's head	침착함을 지키다
164	keep one's shirt on	진정하다, 침착하다
165	keep one posted	~에게 통보하다
166	keep the ball rolling	하던 대로 계속 진행하다
167	keep track of	잘 알아두다, 상황을 잘 파악하다
168	keep up the good work	계속 잘 해봐, 수고하세요
169	keep[stay] in touch with someone	계속 연락하고 지내다, 소식을 주고받다
170	kick the bucket	죽다
171	Let bygones be bygones.	지난 일을 잊다, 지나간 일은 지나간 일이다
172	let down	~을 실망시키다
173	let sleeping dogs lie	잠자고 있는 개는 건드리지 말라(문제를 야기할 만한 주제나 과거 일은 들먹이지 말라는 뜻)
174	Let's wait and see.	두고 봅시다
175	like a fish out of water	뭍에 올라온 물고기처럼[같은], 장소[상황]에 어울리지 않아[않는]
176	live from hand to mouth	하루 벌어 하루 생활을 하다
177	look for a needle in a haystack	백사장에서 바늘 찾기, 가망 없는 짓을 하다
178	loosen up	긴장을 풀다
179	lose one's tongue	할 말을 잃다, 제대로 말하지 못하다
180	lose one's head	이성을 잃다

181	lose one's mind	미치다, 제정신을 잃다
182	lose face	체면을 잃다
183	made to order	안성맞춤인
184	make a clean breast of	고백하다
185	make both ends meet	수입과 지출을 맞추다
186	make a mountain out of a molehill	침소 봉대하다
187	make a scene	소란을 피우다
188	make one feel small	왜소하게 느끼게 하다, 열등감을 느끼게 하다
189	make peace	화해하다
190	make one's mouth water	입에 군침이 돌게 하다
191	Mind your own business!	당신 일에나 신경 쓰시오!
192	My ears are burning.	누가 내 얘기를 하고 있나봐 (귀가 간질간질해)
193	neck and neck	동등한, 백중세인, 막상막하인
194	never say die	결코 포기하지 않다
195	no laughing matter	웃을 일이 아니다
196	No sweat.	(땀도 나지 않을 정도로) 쉬운 일이다, 힘들지 않다, 어려운 일이 아니다!
197	Not on your life!	절대 안 돼!
198	not that I know of	내가 알기에는 그렇지 않다
199	nothing to write home about	언급할 가치가 없는
200	off the record	비공개로, 사적으로, 공표해서는 안 되는
201	off hand	즉흥적인, 즉석에서
202	on a shoestring	약간의 돈으로, 돈을 아주 적게 쓰는
203	on pins and needles	안달하는, 마음이 불안한
204	on the dot	정확히, 제시간에
205	on the side	게다가, 그밖에, 덧붙여
206	on the spur of the moment	즉석에서, 당장
207	on the tip of one's tongue	기억이 날 듯 말 듯, 말이 입에서 뱅뱅 돌고 안 나오는
208	once in a blue moon	매우 드물게
209	one at a time	따로따로, 한 번에 하나씩
210	out of the blue	갑자기, 느닷없이
211	out of stock	재고가 없는
212	out of the woods	곤란에서 벗어난
213	out-and-out	샅샅이, 철저히
214	Over my dead body!	내 눈에 흙이 들어가기 전에는 못한다, 절대로 안 돼!
215	pay lip sevice to	선심 공세를 펴다, 빈말만 하다
216	pay through the nose	엄청난 값을 치르다
217	pick up the tab for	~의 계산[값]을 치르다
218	pig-headed	완고한, 고집이 센

219	pitch in	협력하다, 기여하다
220	play it by ear	임기응변으로 대처하다, 무계획적으로 일을 하다
221	play it cool	냉정하게 행동하다
222	play it safe	조심성 있게 해나가다
223	pry into	캐묻다
224	pull[make] a long face	침울한 얼굴을 하다
225	pull one's leg	농담하다, 이야기를 꾸며내다
226	put on airs	뽐내다, 젠체하다
227	put ~ on the back burner	뒤로 미루다, ~을 일시적으로 보류하다
228	rack one's brains	머리를 쥐어 짜내다
229	rain cats and dogs	비가 엄청나게 내리다
230	rain or shine	날씨가 어떻든 간에, 무슨 일이 있더라도
231	rake in	잔뜩 긁어모으다
232	read between the lines	언외의 뜻을 읽다
233	ring a bell	들어본 적이 있는 것 같다[(들어보니) 낯이 익다]
234	roll up one's sleeves	본격적으로 일할 태세를 갖추다
235	scratch the surface	피상적으로 다루다
236	screw up (= mess up)	~을 엉망으로 만들다
237	see eye to eye	전적으로 동의하다
238	see red	몹시 화내다
239	see to it that	~확실히 하다
240	serve one right	당해도 싸다, 쌤통이다
241	shy of	조금 부족한
242	sick and tired of	진저리가 나는
243	sleep on	~에 대해 하룻밤 자면서 생각해 보다(그 다음날까지 결정을 미룬다는 뜻)
244	smell a rat	수상히 여기다, 잘못된 일을 알아차리다
245	Speak of the devil.	호랑이도 제 말 하면 온다
246	spill the beans	비밀을 누설하다
247	Spit it out!	털어 놓아라(자백하라)!
248	spruce up	정돈하다, 깨끗하다
249	stab someone in the back	배반하다, 중상모략하다
250	stand a chance of	~할 가능성이 있다
251	stand on one's own feet	독립하다
252	stand in a white sheet	참회, 회개하다
253	stand ~ up	~을 바람맞히다
254	steal the show	공로를 독차지하다
255	step on it (= step on the gas)	빨리 가다, 서두르다
256	stick to one's guns	자기의 믿음이나 가치관을 고수하다

257	stir up	선동하다
258	stock up on	엄청난 물량을 확보하다
259	stone's throw away	아주 가까운 거리 → 엎어지면 코 닿을 데
260	stuck in	곤경에 빠져, 꼼짝 못하는
261	suit oneself	자기 마음대로 하다
262	take it easy	진정해
263	take it on the chin	턱을 얻어 맞다, 패배를 맛보다
264	take one by surprise	놀라게 하다, 기습하다
265	take one's breath away	(놀라움, 기쁨 등으로) 깜짝 놀라게 하다, 탄복케 하다
266	take one's time	천천히 하다, 서두르지 않다
267	take the bull by the horns	위험을 무릅쓰고 용감히 행동하다
268	take the lead	(in) 선두에 서다, 주도하다
269	take the lion's share	제일 큰 몫을 차지하다
270	take something with a grain of salt	~을 에누리해서 듣다
271	talk down to	~를 깔보는[경멸하는] 투로 말하다
272	That doesn't seem likely.	그럴 것 같지는 않아
273	That's life.	사는 게 다 그런거죠.
274	That's news to one.	금시초문
275	That's the spirit.	바로 그거야
276	the apple of a person's eye	(눈에 넣어도 아프지 않을 정도로) 매우 소중한 것[사람]
277	the bottom line	가장 본질적인 내용
278	the cream of the crop	가장 좋은 것, 최우수의 사람
279	the Midas touch	돈 버는 재주
280	the name of the game	가장 중요한 것
281	the tip of the iceberg	빙산의 일각
282	the wear and tear	소모, 닳아 없어짐
283	throw cold water on	찬물을 끼얹다, 취소시키다
284	throw in the towel[sponge]	패배를 인정하다
285	throw light on (= shed light on)	~을 밝히다
286	throw up one's hands	두 손 들다, 단념하다, 굴복하다
287	tie the knot	결혼하다, 주례를 서다
288	tighten one's belt	긴축 생활을 하다
289	to boot	게다가, 덤으로
290	to put it mildly	쉽게 말하자면
291	touch up	마무리하다, 칠하다
292	turn a deaf ear	못들은 척 하다, 주의를 기울이지 않다
293	turn a blind eye to	~을 못 본 체하다, 눈감아 주다
294	turn over a new leaf	새로운 삶을 시작하다

295	uncalled for	정당화되지 않는, 부적절한
296	under the counter	암거래로
297	under the table	몰래
298	under the weather	몸이 불편한
299	up in the air	미결의, 정해지지 않은
300	up to one's eyes[ears] in	매우 바쁜, ~에 몰두하여
301	watch one's language	말조심하다, 욕설을 삼가다
302	well-rounded	포괄적인, 균형 잡힌
303	wet behind the ears	경험이 없는, 미숙한
304	What are friends for?	친구 좋다는 게 뭐야?
305	What's eating you?	골치 아픈 문제가 뭐예요?
306	without a hitch	아무 문제없이
307	You said it!	정말이야! (상대방이 스스로에 대해 하는 말에 동조하며) 그건 맞는 말이야[그렇긴 해]!
308	You are telling me.	내 말이 바로 그 말이에요[전적으로 동의해요]!
309	You have gone too far.	너무했어.
310	You've got to be kidding!	농담이겠지!

부록

03 공무원 영어 필수 숙어

번호	단어	해석	유의어
1	abound in	~이 풍부하다	be plentiful in, be rich in
2	abstain from	~을 삼가다	refrain from
3	all at once	갑자기	suddenly, all of a sudden, abruptly, out of the blue
4	answer for	~에 책임지다	be responsible for
5	apply oneself to	~전념하다	give all one's energy to
6	at (the) best	잘해야, 기껏해야	
7	at stake	내기에 걸려, 위험에 처하여	at risk, in danger, in jeopardy, in hazard
8	all but	거의	almost, nearly, next to, ten to one
9	anything but	결코 ~이 아닌	far from, never, not at all
10	allow for	~을 고려하다	take into account [consideration], take account of
11	at one's wit's end	어찌할 바를 몰라, 당황하여	at a loss
12	at the expense of	~를 희생하면서	at the cost of, at the sacrifice of
13	at all times	항상, 언제나	always
14	back up	~을 후원하다	give support to
15	bail out	(곤경에서) ~을 구하다	
16	be absorbed in	~에 몰두하다, 열중하다	be engrossed in, be preoccupied with
17	bear ~ in mind	~을 명심하다	keep ~ in mind
18	between ourselves	우리끼리 이야긴데	
19	be[feel] at home[ease]	편안하다, 편안히 하다	be[feel] comfortable
20	be immune from	~을 면제받다	be exempt from
21	be eligible for[to]	~에 적격이다, ~할 자격이 있다	
22	be engaged in	~에 종사하고 있다	
23	be fed up with	~에 싫증 나다	be tired of, be sick of
24	be devoid of	~이 없다	
25	be accustomed to	~에 익숙하다	be used to 명사/동명사
26	break off	분리시키다, (갑자기) 중단하다	
27	break out	발발하다, 발생하다	
28	break in	길들이다, 훈련시키다, 끼어들다, 방해하다	

29	by and large	주로, 대체로	on the whole, in general, for the most part
30	bring up	제기하다, 기르다, 교육하다	nurse, rear, breed
31	behind the times	구식의, 시대에 뒤떨어진	old-fashioned, out-of-date, out of fashion, outmoded, outdated, obsolete
32	beside[off] the point	요점을 벗어난	wide of the mark
33	by no means	결코 ~ 아닌	not ~ at all, not ~ in the least, on no account
34	by all means	아무렴, 좋고 말고	
35	bring forth	~을 낳다, ~을 생산하다	
36	bring about	~을 유발하다, 초래하다	cause, trigger, result in, lead to, give rise to
37	call down	꾸짖다, 야단치다	scold, reprimand
38	call for	요구하다	require
39	call off	취소하다	cancel
40	call on	방문하다(= stop by, drop by), 요구하다	
41	care for	돌보다, 좋아하다	look after
42	catch on	유행하다, 인기를 얻다	become popular
43	catch up with	따라잡다	overtake
44	carry out	완성, 성취하다, 실행하다	accomplish, fulfill, achieve, complete
45	catch sight of	~을 힐끗 보다	catch [get] a glimpse of
46	check in	수속을 밟다	
47	clear away	치우다, 제거하다	remove
48	come to	의식을 회복하다	recover one's sense
49	consist of	~로 구성되다	be made up of
50	coincide with	일치하다, 동시에 일어나다	correspond with, synchronize with
51	cut off	중단하다, 끊다	discontinue, cease
52	come by	획득하다(= obtain, gain, acquire, procure), 잠시 들르다(= stop by, drop by, swing by)	
53	come about	발생하다	happen
54	come home to	절실히 느끼다	reach one's heart
55	count on	의존하다, ~에 달려있다	depend on, rely on, fall back on, hinge on
56	count for much	중요하다	be important
57	come up with	내놓다, 제시하다	suggest, propose, bring up, bring forward
58	cope with	대처하다, 처리하다	manage, deal with, carry on
59	crop up	갑자기 발생하다	happen, occur take place
60	cut down	~을 줄이다	reduce, cut back on
61	deal with	다루다	treat

62	deal in	사고 팔다	buy and sell
63	dispose of	처리, 제거하다	get rid of, throw away
64	distinguish oneself	유명해지다	
65	down-to-earth	현실적인	practical
66	do away with	없애다, 폐지하다	abolish, get rid of, remove, discard, eliminate
67	do without	~없이 지내다	go without, dispense with
68	drop in	잠시(불쑥) 들르다	drop by, stop by, come by
69	dwell on	숙고하다	brood over, think over, ponder on
70	earn[make] a living	생활비를 벌다, 생계를 꾸리다	
71	enter into	시작하다, ~에 참가 · 관여하다	
72	every inch	어느 모로 보나, 완전히	every bit, in every respect, completely
73	fall back on	~을 의존하다	depend on
74	fall (a) prey	~의 희생(물)이 되다	become the victim
75	fall short of	~이 부족하다	run out of, be insufficient
76	find fault with	비평하다	criticize
77	for good	영원히, 이것을 마지막으로	for ever, permanently
78	feel for	동정하다	sympathize with
79	for nothing	무료로, 헛되이, 쓸모없이	free of charge, on the house
80	figure out	계산하다, 이해하다	calculate, reckon, make out, get the point
81	gain ground	진보하다, 우세해지다, 기반을 잡다, 퍼지다, 유행하다	
82	get ahead	출세하다	go far, rise in the world
83	get along[on] with	사이좋게 지내다	get off with, be chummy[thick] with
84	get even with	보복, 앙갚음하다	take revenge on, retaliate on, pay back
85	get[keep] in touch with	~와 연락하다	
86	get on	타다, 탑승하다, 성공하다	get in to, board, embark
87	get on good terms with	~와 사이가 좋다	get along with
88	get over	회복하다, 극복하다	recover, pick up, get well, overcomes, surmount
89	get through	끝내다, 마무리하다	go through with, wrap up, round off
90	get the better of	이기다, 꺾다	defeat
91	get rid of	~을 제거하다	remove
92	get tired of	~이 싫증나다	become weary of
93	give away	무료로 주다	give freely
94	give birth to	~을 낳다, 생기게 하다	bring forth, bear
95	give in	제출하다, 굴복하다, 항복하다	hand in, submit, succumb
96	give rise to	~을 야기하다, ~의 원인이 되다	trigger
97	give off	방출하다, 내뿜다	emit

98	go back on	약속을 어기다, 의무를 버리다, 철회, 취소하다	revoke
99	go off	폭발하다	blow up, explode
100	go over	조사, 검토하다, 반복, 복습하다	examine, check, review
101	go through	겪다, 경험하다, 살펴보다, 조사하다	undergo, experience, search
102	give over	양도하다	
103	give up	포기하다, 넘겨주다, 항복하다	abandon, relinquish, deliver, surrender
104	hammer out	풀다, 해결하다	iron out, work out
105	hang up	전화를 끊다, 지체시키다	
106	hang about	배회하다, ~와 시간을 보내다	hang about with
107	hand out	분배하다	distribute
108	have an eye for	~에 대한 안목, 감식안이 있다, ~을 잘 알다	
109	have nothing to do with	~와 관계없다	be irrelevant to, be foreign to
110	have something to do with	~과 (약간의) 관계가 있다	be related to
111	head off	피하다, 방해하다	ward off, stave off, avoid, avert, intercept, forestall
112	hit on[upon]	우연히 마주치다, ~을 우연히 생각해내다	run across, run into
113	hold back	억제하다	restrain, restrict
114	hold good	유효하다	remain valid
115	hold fast to	단단히 붙들다, 집착, 고수하다	stick[cling/attach/keep] to
116	hold water	물이 새지 않다, 빈틈이 없다	be consistent[reasonable]
117	hot air	열기, 허풍	heated air, tall talk, big talk, exaggerated talk
118	hand down	전수하다, 유산으로 남기다	bequeath, transmit, pass on
119	hand in	제출하다	turn[send] in, submit
120	hand out	나누어주다, 배포하다, 분배하다	distribute, dispense, give [pass] out
121	hand over	넘겨주다, 양도하다	make over, turn over, take over
122	hold on	계속하다, 전화를 끊지않고 기다리다	persist, hang on
123	hold out	견디다, 버티다, 지속하다, 계속하다	resist, withstand, endure, last
124	hold over	계속하다, 유임하다, 보류하다, 연기하다	postpone, delay, defer
125	hold up	강탈하다	rob
126	impose ~ on	부과하다	levy, place
127	in advance	미리, 먼저	beforehand
128	in no time	바로, 곧	at once, immediately, on the spot, instantly
129	inasmuch as	~하는 한	to the extent that, insofar as, as[so] far as

130	in charge of	~에 책임이 있는	responsible for
131	in full accord	만장일치의, 이의 없는	unanimous
132	in person	몸소, 본인이 직접	personally
133	in succession	연속하여, 연달아	one after another
134	in terms of	~의 견지, 관점에서	from the standpoint of, in the light of
135	in token of	~의 표시, 증거로	as a token[sign] of
136	in behalf of	~을 대신하여, ~을 위하여	in one's behalf, on behalf of
137	in the [one's] way	방해되는	be a hindrance
138	keep an eye on	~을 계속 지켜보다	
139	keep abreast of	~와 보조를 맞추다	keep up with, keep pace with
140	know better than toV	~할 만큼 어리석지 않다	
141	keep down	억누르다, 진압하다	repress, put down
142	lay aside	저축, 저장하다, 따로 제쳐 두다	lay by, save up
143	lay off	일시 해고시키다	dismiss, fire, discharge
144	lay out	계획을 세우다	
145	lay behind	뒤쳐지다	
146	learn ~ by heart	암기하다	memorize
147	leave off	멈추다	
148	leave out	생략하다, 제외하다	omit, exclude, eliminate
149	let alone	~은 말할 것도 없이	not to mention, not to speak of
150	let down	낮추다, 실망시키다	lower, disappoint
151	let go of	해방하다, 쥐고 있던 것을 놓다	release
152	let up	그치다, 멎다, 폭풍우가 가라앉다	pause, slacken, relax
153	live up to	기대에 부응하다, ~에 따라 행동하다	come up to, act up to
154	look after	돌보다	take care of
155	look back on	뒤돌아보다, 회고하다	retrospect
156	look down on	낮추어 보다, 경멸하다	despise, belittle
157	look into	조사하다	investigate
158	look on[upon] .. as~	간주하다	regard[consider/think] of .. as ~
159	look out	조심하다	
160	look over	조사하다, 눈감아주다	examine, pardon
161	look up to	존경하다	admire, revere, venerate
162	look up	사전을 찾다	consult a dictionary
163	look to A for B	B에 대해서 A에게 의지하다	resort to, turn to
164	lose heart	용기를 잃다	be discouraged
165	lose track of	시야에서 놓치다, 연락이 끊기다	lose contact with
166	lose one's temper	화내다, 냉정을 잃다	get out of temper, hit the ceiling

167	make believe	~인 체하다	pretend
168	make do (with)	~으로 때우다, 임시변통하다	manage with
169	make good	성공하다, 이행하다, 지키다	succeed in, fulfill, accomplish
170	make for	향해 가다	
171	make fun of	~을 놀리다	ridicule, scoff
172	make no difference	중요하지 않다	be of no importance
173	make off with	~을 가지고 도망가다	run away with
174	make out	이해하다	understand, figure out
175	make sense	뜻이 통하다, 이치가 닿다	add up, hold water
176	make the point	주장하다, 중시 여기다	regard as important
177	make up	구성하다, 꾸며내다, 화장	compose, fake
178	make up for	~에게 보상하다	compensate for
179	make up one's mind	결심하다	decide, resolve
180	make up to	아첨하다	play up to, flatter, pay court to
181	make use of	~을 이용하다	
182	mess up	엉망으로 만들다, 망치다	
183	no more than	~에 지나지 않는	only
184	not more than	기껏해야	at most, at best
185	no less than	~만큼이나	as much[many] as
186	not less than	적어도	at least
187	of moment	중요한	of consequence[account]
188	of one's own accord	자진하여, 자발적으로	voluntarily, spontaneously
189	off hand	준비 없이, 즉각	extemporaneously, impromptu, at once
190	old hand	노련가	craftsman, artisan, veteran
191	on account of	~때문에	owing to
192	on the dot	제시간에, 정각에	on time, punctually
193	on the spot	현장에, 즉석에서	
194	out of one's wits	제정신을 잃어(잃은)	
195	on edge	초조하여, 불안하여	irritable, ill at ease
196	out of date	구식의	outdated, obsolete
197	out of order	고장난	broken-down
198	out of place	어울리지 않는	uncomfortable, unsuitable
199	out of reach	손이 닿지 않는	
200	out of season	제철이 아닌	
201	out of sorts	건강을 해친, 기분이 언짢은	run-down
202	out of stock	재고가 없는, 다 팔린	sold out
203	out of the world	월등히 좋은, 탁월한	exceptional

204	out of the question	문제가 안 되는, 전혀 불가능한	
205	out of question	의심의 여지가 없는	without a doubt, without fail
206	out of work	실직한	out of job, unemployed
207	part with	처분하다	dispose of
208	pass away	가버리다, 죽다, 쇠퇴하다	pass out, decease
209	pass for	~로 통하다	be accepted as
210	pick up	차에 태우다, 집어 올리다, 고르다, 회복하다	take up, recuperate
211	picture to oneself	상상하다	
212	plead for	탄원, 간청하다, 변호, 항변하다	
213	provide for	준비, 대비하다, 부양하다, 규정하다	set[lay] down
214	pull over	길가로 차를 대다	
215	pull together	협력하다	cooperate
216	put an end to	~을 끝장내다	
217	put down	아래로 내려놓다, 가격을 내리다, 진압하다	take down, jot down
218	put in for	신청하다	apply for
219	put off	늦추다, 연기하다, 벗다	hold over, suspend
220	put on	입다, ~인 체하다	pretend
221	put up with	참다, 견디다, 인내하다	bear, tolerate, endure
222	put out	불을 끄다	extinguish
223	refer to (as)	가리키다, 참조하다	
224	regardless of	~에 상관없이, ~에 개의치 않고	without regard to[for]
225	rely on	의존하다	depend on, rest on, count on, hinge on, fall back on
226	resort to	자주 들르다, 호소하다	go often to
227	result from	~에서 발생하다	happen from
228	result in	초래하다	bring about, give rise to, lead to, trigger
229	root out	뿌리째 뽑다, 근절시키다	eradicate, exterminate, root up, get rid of
230	round up	검거, 체포하다	arrest, capture, apprehend
231	run across	~을 우연히 만나다	happen to meet, run into, come across
232	run away	도망치다, 달아나다	get away, flee, escape
233	run down	쇠약해지다, 황폐시키다, 멈추다	
234	run on	이야기를 끊지 않고 계속하다, 화내다	
235	run out of	~이 부족하다, ~을 다 써버리다	fall short of, be out of, use up
236	run[take] the risk (of)	~의 위험을 무릅쓰다	
237	rule out	제외하다, 제거하다	exclude, reject, dismiss, eliminate
238	search for	~을 찾다	search, look for, look up

239	second to none	누구에게도 뒤지지 않는, 최고의	next to none
240	send for	부르러 보내다	
241	set about	시작하다, 착수하다, 공격하다	
242	set back	좌절시키다, 저지하다, 방해하다	hold back
243	set free	해방시키다, 석방하다	
244	set forth	보이다, 진열하다	exhibit, set out
245	set off	(여행 등을) 출발하다	set out, set forth, start, depart, get started
246	set up	세우다, 똑바로 놓다	put up, erect
247	settle down	진정하다, 가라앉다, 정착하다	
248	shed light on	~을 분명히 하다	illuminate, explain, clarify
249	show off	자랑하다, 과시하다	boast, put on airs
250	show up	나타나다, 출석하다, 도착하다	turn up
251	shrink from	회피하다, ~하기를 꺼려하다, 싫어하다	
252	side with	~를 편들다, 찬성하다	take part with, take one's side
253	sit on	~의 일원이다	
254	sit up	자세를 바로 앉다, 밤늦게까지 일어나 있다	sit erect, stay out of bed
255	slack (off)	느슨하게 하다, 속도가 떨어지다	let up, slacken
256	speak ill of	나쁘게 말하다, 험담하다	
257	speak well of	칭찬하다	
258	stand a chance of	~의 가망이 있다	be likely to
259	stand by	곁에 있다, 대기하다, 돕다	look on, stand (up) for
260	stand for	나타내다, 상징하다, 지지하다	represent, symbolize, stand up for
261	stand up for	옹호하다, 지지하다	stand for, stand by, support
262	stand up to	용감히 맞서다	take the bull by the horns, square up to
263	stand out	눈에 띄다, 두드러지다	cut a fine figure
264	stand to reason	이치에 맞다, 당연한 이치다	hold water
265	steer clear of	~을 피하다	
266	stem from	~에서 생겨나다, 발생하다	be derived from
267	stick out	두드러지다	stand out
268	stick to	~에 달라붙다, 고수하다	adhere to, cling to, hold fast to
269	take A for B	A를 B로 생각하다	mistake A for B, confuse A with B
270	take a break	휴식하다	
271	take advantage of	~를 이용하다	exploit, make use of
272	take after	닮다	look like, bear a resemblance to
273	take A for granted	A를 당연하게 생각하다	
274	take hold of	붙잡다	seize

275	take in	숙박시키다, 구독하다, 속이다, 이해하다, 흡수하다	put up, subscribe
276	take into account	고려하다, 참작하다	take account of, consider
277	take (one's) leave of	작별을 고하다, 헤어지다	part from, say good-bye to
278	take notice of	주목하다, 주의하다, 염두에 두다	pay attention to
279	take off	이륙하다, 떠나다	depart, go away, get off
280	take offence (at)	기분 상하다, 화내다	be annoyed, feel upset
281	take out	꺼내다, 인출하다	withdraw, remove
282	take on[upon]	떠맡다, 가장하다, 흉내내다, 드러내다, 띠다	assume
283	take over	(사업·직무 등을) 이어받다, 양도받다	succeed to, assume, undertake
284	take part in	참가하다, 참석하다, 출석하다	participate in, attend
285	take place	일어나다, 발생하다	come about, happen, occur, be held
286	take pride in	~을 자랑으로 여기다	be proud of, pride oneself on
287	take someone unawares	불시에 습격하다, 깜짝 놀라게 하다	surprise, astonish
288	take something at face value	액면 그대로 받아들이다	
289	take steps	조취를 취하다, 수단을 강구하다	take measures[moves/action]
290	take the consequences	(행위 등의) 결과에 책임을 지다, 결과를 감수하다	
291	take the place of	~를 대신하다	supersede, supplant
292	take to	~의 뒤를 보살피다, ~에 전념하다, ~에 정들다, ~을 좋아하다	
293	take to one's heels	부리나케 달아나다, 줄행랑치다	
294	take turns	번갈아 하다, 교대하다	alternate, take turns ~ing
295	take up	착수하다, 시작하다	undertake
296	temper with	참견하다, 간섭하다	
297	tear down	헐다, 해체하다	pull down, raze, dismantle
298	tell ~ apart[from]	구별하다	know[differentiate] ~ from
299	ten to one	십중팔구(는), 거의 모두, 대개	certainly, almost, for the most part
300	think over	숙고하다, 곰곰이 생각하다	ponder on
301	throw away	팽개치다, 버리다	discard, throw out
302	tie up	단단히 묶다	
303	to the letter	글자 그대로	literally, faithfully
304	turn aside	옆으로 비키다	divert, deviate, deflect, avert
305	turn down	거절하다	reject, refuse, veto
306	turn in	(서류 등을) 제출하다	submit, hand in, send in
307	turn into	~으로 변하다, ~으로 되다	convert into
308	turn off	끄다	

309	turn out	(밖으로) 내쫓다, 해고하다, 생산하다, 제조하다	produce, manufacture
310	turn over	전복하다, 뒤집다	
311	turn to	(사전 등을) 참고하다, ~에 의지하다	recourse to, depend on, rely on
312	turn up	나타나다, 도착하다	show up, appear
313	to one's heart's content	흡족하게, 실컷	heartily
314	traffic congestion	교통 정체(혼잡)	traffic jam, heavy traffic
315	under cover of	~을 가장하여, 빙자하여	under pretence of
316	up to	~에 까지, 나름인, ~의 의무인, ~에 종사하는	one's duty, occupied with
317	up-to-date	최근의, 최신의	up-to-the-minute, letest, current
318	vie for	경쟁하다	compete for
319	walk out on	(남을) 저버리다	desert, leave a person in the lurch
320	walk on air	기뻐 날뛰다, 황홀하다	
321	wait on[upon]	시중들다, 서비스하다	attend (on)
322	water down	약화시키다	weaken
323	wear away	닳아 없애다(닳다), 마멸시키다	erode, deface, abrade
324	wear out	써서 낡게하다, 닳게 되다, 지치게 하다	wear away[off], tire out
325	well off	유복한	well-to-do, rich, wealthy
326	wind up	시계를 감다, 결론짓다, 끝내다	bring[come] to an end
327	wipe out	없애다, 지우다	remove, exterminate, eradicate, destroy
328	without fall	틀림없이, 확실히, 반드시	for certain
329	work out	찾아내다, 풀다, 계획을 세우다	
330	write off	빚을 탕감하다, 가치 없는 것으로 보다	

진가영

약력

現 박문각 공무원 영어 온라인, 오프라인 대표강사
- 서강대학교 우수 졸업(전액장학생)
- 영미어문(심화) 전공
- 중등학교 정교사(2급) 영어 소지
- 경찰 및 9급 공무원 영어 강의 6년 이상(개인 운영)

저서

- 진가영 단기합격 영문법
- 진가영 단기합격 영어독해
- 진가영 단기합격 영어어휘
- 진가영 단기합격 영어 기출문제집

진가영
단기합격
영어독해

초판 발행 | 2022. 9. 15.   **2쇄 발행** | 2022. 4. 25.
편저 | 진가영   **발행인** | 박 용   **발행처** | (주)박문각출판
등록 | 2015년 4월 29일 제2015-000104호
주소 | 06654 서울시 서초구 효령로 283 서경 B/D 4층
팩스 | (02)584-2927   **전화** | 교재 주문·내용 문의 (02)6466-7202

정가 20,000원   ISBN 979-11-6704-784-7
                ISBN 979-11-6704-782-3(세트)

저자와의
협의하에
인지생략